W0292457

MOTS DE TABLE, MOTS DE BOUCHE

Du même auteur

ÉCRIRE D'AMOUR, Ramsay, 1985.
YVETTE GUILBERT, L'IRRESPECTUEUSE, Plon, 1988.
LES MOTS D'ARLETTY, V. et O., prix Alphonse-Allais, 1989.
D'ANNUNZIO ET LA DUSE, LES AMANTS DE VENISE, Stock, 1994.

Claudine Brécourt-Villars

Mots de table, Mots de bouche

Dictionnaire étymologique et historique du vocabulaire classique de la cuisine et de la gastronomie

Stock

Tous droits réservés pour tous pays.

© 1996, 1997, Éditions Stock.

« Les autres nations ne sçauroyent tant nommer de mets en leur langue que les Françoys... »

Pierre BELON,
L'Histoire de la nature des oyseaux, 1555.

« Mais, quand d'un passé ancien rien ne subsiste, après la mort des êtres, après la destruction des choses, seules, plus frêles mais plus vivaces, plus immatérielles, plus persistantes, plus fidèles, l'odeur et la saveur restent encore longtemps comme des âmes à se rappeler, à attendre, à espérer, sur la ruine de tout le reste, à porter sans fléchir, sur leur gouttelette presque impalpable, l'édifice immense du souvenir. »

Marcel PROUST, *Du côté de chez Swann,* 1917.

À Guy de Maupassant,
pour qui seuls les imbéciles
ne sont pas gourmands.

À Geneviève Baudon,
de la Librairie gourmande.

Avant-Propos

Si les Français ont la réputation d'être gourmands, connaissent-ils toujours l'origine du vocabulaire de la cuisine et de la gastronomie ? La « pêche Melba » a son histoire comme le « homard à l'américaine », le « chateaubriand » ou le « paris-brest ». Mais pourquoi telle sauce s'appelle-t-elle « béarnaise », « béchamel », « Soubise » ou « Robert » ? Pour quelles raisons telle pâtisserie est-elle baptisée « amandine » ou « conversation » ?

Le « baptême » des plats débute vers la fin du XVIIe siècle avec *Le Cuisinier royal et bourgeois* de Massialot, pour se généraliser au XIXe siècle avec Antonin Carême et quelques successeurs comme Auguste Escoffier, dont *Le Guide culinaire* publié en 1903 demeure la référence incontestée. S'il répond au besoin d'établir une légitime nomenclature « scientifique », il correspond tout autant au désir de conférer aux mets une vertu apéritive. Promesse de succulence, l'appellation a moins pour fonction de dévoiler que de surprendre, de troubler, de faire rêver : un « suprême de veau à la Condé », une « poularde à la d'Albuféra » ou un « oreiller de la Belle-Aurore » sont les exemples mêmes de ce langage qui comble déjà l'attente du gourmand aussitôt investi de prestiges princiers ou promis à telle aventure exotique ou piquante.

Il s'agit tantôt de références historiques (« poulet Marengo »), tantôt d'allusions au monde des arts, des lettres et de la gastronomie (« homard Thermidor », « Chateaubriand », « sole Dugléré »), tantôt d'hommages au demi-monde (« crêpes Suzette ») ou de métaphores grivoises (« pets-de-nonne »), quand ce ne sont pas de simples régionalismes oubliés (« brayaude »).

L'inventaire de ces mots de table et de bouche se présente sous la forme d'un dictionnaire dans lequel le lecteur pourra piocher, ici ou là, au gré de sa fantaisie ou de ses besoins. Il comprend cinq cents entrées car, dans le foisonnement infini des vocables recélés, il fallait choisir tout en restant cohérent, sans alourdir un ouvrage qui veut encore montrer que la terminologie culinaire et gastronomique est un reflet de l'évolution du goût. Aussi avons-nous délibérément privilégié les plats préparés, autrement dit les apprêts, depuis les noms apparemment aussi simples que « sauce », « soupe » ou « potage » jusqu'aux formules sophistiquées de la cuisine classique, éliminant en conséquence les termes qui désignent les légumes, les fruits, les viandes ou les poissons. Pour les mêmes raisons, nous avons exclu les néologismes récents ou rapidement périmés, mais gardé parfois tel terme technique, de boucherie ou de charcuterie, pour son intérêt anecdotique, étymologique ou sémantique : c'est le cas par exemple de « bain-marie », « aloyau », ou « tournedos ». Une sélection est, hélas, toujours arbitraire et subjective.

Ce dictionnaire s'adresse autant aux amoureux des mots qu'aux amateurs et professionnels de la cuisine. Il eût été incomplet s'il n'avait été illustré par des citations puisées dans la littérature générale, gastronomique et culinaire. Un mot gagne toujours à être replacé dans le contexte de son époque. L'échantillonnage proposé, qui débute au XIVe siècle pour s'achever durant l'été 1996, constitue en soi une anthologie qui montre à quel point les mots de bouche ont investi les belles-lettres.

Ce phénomène est particulièrement frappant au XVIIIe siècle qui se libère de l'interdit pesant tout à la fois sur le sexe et sur la nourriture, lié depuis des millénaires au fruit défendu... Mais jamais on n'a autant parlé des choses de la table qu'au XIXe siècle qui associe inlassablement chair et plaisir de la bonne chère, qui s'arroge plus que tout autre le pouvoir de nommer, inaugure l'éloquence gourmande et invente les restaurants où Balzac, Flaubert, Maupassant comme Zola entraînent leurs personnages. Une relecture de Proust permet de mesurer à quel point chez lui on mange avec délicatesse et abondance, toutefois sans cette jubilation qui anime Colette lorsqu'elle relate sa jeunesse gourmande. Plus près de nous, il y a encore ceux qui, comme Joseph Delteil, Georges Perec ou Vercors, allient casseroles et stylo et se mettent aux fourneaux pour concocter avec ardeur de savoureuses liaisons infiniment moins dangereuses que celles de Laclos...

GUIDE DE LECTURE

L'ordre général de l'ouvrage est alphabétique. L'orthographe retenue dans l'entrée est la plus fréquente des ouvrages consultés. Les variantes sont indiquées entre parenthèses précédées de « ou ». Les locutions figurent également entre parenthèses après le « mot-vedette » ; exemple : **AMÉRICAINE (À L')**.

La présentation choisie permet une lecture à trois niveaux selon les centres d'intérêt du lecteur. Ainsi les articles comprennent-ils :

– une notice étymologique ou historique qui donne la date à laquelle un mot ou une appellation apparaît dans un texte précisément daté ;

– une définition, suivie de gloses éventuelles ;

– puis un ou deux emplois du mot puisés dans la littérature générale ou dans la littérature gastronomique et culinaire, comprenant le nom de l'auteur, le titre de l'œuvre et la date de publication. Les références complètes sont renvoyées à la fin de l'ouvrage, avant la bibliographie générale.

A

A.A.A.A.A.

Voir : ANDOUILLETTE.

ABATS

Mot employé au pluriel, entré dans la langue au XVe siècle au sens de « parties comestibles secondaires des animaux de boucherie », dérivé du verbe *abattre* issu du latin populaire *abattere,* « faire tomber en donnant un coup mortel ».

Désigne les viscères généralement vendus chez le tripier, ce fameux « cinquième quartier » comprenant le foie, le cœur, la langue, la cervelle, les rognons, les tripes, les pieds, les ris, la langue, etc., avec lesquels on prépare de savoureux plats populaires appréciés des connaisseurs, dont les plus réputés demeurent ceux que l'on sert dans les bistrots à vin lyonnais autrement dénommés « bouchons ».

« Cette fois-ci, ça y est ! dit la femme, en servant à sa ronde un bouillon couleur d'acajou moiré à sa surface d'ondes mordorées, bullé d'œils en topaze. Il était succulent et onctueux, robuste et pourtant délicat, affiné qu'il était par des **abats** bouillis de poule. »

(Joris-Karl Huysmans, *Là-bas*, 1891).

« Il faut que la science des cuisiniers soit bien grande pour nous faire passer sur ce dégoûtant étalage d'**abats**, cette fadeur, ce sang, ces immondices. Pouah ! Mais une fois cuits et rissolés, quelle merveille ! »

(Robert-Robert & Gaston Derys, *Dictionnaire de gastronomie joviale*, 1930).

Voir aussi : **AMOURETTES, ANIMELLES, BÉATILLES & TRIPES.**

ABATTIS

Mot toujours employé au pluriel signifiant à l'origine « massacre », enregistré, par métonymie, au sens d'*abats* dans le *Dictionnaire Richelet* en 1680, et en conséquence d'abord orthographié avec un seul « t », mais que le *Dictionnaire Furetière* définit comme « parties coupées ou enlevées d'une bête, d'une volaille tuée » dès 1690.

Indique les morceaux accessoires des volailles : tête, cou, ailerons, pattes, cœur, gésier, rognons, foie – sauf celui du canard et de l'oie avec lesquels on fait d'excellents ragoûts.

« Par l'aveu du récipiendaire, nous avons appris qu'en effet l'**abatis** d'une belle daube, préparée par les soins de Mme Clapart, avait été judicieusement inséré dans le pot-au-feu fait à domicile avec des soins qui ne se prennent que dans les ménages. »

(Honoré de Balzac, *Un début dans la vie*, 1842).

« À côté, sur des assiettes, étaient posés des **abattis**, le foie, le gésier, le cou, les pattes, les ailerons ; tandis que, dans un plat ovale, un lapin écorché et vidé était couché, les quatre membres écartés, la tête sanguinolente, la peau du ventre fendue, montrant les deux rognons… »

(Emile Zola, *Le Ventre de Paris*, 1873).

ACHAR (S) (OU ACHARDS)

Nom généralement employé au pluriel, probablement issu du malais, par les Indes, attesté sous la forme d'*achars* dans les premiers livres d'histoire de la navigation au début du XVIIe siècle, puis celle de *achards* en 1829.

S'applique à l'origine à un condiment très épicé, aromatisé et coloré avec du safran, composé de bourgeons très tendres du bambou et du chou palmiste confits dans du vinaigre, puis, par extension, à un assaisonnement pimenté et safrané de menus morceaux de légumes et de fruits macérés dans du sel, du vinaigre ou du citron.

D'un usage courant aux Antilles, à la Réunion, comme en Inde et en Indonésie, les achards sont introduits en Europe au XVIIIe siècle, par les Anglais. Longtemps synonymes de *pickles*, ils accompagnaient et accompagnent encore les viandes bouillies.

« Entre les assiettes, entre les plats, sur le lit de rognures bleues, se trouvaient jetés des bocaux d'**aschards**, de coulis, de truffes conservées, des terrines de foie gras, des boîtes moirées de thon et de sardines... »

(Emile Zola, *Le Ventre de Paris*, 1873).

« Ils perfectionnèrent les **achards** de Mme Bordin en épiçant le vinaigre avec du poivre ; et leurs prunes à l'eau-de-vie étaient bien supérieures ! Ils obtinrent par la macération des ratafias de framboise et d'absinthe. »

(Gustave Flaubert, *Bouvard et Pécuchet*, 1881).

ACRA (OU AKRA)

Expression signifiant « beignet de légumes » dans plusieurs dialectes africains, importée aux Antilles par les esclaves à la fin du XVIIe siècle.

Se dit, dans la cuisine créole, d'une petite boulette à base de morue pilée ou de pulpe de légumes, fortement pimentée, assaisonnée d'aromates, qu'on fait frire dans une pâte à beignets et qu'on sert, très chaude, à l'apéritif ou en hors-d'œuvre.

« Les vendeuses d'**acras**, les charrouyeuses de tuf, les porteuses de sacs de sucre, les poissonneuses du marché faisaient à Vitorbe une muraille de leur corps. »

(Edouard Glissant, *La Case du commandeur*, 1981).

AGAPE (S)

Dénomination empruntée au latin chrétien *agape* tiré du grec *agapê*, « amour », primitivement appliquée aux repas fraternels des premiers chrétiens célébrés en mémoire du dernier festin du Christ avec ses apôtres puis, par extension et à partir de 1574, à ceux que les membres de l'Église offraient aux pauvres en l'honneur d'un défunt.

Les agapes perdirent toutefois très vite leur caractère religieux initial pour devenir sous la Régence synonyme de « petits soupers », puis de « festins », sens attesté par le *Dictionnaire Bescherelle* en 1845.

« Ce sont de véritables **agapes** auxquelles vous nous avez conviés là. Et, en effet, Françoise, surexcitée par l'ambition de réussir pour un invité de marque un dîner enfin semé de difficultés dignes d'elle, s'était donné une peine qu'elle ne prenait plus quand nous étions seuls et avait retrouvé sa manière incomparable de Combray. »

(Marcel Proust, *À l'ombre des jeunes filles en fleurs*, 1921).

« On éprouvait alors, dans la ville de ***, pour ces **agapes** si tympanisées de la place de Thurin, une horreur presque égale à l'horreur que les chrétiens, au Moyen Âge, ressentaient pour ces repas (...) dans lesquels [on] profanait des hosties et égorgeait des enfants. »

(Barbey d'Aurevilly, « À un dîner d'athées », *Les Diaboliques*, 1874).

Voir aussi : **FESTIN & SOUPER.**

AGNÈS-SOREL

Voir : **SOREL-AGNÈS.**

AÏGO-BOULIDO (OU AÏGO-BULLIDO OU BOUÏDO)

Francisation du provençal *aïgo* « eau » et de *boulido* « bouillie », attestée en 1879 dans *Lou Tresor dou Felibrige* de Frédéric Mistral.

Désigne une soupe de la cuisine traditionnelle du Sud-Ouest, faite de gousses d'ail écrasées bouillies avec de la sauge fraîche ou du thym et du laurier, liée avec un jaune d'œuf battu, qu'on versait sur des tranches de pain et qu'on servait traditionnellement aux malades et les lendemains de fête en raison de ses vertus stomachiques éprouvées.

« Margoutoum en plourant trempè l'**aigo-boulido.** »

(Joseph Roumanille, cité par Frédéric Mistral dans *Lou Tresor dou Felibrige*, 1879-1886).

Voir aussi : **SOUPE & TOURIN.**

AÏGO-SAU (OU AÏGO-SAOU)

Mot composé, dérivé du provençal *aïgo* « eau » et de *sau* « sel », enregistré en 1879 dans *Lou Tresor dou Felibrige* de Frédéric Mistral, où il s'applique à une variété de soupe de poisson aromatisée à la sauge, autrement dénommée *boui-abaisso blanc* « bouillabaisse blanche » parce qu'elle comporte exclusivement des poissons blancs, des pommes de terre et de l'ail.

« Ce bouillon, retiré du feu et mélangé petit à petit et précautionneusement à un plein mortier de mayonnaise que l'on venait de monter uniquement avec un jaune d'œuf et beaucoup d'huile d'olive, crémeux, onctueux, de grand caractère, allait, versé sur des lèches, et sous le nom d'**aïgo-sau**, nous ouvrir l'estomac aux débauches de gourmandise. »

(Maurice Brun, *Gourmandugi*, 1944).

Voir aussi : **BOUILLABAISSE & BOURRIDE.**

AILLADE

Francisation du provençal *alhada*, issue du latin *al (l) ium* « ail », attestée en 1532 dans le *Pantagruel* de Rabelais.

Se dit d'abord d'une sauce qui accompagne les viandes, les poissons et les pommes de terre.

Indique, par extension, depuis le début du XIXe siècle, des plats méridionaux fortement alliacés, en particulier du pain grillé frotté d'ail, humecté de bouillon et arrosé d'huile d'olive, auquel on ajoute, dans le Sud-Ouest, des noix fraîches mondées et broyées, et qu'on appelle aussi « chapon ».

« C'estoit une puante halaine qui estoit venue de l'estomach de Pantagruel alors qu'il mangea tant d'**aillade.** »

(François Rabelais, *Pantagruel,* 1532).

« L'**aillade** a toujours été populaire, quasi liturgique. Autrefois c'est elle qu'on apportait aux jeunes mariés vers le minuit (heure où l'on présume qu'ils ont pas mal mis la main à la pâte), en cérémonie (quelque peu carnavalesque il est vrai) en chantant à travers le noir village : *Anan pourta l'aillado as nobis, Ora pro nobis !* »

(Joseph Delteil, *La Cuisine paléolithique*, 1924).

AÏOLI (OU AILLOLI)

Terme emprunté au provençal moderne *ai* « ail » et *oli* « huile », attesté sous la forme *ailloli* au milieu du XVIIIe siècle, puis celle d'*aïoli* par le *Dictionnaire Bescherelle* en 1842.

Désigne une sorte de mayonnaise alliacée, dont l'invention est attribuée au cuisinier du maréchal duc de Richelieu et qui remonterait à la prise de Port-Mahon en 1756, puis, par métonymie, le mets auquel cette sauce sert d'accompagnement.

Appelée familièrement « pommade » dans le Midi, l'aïoli se prépare en filant de l'ail dans un mortier avec de l'huile d'olive et un jaune d'œuf, et s'utilise pour assaisonner le poisson poché froid, la bourride ou la viande froide, en particulier le gigot.

Le plat complet ou « grand aïoli » se compose de morue dessalée et pochée, de bœuf et de mouton bouillis, accompagnés de légumes (carottes, navets, fenouil, artichauts, chou-fleur, haricots verts...), cuits à l'eau et garnis d'œufs durs et d'escargots. C'était jadis le plat obligé des fêtes populaires provençales et des lendemains de ripailles ou de Carnaval, parce que l'ail dont il est abondamment parfumé était considéré comme la panacée chassant maladies, miasmes, mélancolie et même vampires. L'aïoli passant aussi pour faciliter la pratique de la chasteté, on le prescrivait encore durant le Carême, en particulier le mercredi des Cendres et le Vendredi saint.

Aujourd'hui, on continue de le préparer de façon rituelle chaque été et de le servir sur la place du village, sous les platanes.

« Le régime de Dodin se balança désormais entre des **aillolis** et des fonds d'artichauts, des triples consommés aux quenelles onctueuses et d'incomparables fricassées d'oignon... »

(Marcel Rouff, *La Vie et la Passion de Dodin-Bouffant*, 1924).

« Et l'**aïoli** ! Aïe l'**aïoli** ! Ça c'est un sacrement. Il faut y consacrer deux jours. Un jour pour la manger, un autre pour la digérer. Je vous dis que c'est un sacerdoce... »

(Lucie Porquerol, « À table en Provence », *Le Crapouillot*, juillet 1932).

Voir aussi : **BOURRIDE.**

ALBUFÉRA (À LA D')

Locution appliquée à différents apprêts imaginés par Antonin Carême (1784-1833) en l'honneur du maréchal d'Empire Louis Suchet, nommé duc d'Albuféra à la suite de sa victoire sur les Anglais dans la lagune d'Albuféra, près de Valence, le 9 janvier 1812.

Se dit surtout d'une sauce (sorte de béchamel au poivre doux) servie avec les ris de veau, la volaille braisée ou pochée, ainsi que d'une formule sophistiquée de poularde inventée par Adolphe Dugléré (1805-1884), cuisinier formé par Antonin Carême chez James de Rothschild avant de devenir chef du célèbre Café Anglais, sous le Second Empire.

« J'aime à savoir ce que je vais manger. M'en informer, telle est la raison d'être du menu. En apprenant qu'on va m'offrir un gigot **à la d'Albuféra**, je n'apprendrai rien. Peu m'importe qu'un chef ait marqué de la courtisanerie envers son noble patron en baptisant une volaille ou une sauce de quelque nom aristocratique. Ce que je veux connaître, c'est le programme réel du repas, rédigé en une langue intelligible. »

(Paul Reboux, *Plats nouveaux*, 1927).

ALICÒT

Mot d'origine incertaine attesté au XIVe siècle, dérivé du vieux verbe français *haligoter*, *harigoter,* « couper en morceaux, déchirer, taillader » ou du patois languedocien *ale y còt* « aile et cou », qu'on relève encore sous la forme de *aillicuit* ou *alycuit,* de *ali,* « aile », et de *cuit,* « cuite ».

S'applique à un ragoût d'origine béarnaise, fait d'abattis de canard ou d'oie (gésiers, ailerons, pattes, cou, tête), dorés à la graisse d'oie, rehaussés d'ail et cuits longuement à l'étouffée avec des carottes ou des pommes de terre, voire avec des cèpes et des marrons grillés.

> « L'**alicòt** est l'entrée par excellence des grands repas campagnards. »
> (Simin Palay, *Dictionnaire du béarnais et du gascon modernes*,1932).

ALIGOT

Transcription de l'occitan *alicot, aliquot,* « ragoût », qui remonte probablement au XIVe siècle et désigne un plat traditionnel d'Auvergne et du Rouergue préparé avec de la purée de pommes de terre, de l'ail, travaillés à chaud avec de la tomme fraîche et grasse, qu'on servait autrefois lors des repas de noces et le jour de Noël.

> « De nombreuses légendes locales courent à propos de l'**aligot** et de sa préparation. Elles sont en tout point comparables à celles qui concernent la réussite de la mayonnaise. Il est fort recommandé, par exemple, de toujours tourner la spatule dans le même sens. »
> (*Guide gourmand de la France*, 1970).

Voir aussi : **HARICOT**.

ALLELUIA (OU ALLÉLÙIA)

Nom d'une pâtisserie au XIIIe siècle, hérité du latin ecclésiastique *alléluia* et de l'hébreu *halleloujah,* « louez Yahvé », formule d'allégresse qui commence ou termine certains psaumes.

S'applique aux petits gâteaux qu'on confectionnait le jour de Pâques au Moyen Âge, et que les Languedociens offraient aux enfants de chœur qui venaient chanter l'hymne pascal *O filii et filiae* en faisant la quête.

« À Castelnaudary, c'est par un gâteau nommé **alléluia** que l'on rend grâce à Comus ! »

(Jean Arnaboldi, *Guide des spécialités gastronomiques de France*, 1967).

ALLEMANDE

Dénomination d'une des quatre « sauces-mères » servant de bases à une multitude d'autres, qu'Antonin Carême perfectionna et baptisa ainsi au début du XIXe siècle parce que sa couleur lui rappelait les blondes Allemandes...

Il s'agit d'un velouté lié au jaune d'œuf, qui accompagne en général les abats, la volaille pochée, les légumes et les œufs, et autrement dénommé « sauce parisienne » en raison de son origine française.

« Nous devons considérer comme grandes sauces : l'espagnole, le velouté, l'**allemande** et la béchamel. »

(Antonin Carême, *L'Art de la cuisine française au XIXe* siècle, 1833).

Voir aussi : **BÉCHAMEL, ESPAGNOLE & VELOUTÉ.**

ALLUMETTE

Terme enregistré dans le vocabulaire culinaire dans le *Nouveau Traité de la cuisine* de Menon en 1739.

Qualifie, par analogie de forme avec la bûchette destinée à faire prendre le feu, un petit gâteau feuilleté salé en forme de bâtonnet, garni au fromage, au jambon ou aux anchois, qu'on sert chaud en entrée ou hors-d'œuvre.

Se dit également, depuis le milieu du XIXe siècle, des bandes de feuilletage glacées au sucre, créées par un nommé Planta, pâtissier d'origine suisse établi à Dinard, en Bretagne.

« (...) une table (...) recouverte de petites soucoupes à décors chinois remplies de divers canapés garnis de saumon, de pointes d'asperges, de rondelles d'œufs durs, de tomate, de langue écarlate, d'anchois, quiches miniatures, pizzas naines, **allumettes** au fromage. »

(Georges Perec, *La Vie mode d'emploi*, 1978).

Voir aussi : **FRITES**.

ALOUETTE-SANS-TÊTE

Voir : **PAUPIETTE**.

ALOYAU

Mot entré dans la langue sous la forme d'*allouyau* dans *Le Mesnagier de Paris*, traité de morale et d'économie domestique composé vers 1393, où il s'applique à la manière de préparer le rôti de bœuf en le fourrant de moelle et de graisse.

Son étymologie demeure incertaine, soit qu'on le rattache à l'ancien français *aloel*, « petite alouette », parce qu'il indiquait à l'origine des petits morceaux de viande garnis de lard et cuits à la broche comme les alouettes, soit qu'on invoque *aloyer*, forme ancienne d'*allier*, « joindre par un lien », pour la raison que l'aloyau désigne par extension, depuis le début du XVIIe siècle, le muscle reliant les vertèbres lombaires du bœuf, autrement dit le « rein » (*loin*, en anglais), qui comprend le filet, le faux-filet et le romsteck.

La légende veut que ce soit le roi Henri VIII d'Angleterre, grand amateur de viande rouge, qui ait anobli ce morceau de choix en le nommant *Sir loin, Baron of beef*, expression bientôt sanctionnée par l'usage en *Sir loin* « sire aloyau ».

« La France est sûre de faire bonne chère. Les **aloyaux** que les Anglais appellent rost-beef valent bien la poule au pot. »

(Voltaire, « Lettre à M. de Turgot », 3 mai 1776).

« C'était sous le hangar de la charretterie que la table était dressée. Il y avait dessus quatre **aloyaux**, six fricassées de poulets, du veau à la casserole, trois gigots, et, au milieu, un joli cochon de lait rôti, flanqué de quatre andouilles à l'oseille. »

(Gustave Flaubert, *Madame Bovary*, 1857).

AMANDINE

Nom d'une tartelette en pâte sucrée garnie de frangipane, d'amandes et de confiture d'abricot, consignée dans le *Dictionnaire général de cuisine française* en 1853 et inventée au XVIIe siècle par un nommé Ragueneau, « rôtisseur-patissier » parisien installé au coin de la rue Saint-Honoré et de la rue de l'Arbre-Sec, puis remise à la mode en 1897 par le *Cyrano de Bergerac* d'Edmond Rostand qui nous en livre la recette en vers dans la scène 4 de l'acte II :

Comment on fait les tartelettes **amandines** :

Battez pour qu'ils soient mousseux,
Quelques œufs ;
Incorporez à leur mousse
Un jus de cédrat choisi ;
Versez-y
Un bon lait d'amande douce ;
Mettez de la pâte à flan
Dans le flanc
De moules à tartelettes ;
D'un doigt preste, abricotez
Les côtés ;
Versez goutte à gouttelette
Votre mousse en ces puits, puis
Que ces puits
Passent au four, et, blondines,
Sortant en gais troupelets,
Ce sont les
Tartelettes **amandines** !

AMBASSADRICE (À L')

Appellation aristocratique flatteuse qui indique, comme « à l'amiral », « à la comtesse » ou « à la maréchale », des garnitures propres à la cuisine de l'Ancien Régime, composées d'éléments raffinés (crêtes et rognons de coq, foies de volaille, croustades feuilletées, salpicon de truffes et de foie gras, liés de demi-glace ou nappés de sauce suprême) et destinées à accompagner les petites pièces de boucherie, les volailles, voire les œufs mollets ou pochés.

« “Comment exécutez-vous, dit-il, à un des chefs du Café de Paris, les filets de volaille **à l'Ambassadrice** ? – Monsieur, c'est tout bonnement une sauce liée comme la blanquette de veau...” Ô rapprochement indigne et sacrilège qui prouve bien dans quel bas-empire se trouve, à l'heure actuelle, la cuisine moderne ! »

(*Paris-Restaurant*, in *Les Petits-Paris*, 1854).

AMBIGU

Mot hérité du latin *ambiguus*, « mélange de choses de nature différente », appliqué au repas froid où l'on servait tous les mets en même temps, des entrées aux desserts, que l'on prenait en guise de souper et qui faisait fureur au XVIIe siècle avant d'être dénigré moins de deux siècles plus tard, en particulier par Antonin Carême qui déplorait que « les convives mangent ainsi froid et indistinctement un amalgame confus ». Le buffet d'aujourd'hui l'a définitivement supplanté.

« C'étoient des **ambigus** qui partoient de France pour renchérir au milieu de Londres, sur les collations du roi. »

(Antoine Hamilton, *Mémoires du chevalier de Grammont*, 1713).

« Chevet demandait la cuisine et la salle à manger de l'entresol pour y établir son quartier général ; il ne devait pas désemparer pour servir un dîner de vingt personnages à six heures et, à une heure du matin, un magnifique **ambigu**. »

(Honoré de Balzac, *César Birotteau*, 1837).

Voir aussi : **BUFFET**.

AMÉRICAINE (À L')

Dénomination attestée dans les traités culinaires de la fin du XIXe siècle signalant un apprêt de langouste ou de homard, dont l'invention demeure très controversée.

Doit-on dire, en effet, *à l'américaine*, comme Drouant et Lapérouse l'affichaient sur leur carte, ou *à l'armoricaine,* comme le faisait Edouard Nignon du temps qu'il officiait chez Larue, place de la Madeleine? Prosper Montagné, chef célèbre de La Belle-Epoque, est formel : l'appellation *à l'américaine* est une hérésie. C'est aussi l'avis de Maurice Sailland, alias Curnonsky, prince des gastronomes, et celui d'Aristide Briand, Nantais d'origine : « Son son vrai nom est le *homard à l'armoricaine*, que l'on a peu à peu déformé, transformé. C'est un plat breton et il faut l'avoir goûté en Bretagne pour savoir vraiment ce qu'il est! »

Interviennent également dans ce débat le chef du Jockey-Club Jules Gouffé, lequel révèle une préparation comparable sous le nom de *homard à la provençale*, puis le grand codificateur de l'art culinaire, Auguste Escoffier, qui signale ce plat sur la carte d'un restaurant niçois vers 1860. Origine de fait tout aussi légitime à juger par les éléments qui entrent dans la confection de la recette : le homard est en effet découpé vivant en tronçons, sauté à cru dans de l'huile d'olive, mouillé de vin blanc, flambé au cognac, condimenté de tomate, d'échalote hachée, d'ail, d'herbes diverses et de cayenne, lié pour finir avec le corail et les parties du coffre réservées, chaque cuisinier jouant bien entendu sur certains détails pour personnaliser sa recette.

Parmi les créateurs possibles de cet apprêt, on cite le nom de Pierre Fraisse, cuisinier originaire de Sète ayant exercé son art aux États-Unis durant quelques années, puis revenu s'installer à Paris, peu avant 1860, au luxueux Peter's, établissement qui avait la réputation d'une « maison à l'américaine ». Ce serait ainsi un soir de 1867, l'année de l'Exposition universelle, que pris de court, mais disposant encore de homards vivants, il aurait improvisé cette préparation pour satisfaire un groupe d'Américains arrivés sur le tard.

Si Urbain Dubois et quelques autres historiens de la cuisine en attribuent l'invention au restaurateur parisien Bonnefoy en 1853, cet apprêt serait en réalité bien antérieur à sa désignation, comme en témoigne une formule semblable appliquée à des écrevisses de mer consignée dans l'édition de 1747 du *Cuisinier gascon*, ouvrage anonyme dû à Louis-Auguste de Bourbon, fils du duc du Maine.

« Menu corsé – potage bisque – poulet à la diable, râble de lièvre, homard **à l'américaine**, salade de légumes bien épicée et dessert. – Nous boirons du champagne. »

(Guy de Maupassant, *Imprudence*, 1885).

« Ah ! Homard **à l'américaine**... Regardez-moi. Apprenez. Avec le contenu, j'enlève la viande du homard ; je la baigne dans la sauce, j'avance gracieusement le buste... et houp !... »

(Henri Duvernois, *Le Veau gras*, 1926).

Voir aussi : **ARMORICAINE (À L')**.

AMIRAL (À L')

Appellation flatteuse propre à la cuisine de l'Empire qui indique comme « à l'ambassadrice » ou « à la maréchale », un mode de préparation caractérisé par le raffinement et la richesse des ingrédients utilisés et qui accompagne essentiellement les poissons cuits au court-bouillon.

« La garniture **à l'amiral** est composée d'une sauce normande enrichie d'huîtres ou de moules, de queues d'écrevisses ou de langoustines, de champignons coupés en lamelles fines et sautées, et de truffes. »

(*La Cuisine de A à Z*, 1968).

AMOURETTES

Expression toujours employée au pluriel, issue du provençal *amoretas*, désignant à l'origine les testicules de coq réputés pour leurs vertus aphrodisiaques, puis enregistrée au sens de « moelle épinière du bœuf, du veau et du mouton » par le *Dictionnaire de Trévoux* en 1771.

Les amourettes se cuisinent en général comme la cervelle, mais s'apprêtent aussi en beignets, en croquettes ou en fritot, servant encore de garniture aux bouchées, aux timbales et aux vol-au-vent. François Marin, maître d'hôtel du maréchal prince de Soubise, suggère curieusement de les servir en entremets chaud et sucré avec des biscuits de Savoie et un peu de fleur d'oranger...

« Ce fut un vieux seigneur nommé le commandeur de Froullay, pourvu d'une grande gourmandise et d'un fort appétit, qui, à propos probablement des fonctions de la moelle épinière dans le genre humain, la baptisa en gastronomie du nom d'**amourette.** »

(Alexandre Dumas père, *Le Grand Dictionnaire de cuisine*, 1873).

Voir aussi : **ANIMELLES & BÉATILLES.**

AMPHITRYON

Du nom du roi légendaire de Tirynthe dont Zeus revêtit l'apparence pour séduire sa femme Alcmène.

Se dit, de façon littéraire et depuis la représentation de l'*Amphitryon* de Molière en 1668, de l'hôte chez lequel ou aux frais duquel on dîne, par référence à la réplique plaisante prêtée au personnage de Sosie dans le quiproquo de la scène 5 de l'acte III : « Le véritable Amphitryon/Est l'Amphitryon où l'on dîne »...

Enregistré comme nom commun dans le supplément du *Dictionnaire de Trévoux* de 1752, ce mot se féminise au XIXe siècle sous la plume de Barbey d'Aurevilly, qui invente encore le verbe *amphitryonner* au sens de « présider ou offrir un repas ».

« De même que le convive ne peut se dégager, l'**Amphitryon** ne peut le *dés-inviter* sous quelque prétexte que ce soit. Affaires urgentes, absence, maladie, décès, même. (...) Il peut se faire remplacer et charger, soit de vive voix, soit par testament, un ami de remplir pour lui ses fonctions ; il suffit dans ce cas qu'il pourvoie à tous les frais... »

(Grimod de la Reynière, *Manuel des Amphitryons*, 1808).

« Les **Amphitryonnes** de cet incroyable souper, si peu dans les mœurs trembleuses de la société à laquelle elles appartenaient, durent y éprouver quelque chose de ce que Sardanapale ressentit sur son bûcher. »

(Barbey d'Aurevilly, « Le plus bel amour de Dom Juan », *Les Diaboliques*, 1874).

Voir aussi : **GASTRONOME, GOURMAND & GOURMET.**

AMUSE-GUEULE

Nom familier, généralement invariable au pluriel, composé d'*amuser* et de *gueule*, du latin *gula*, « gosier, bouche », qui apparaît d'abord sous la forme d'*amuse-bouche* à la fin du XIVe siècle pour qualifier les mets servis au début d'un repas.

Indique désormais, par extension, les petits mets salés ou sucrés (canapés, biscuits etc.), qu'on sert chauds ou froids avec l'apéritif ou au cours d'un cocktail.

Le *Dictionnaire de l'Académie*, qui l'officialise en 1877, lui donne pour synonymes « gueulardise » et « amusette de la bouche », expressions tombées en désuétude relevées dans *Les Enfants du capitaine Grant* de Jules Verne en 1867.

« Ailleurs, tout un assortiment de petits raviers triangulaires contenant encore divers **amuse-gueule** : olives vertes, noisettes grillées, petits biscuits salés, chips aux crevettes. »

(Georges Perec, *La Vie mode d'emploi*, 1978).

ANCHOÏADE (OU ANCHOYADE)

Dénomination d'origine incertaine, enregistrée dans *Lou Tresor dou Felibrige* de Frédéric Mistral en 1879, qu'on rattache soit à *anchoia*, « anchois », par l'intermédiaire du basque *anchua*, soit au provençal *anchouiado* de même sens, mais plus vraisemblablement dérivée du bas latin *apiua*, du grec *aphuê*, « petit poisson ».

Désigne une sauce à base d'anchois pilés et d'huile d'olive, ainsi qu'un hors-d'œuvre (purée de ces petits poissons accommodée avec de l'échalote ou de l'oignon, de l'ail et du persil haché, arrosée d'huile d'olive et d'un peu de vinaigre) dont on tartine des tranches de pain ou des toasts, qu'on arrose d'huile avant de les passer au four.

« Tandis que ses hôtes faisaient honneur à des crudités qu'on trempait dans l'**anchoïade**, l'Escrivain prépara à la cuisine une omelette de quinze œufs, mordorée et baveuse à souhait… »

(Robert Sabatier, *Les Enfants de l'été*, 1978).

ANCIENNE (À L')

Formule attestée au début du XIXe siècle qui signifie littéralement « à la manière d'autrefois » et qualifie les plats comportant de riches garnitures composées qui accompagnent les pièces de viande longuement mijotées comme les ragoûts ou les fricassées.

Se dit aussi des blanquettes servies par les restaurants célèbres de la Belle-Époque, de Foyot à Paillard en passant par Maxim's.

« Un jour que j'avais mangé, chez elle, un bœuf **à l'ancienne** qui comblait au moins trois sens sur cinq – car outre sa saveur sombre et veloutée, sa consistance mi-fondante, il brillait d'une sauce caramelline, mordorée, cernée sur ses bords d'une graisse légère, couleur d'or –, je m'écriai : "C'est un chef-d'œuvre ! Avec quoi faites-vous ça ? – Avec du bœuf, répondit Mme Yvon. – Mon Dieu, je le pense bien... Mais tout de même, il y a dans cet accommodement un mystère, une magie... On doit pouvoir, à une merveille comme celle-là, donner un nom ?... – Bien sûr, répondit Mme Yvon. C'est du bœuf." »

(Colette, *Prison et Paradis*, 1932).

Voir aussi : **BOURGEOISE.**

ANDOUILLE

Mot attesté au XIIe siècle sous la forme d'*andoille*, issu du latin populaire *inductilis* ou *inductile,* dérivé d'*inducere,* « introduire », qui indique d'abord la viande dont on remplit les boyaux, avant de désigner la charcuterie elle-même.

L'andouille se prépare avec des lanières d'estomac et d'intestin de porc ou de veau, hachées, assaisonnées, cuites et enserrées dans un boyau noir de 25 à 30 centimètres de long et de 4 à 6 centimètres de diamètre.

Le Moyen Âge la confectionnait volontiers avec du lapin, du faisan ou des perdrix, voire du poisson pendant la période de Carême. Alexandre Dumas père affirme qu'on appréciait alors aussi les andouilles de sanglier fumées dans l'âtre 72 heures de suite, servies avec une purée de pois verts ou de marrons.

« Grandgousier mangeoit volontiers sallé. A ceste fin, avoit ordinairement bonnes munitions de jambon de Magence et de Bayonne, force langues de bœuf fumées, abondances d'**andouilles** en la saison, et de bœuf sallé à la moustarde. »

(François Rabelais, *Gargantua*, 1534-1535).

« Chaque jour, Julie inspectait ses richesses, comme un général passe son armée en revue (...) Elle attendait le moment propice pour lancer ses bataillons d'**andouilles** de Vire et ses escadres de maquereaux au vin blanc sur les habitants insoucieux des Ternes. »

(Jean Dutourd, *Au Bon Beurre*, 1952).

ANDOUILLETTE

Nom enregistré dans le *Dictionnaire Richelet* en 1680, souvent donné comme un diminutif d'andouille. À tort, assurent les cinq « A », membres de l'Association Amicale des Amateurs d'Authentiques Andouillettes fondée au début des années 1960, qui décernent un diplôme aux charcutiers perpétuant la fabrication de l'andouillette dite à l'ancienne traditionnellement « tirée à la ficelle » et constituée, non pas d'un contenu semblable à celui de l'andouille, haché plus finement, mais de minces lames de viande de porc.

L'andouillette, dont l'*Encyclopédie* (1751-1780) vantait déjà les qualités, se consomme traditionnellement grillée ou poêlée, avec de la moutarde, garnie de frites, de purée de pommes de terre ou de céleri, voire, comme à Strasbourg, sur un lit de choucroute couronné de pommes de terre cuites à l'eau ou à la vapeur.

Les plus réputées demeurent cependant celles d'Arras, de Cambrai et de Troyes.

« Il mangea son rôti sans appétit et sa femme se demanda pourquoi il lui disait tout à coup : demain tu nous feras des **andouillettes...** »

(Georges Simenon, *Maigret et le client du samedi*, 1962).

ANGLAISE (À L')

Locution signifiant «à la manière anglaise» ou «à la mode anglaise», enregistrée en 1814 dans *L'Art du cuisinier* de Beauvilliers, ancien attaché aux Extraordinaires des Maisons Royales et chef du célèbre Café Valois, rue Saint-Honoré, mais surtout répandue à la fin du XIXe siècle lors de la vague d'anglophilie qui fit jusqu'à rebaptiser «assiette anglaise» l'assortiment de viandes froides et de charcuteries dressé sur une assiette individuelle, qu'on connaissait jusque-là sous le nom d'«assiette assortie»...

Si elle s'applique aux viandes (en particulier au gigot de mouton) et aux volailles pochées, ou cuites dans un fond blanc, elle vaut également pour les poissons au court-bouillon, ou grillés, ou panés, accompagnés de légumes (notamment des pommes de terre), cuits à l'eau ou à la vapeur et servis nature avec une sauce au beurre.

Se dit aussi des œufs frits avec du bacon et d'une crème liquide et vanillée, faite de lait sucré et de jaunes d'œufs, dite, «crème anglaise».

«Quand **l'assiette assortie** fut pesée il fallut que la charcutière ajoutât de la gelée et des cornichons.»

(Emile Zola, *Le Ventre de Paris*, 1873).

«– C'est ça le gigot?– Oui mon ami; il est cousu dans cette toile si étroitement que l'air n'y peut entrer. Il cuit dans ce joli court-bouillon qui chante. (...) Tu m'en diras des nouvelles si... Gévingey ne se fait pas trop attendre, car le gigot **à l'anglaise** ne supporte pas d'être en charpie.»

(Joris-Karl Huysmans, *Là-Bas*, 1891).

ANIMELLE (S)

Mot emprunté à l'italien *animella*, «abats», de *anima*, «partie intérieure», qui qualifie au Moyen Âge les abats des animaux comestibles, en particulier les rognons blancs ou testicules du mouton, du taureau et du bélier, que les Languedociens appellent encore « frivolités »...

Désigne, par métonymie, les préparations elles-mêmes, dont les premières sont consignées dans *Le Cuisinier royal et bourgeois* en 1716.

Très prisées en France sous Louis XV, en raison de leurs prétendues qualités ravigotantes, les animelles sont aujourd'hui surtout consommées dans les pays méditerranéens.

« En Toscane, en Espagne, en Provence, on croit dur comme fer que les **animelles** réalisent un généreux aphrodisiaque. Le bélier est plus estimé en Italie, le taureau en Espagne, mais en Algérie et au Maroc, on dit merveille des **animelles** du lion. »

(Curnonsky, *La Table et l'amour*, 1950).

Voir aussi : AMOURETTES & BÉATILLES.

ANNA

Se dit d'un apprêt de pommes de terre, qu'on appelle aussi « galette de pommes de terre au beurre », destiné à accompagner les volailles, les viandes rôties ou le tournedos sauté, imaginé par Adolphe Dugléré et dédié à Anna Deslions, demi-mondaine célèbre et habituée du luxueux Café Anglais, temple de la gastronomie sous le Second Empire.

« **Pommes Anna** : Coupez 500 à 600 grammes de pommes de terre en liards très minces. Essuyez-les bien, salez-les. Mettez dans un plat à sauter 100 grammes de beurre fin étendu. Placez une première couche de pommes de terre avec 50 grammes de beurre bien étendu, puis le reste et encore 50 grammes de beurre. Fermez le plat, mettez le feu dessus et dessous. Cuire un quart d'heure. Découpez le pain de pommes de terre en quatre parties, retournez-les, puis remettez-les au feu dix minutes environ. À la fin de la cuisson, levez-les et dressez-les sur un plat rond comme si le pain était entier. »

(Edmond Richardin, *L'Art du bien manger*, 1904).

APPÉTITS

Mot toujours employé au pluriel, issu du latin *appetitus,* « désir », attesté au XIIIe siècle au sens de « désir de nourriture » qualifiant les herbes aromatiques comme la ciboule, la ciboulette, la civette ou l'oignon nain, utilisés pour relever la saveur des aliments.

Signale par extension, depuis 1877, l'assaisonnement destiné à stimuler l'appétit.

« La soupe aux **appétits**, ou petits oignons, est éminemment printanière, dépurative, diurétique, vermifuge et morvandelle. »

(Gautron du Coudray, *Un quarteron de rimes culinaires*, 1938).

APPRÊT

Mot vieilli enregistré au XVe siècle, dérivé du verbe « apprêter », du latin populaire *apprestare* exprimant l'action de préparer les aliments.

Se dit, par extension, depuis la Renaissance, du mode d'arrangement et d'assaisonnement des mets que les cuisiniers de l'Ancien Régime et de l'Empire baptisaient volontiers du nom des célébrités ou des événements les ayant inspirés.

« Un souper sans **apprêts**, tel que je le propose, fait espérer un sommeil fort doux et fort plein, qui ne sera troublé par aucun songe désagréable. »

(Voltaire, Lettre à M. le comte d'Autrey, 6 septembre 1765).

« On voit, sur le visage d'un homme qui suit, du regard, certains

apprêts ménagers, surtout ceux d'un repas, une expression mêlée de considération religieuse, d'ennui et de frayeur... »

(Colette, *La Naissance du jour*, 1928).

ARLEQUINS

Appellation argotique vieillie attestée en 1842 dans *Les Mystères de Paris* d'Eugène Sue, du nom du personnage célèbre de la comédie italienne et liée à la couleur bigarrée de son costume, mais qui ne subsiste plus aujourd'hui que sous l'abréviation argotique « alors ».

S'applique aux reliefs des tables de restaurants empilés dans une même assiette, constitués de restes de viandes et de légumes et autrement dénommés bijoux et rogatons, que les aides de cuisine vendaient au rabais aux gargotiers des Halles, sous la Monarchie de Juillet.

« Garçon, qu'est-ce que cette sonnerie de cloches ?– C'est le Salut. – Alors, servez-moi un **arlequin.** »

(Raymond Roussel, *Impressions d'Afrique*, 1932).

Voir aussi : **BIJOUX & ROGATONS.**

ARLÉSIENNE (À L')

Cette formule n'indique en rien des préparations propres à la ville d'Arles, il s'agit simplement d'un hommage rendu à Alphonse Daudet pour le succès de *L'Arlésienne* représenté à Paris en 1872.

Désigne des garnitures composées soit de tomates sautées, accompagnées d'aubergines et de rondelles d'oignons frites à l'huile, soit de tomates étuvées au beurre avec des cœurs de chicorée frits, soit encore des petites tomates farcies de riz pilaf, gratinées avec de grosses olives, fourrées d'une farce de volaille au beurre d'anchois et de pommes de terre nouvelles.

«Les œufs brouillés dits **à l'arlésienne** sont disposés, additionnés de fondue de tomate, dans des moitiés de courgettes évidées, dont la pulpe, hachée, est ajoutée à l'ensemble, puis gratinés et servis avec un cordon de sauce tomate.»

(*Dictionnaire de l'Académie des gastronomes*, 1962).

ARMORICAINE (À L') :

Bien que cette dénomination ait encore parfois ses partisans, les dictionnaires généraux actuels la signalent comme une déformation de *homard à l'américaine.*

Le premier critique à plaider en sa faveur est Léon Brisse qui, dès 1867, rappelle que les pêcheurs bretons préparaient le homard de façon similaire, le découpant vivant et le faisant cuire dans un chaudron rempli de cidre et d'eau-de-vie. C'est aussi la thèse du chroniqueur René Maizeroy qui affirme, dans un article du *Gil Blas* de juillet 1914, et sur la foi d'archives prétendument retrouvées, que le créateur de cette formule est un cuisinier de Saint-Pol-de-Léon. Mais, les preuves manquant, le débat reste ouvert, surtout que certains auteurs, comme Maguelonne Toussaint-Samat, sont aujourd'hui convaincus qu'il s'agit aussi d'une «préparation créole hispano-cubano-florido-louisianaise»...

« D'où vient l'agrément d'un homard **à l'armoricaine** ? Non pas de la chair du homard, qui est incontestablement coriace et semble quelque chose d'intermédiaire entre la guimauve et le caoutchouc. C'est l'assaisonnement qui lui donne la faveur des délicats.»

(Paul Reboux, *Plats nouveaux*, 1927).

Voir aussi : AMÉRICAINE (À L').

ASPIC

Mot d'origine incertaine, attesté comme terme de cuisine en 1742 dans la *Suite des Dons de Comus* de François Marin, maître d'hôtel du maréchal de Soubise, d'abord appliqué à un plat froid constitué de viande de boucherie, de filets de volaille ou de gibier, de poisson ou de crustacé cuits (plus rarement de légumes), puis enrobé de gelée moulée, diversement décoré avec des œufs durs, du jambon, des lames de truffe, de la langue écarlate, etc., et, par extension, à la gelée utilisée pour cette préparation.

Selon Littré, ce mot serait issu du latin *aspis,* « vipère », lui-même hérité du grec *aspis* désignant un serpent venimeux, et ainsi nommé parce qu'il est froid et que l'on dit « froid comme un aspic ». Explication qui suggère à Albert Dauzat, en 1938, la comparaison des nuances variées de la gelée avec les couleurs de ce reptile, voire le rapprochement avec le moule en forme de serpent roulé dans lequel on la coulait autrefois.

Dans son *Dictionnaire des étymologies obscures* (1982), Pierre Guiraud propose néanmoins une filiation radicalement différente : s'appuyant sur la définition du *Grand Dictionnaire universel du XIX*ᵉ *siècle* (1866-1876) qui fait de l'aspic une « sorte de gelée faite avec du jus de graisse, de lard, de rognures de côtelettes », celui-ci le rattache à un homonyme emprunté au provençal *espic,* « épi », attesté en 1539, qualifiant l'huile essentielle de la lavande *spic* utilisée en parfumerie et caractérisée, elle aussi, par sa transparence.

Pour autant, les précédentes hypothèses sont loin d'être dénuées de fondement quand on sait que chez les Grecs et les Romains l'aspic se faisait uniquement avec de l'anguille.

« Les éléments du décor doivent être en rapport avec la nature de l'élément principal de l'**Aspic**. Ce sont ordinairement : la truffe, le blanc d'œuf poché en pain, les cornichons, câpres, pluches diverses, minces rondelles de radis, corail de homard, langue écarlate, etc. »

(Auguste Escoffier, *Le Guide culinaire*, 1903).

« Nicolas se remit à sa tâche, qui consistait en le démoulage d'**aspics** de filets de sole, contisés de lames de truffes, destinés à garnir les hors-d'œuvre de poisson. »

(Boris Vian, *L'Écume des jours*, 1947).

ASSAISONNEMENT

Terme générique dérivé du verbe *assaisonner*, attesté au sens d'« accommoder un mets avec différents ingrédients et épices » par le *Dictionnaire Estienne* en 1539.

Désigne par extension, depuis le début du XVIIe siècle, « ce qui assaisonne », autrement dit les ingrédients ajoutés aux aliments pour leur donner du goût.

« Parfois même, se levant à demi, il [Homais] indiquait délicatement le morceau le plus tendre, ou, se tournant vers la bonne, lui adressait des conseils pour la manipulation des ragoûts et l'hygiène des **assaisonnements**. Il parlait arôme, osmazône, suc et gélatine, d'une façon à éblouir. »

(Gustave Flaubert, *Madame Bovary*, 1857).

ASSIETTE ANGLAISE

Voir : **ANGLAISE (À L')**.

ATTEREAU (OU HATTEREAU)

Mot vieilli signifiant « brochette à rôtir », issu de *haste*, du latin *hasta*, «pique», et de *raust* ou *rost*, «rôti», mentionné par *Le Cuisinier françois* de La Varenne en 1651.

Indique les tranches de foie ou de viandes grillées assaisonnées d'épices, d'herbes et enfilées d'un attelet, puis, par extension, les différents éléments cuits ou crus, trempés dans une sauce, et frits après avoir été panés.

«On présente également, comme entremets, des **attereaux**, où une crème frite enrobe des morceaux de fruits ou de biscuits divers.»

(*Dictionnaire de l'Académie des Gastronomes*, 1962).

AURORE (OU À L'AURORE)

Dénomination d'une sauce légère, rose et safranée, constituée d'un fonds de volaille additionné de velouté et d'une purée de tomate, enregistrée en 1814 dans *L'Art du cuisinier* de Beauvilliers.

Signale encore un potage à la tomate, une préparation d'œufs durs farcis, mollets ou pochés, nappés de cette sauce, ainsi qu'un apprêt de cuisses de grenouilles plus connu sous l'appellation de «cuisses de nymphes aurore», imaginé par Auguste Escoffier vers 1898 pour le prince de Galles, futur Edouard VII.

«Ce soir-là, connaissant la passion rentrée de Fugger pour la cuisine, elle fit préparer un repas rose – aspic de jambon aux Vertus, Koulibiak de saumon sauce **aurore**...»

(Georges Perec, *La Vie mode d'emploi*, 1978).

B

BABA

Nom emprunté au polonais *baba*, onomatopée du langage enfantin signifiant « vieille femme », attesté en 1767 dans une lettre de Denis Diderot à Sophie Volland.

Désigne un gâteau de forme ronde et massive, fait de pâte levée et imbibé d'un sirop de sucre parfumé au rhum, dont l'ancêtre aurait été inventé par Stanislas Leczinski, beau-père de Louis XV et ancien roi de Pologne. Exilé en Lorraine vers 1720 et trouvant le kougelhopf un peu sec, il aurait ainsi imaginé de le tremper dans un sirop au vin de Malaga sucré, additionné d'un dixième d'eau de tanaisie, et l'aurait baptisé du nom de son héros préféré des *Contes des Mille et Une Nuits*, « Ali-Baba », que l'usage populaire abrégea bientôt en *baba*.

Introduit à Paris au début du XIXe siècle par Stohrer, entremettier de Lunéville venu s'installer au n° 51 de la rue Montorgueil, le baba désormais parfumé au rhum connut une grande vogue, les meilleurs se fabriquant paraît-il chez Rouget, 9, rue de Richelieu. Mais on ignorait alors dans la capitale que ce type de gâteau trempé se confectionnait à Bordeaux depuis près d'un siècle, où on l'appelait, sans qu'on en connaisse la raison, « gâteau de Fribourg ».

« Puis s'arrêtant à l'endroit où sont dressés ces sortes de gâteaux qu'on m'a dit se nommer éclairs et **babas**, il touche du bout du doigt une de ces pâtisseries, puis une autre, et il fait envelopper ces bagatelles de bouche dans une feuille de papier. »

(Anatole France, *L'Orme du mail*, 1897).

« D'autres marchands s'approchèrent, elle remplit mes poches de tout ce qu'ils avaient, de paquets tout ficelés, de plaisirs, de **babas** et de sucres d'orge. Elle me dit, "Vous en mangerez et vous en ferez manger aussi à votre grand'mère"... »

(Marcel Proust, *À l'ombre des jeunes filles en fleurs*, 1921).

Voir aussi : **KOUGELHOPF & SAVARIN.**

BACKENOFF (OU BAECKOFFE)

Mot dérivé de l'alsacien *backofen* « four de boulanger », appliqué à un mets typique de la cuisine du Haut-Rhin, composé d'un mélange de trois viandes marinées (échine de porc, paleron de bœuf, épaule de mouton), additionné de pommes de terre émincées, de lard et d'oignons, puis mouillé avec du vin blanc et cuit dans un four de boulanger.

« Les ménagères préparent le **baeckoffe** le dimanche et le portent le lendemain, dès l'aube, au four du boulanger où il cuit jusqu'à midi... »

(Robert J. Courtine, *La Cuisine des terroirs*, 1989).

BAGRATION (À LA)

Dénomination désignant plusieurs mets sophistiqués, en particulier une purée de volaille truffée et un apprêt de homard à la présentation spectaculaire, créés par Antonin Carême en 1818 en l'honneur de la comtesse Skawronska, veuve du prince Bagration, général de l'armée russe mort à la bataille de la Moskowa.

« Filets de sole **Bagration** (froids). – Pliés, pochés et refroidis, les dresser sur une escalope de homard et lustrer à la gelée : gelée hachée et salade russe. »

(Urbain Dubois, *La Cuisine d'aujourd'hui*, 1889).

BAIN-MARIE

Mot composé d'étymologie obscure, entré dans la langue au début du XVIe siècle, élaboré d'après *bain* et *Marie*, appliqué à la « manière de chauffer un corps par contact indirect avec la source de chaleur en le plongeant dans un bain d'eau que l'on porte à ébullition ».

Pour les uns, il s'agit d'une création de Myriam (Marie), sœur de Moïse et d'Aaron, auteur supposé d'un traité d'alchimie ; pour d'autres, d'une invention (ou d'une amélioration) due à Marie Ziglerin, dite Marie-la-juive, femme alchimiste brûlée en 1575 sur ordre du duc Jules de Brunswick. Mais on a également supposé une intégration symbolique de la Vierge Marie à la mystique ésotérique des alchimistes, et même plus simplement imaginé qu'il s'agissait d'une allusion à la douceur évoquée par ce nom de Marie...

« Ils se procurèrent de vieilles boîtes à sardines, y mirent des côtelettes de veau et les enfoncèrent dans le **bain-marie**. Elles sortirent rondes comme des ballons. (...) Pour continuer l'expérience, ils enfermèrent dans d'autres boîtes des œufs, de la chicorée, du homard, une matelote, un potage ! »

(Gustave Flaubert, *Bouvard et Pécuchet*, 1881).

BALLOTINE (OU BALLOTTINE)

Terme dérivé de *ballot*, tiré lui-même de *balle*, enregistré en 1739 dans *Les Dons de Comus* de François Marin, maître d'hôtel du prince de Soubise.

Désigne une sorte de galantine en gelée composée de viande de boucherie ou de volaille désossée, roulée en forme de ballot et cuite dans un fond blanc.

« Quand la **ballottine** est cuite, la crépine doit être onctueuse et d'une belle couleur; on fait un beau glaçage en sauçant. On garnit les extrémités avec des cerfeuils bulbeux rissolés et les flancs des croissants de chayottes cuites dans un blanc condimenté. »

(Maurice Marillat, « Ballottine des gastronomes », *Almanach de Cocagne*, 1921).

Voir aussi : GALANTINE.

BANQUET

Mot attesté à la fin du XIVe siècle, emprunté à l'italien *banchetto* « festin », sans doute par référence aux bancs disposés autour des tables des festins au Moyen Âge.

S'applique à un repas fastueux qui rassemble de nombreux convives célébrant un événement d'importance. Parmi les emplois spéciaux, le *Dictionnaire Bescherelle* signale le repas d'apparat que le vassal était tenu de donner à son seigneur une ou deux fois par an, et *Le Dictionnaire de l'Académie* de 1798, celui au cours duquel le roi mangeait en public avec sa famille et les princes et princesses de sang.

De nos jours, le banquet conserve sa fonction sociale mais le nombre de mets qu'on y sert comme celui des convives sont incomparablement plus réduits. Le plus étonnant est probablement celui que le président Loubet offrit aux maires de France dans les jardins des Tuileries le 22 septembre 1900 : pas moins de 22 695 couverts répartis sur des kilomètres de tables, entre lesquelles les maîtres d'hôtel circulaient à bicyclette!

« L'apparence de la crémerie respirait une douce et moqueuse imposture. Derrière cette fallacieuse façade, affectant le dénuement de l'époque, on subodorait que rien n'avait changé depuis les jours fabuleux de 1938, quand la France n'était qu'une immense table de **banquet** surchargée de viandes, de fromages, d'épices, de fruits et de vin. »

(Jean Dutourd, *Au Bon Beurre,* 1952).

« Plusieurs soirs de suite, il l'emmena s'asseoir parmi les Femmes du Christ à la table du **banquet**. La foule se pressait contre les tables à les faire craquer; les affamés happaient le cou ou les pattes de poulet que le roi daignait leur jeter, et l'imploraient de les bénir. »

(Marguerite Yourcenar, *L'Œuvre au noir*, 1968).

Voir aussi : **AGAPES & FESTIN.**

BARBOUILLE (EN)

Se dit d'une recette de poulet au vin et au sang, typique de la gastronomie berrichonne, inventée à la fin du XIXe siècle par Stéphanie Pottin, dite la *mère* Fanny de l'hôtel du Bœuf couronné d'Allogny, près de Bourges.

Son origine demeure obscure, mais il est probable qu'il s'agisse d'un dérivé du verbe *barbouiller*, mot péjoratif appliqué à la mauvaise peinture signifiant « maculer, salir, tacher », parce que la couleur de la sauce se trouble lorsqu'on y ajoute de la crème en fin de cuisson.

« La gastronomie de Châteauroux est illustrée par le coq **en barbouille,** sorte de civet qu'on est en droit de tenir pour la plus savoureuse et savante spécialité berrichonne. »

(*Guide gourmand de la France*, 1970).

BARIGOULE (À LA)

Expression attestée en 1742, héritée du provençal *barigoulo* désignant un champignon du genre lactaire, appliquée à un mode de préparation des artichauts qui consiste à les évider et les remplir d'une farce constituée de champignons, de jambon ou de lard maigre haché finement (ou parfois d'anchois), de fines herbes, puis à les barder avant de les braiser avec de l'huile d'olive et du vin blanc.

Le Cuisinier Durand, traité du cuisinier du bailli de Suffren publié en 1830, préconise de les passer simplement sens dessus dessous sur le gril, comme les paysans provençaux.

« Les macaronis au lard, à la Demidoff ou à la sauce Madère, les pommes de terre en pâte, en galette, à la crème, les artichauts **à la barigoule** (...), occupaient dès sept heures du matin la table de Dodin-Bouffant. »
(Marcel Rouff, *La Vie et la Passion de Dodin-Bouffant,* 1924).

BARON

Mot énigmatique emprunté à l'anglais *Baron (of beef)*, mentionné en 1755 dans *Les Soupers de la Cour* de Menon, mais seulement admis dans les dictionnaires généraux au début du XIXe siècle.

S'applique primitivement à l'aloyau de bœuf (région lombaire comprenant le filet, le faux-filet et le romsteck), et, par extension, à la pièce de mouton ou d'agneau comprenant la selle et les deux gigots, cuite à la broche piquée de lardons, que certains auteurs interprètent aussi en « bas-rond ».

« Le **baron d'agneau** du Café de Foy : à une selle d'agneau Pauillac, laissez adhérer les deux gigots auxquels vous ferez les manches. Cuisez alors le **baron** à la broche en l'arrosant de beurre fondu et en le parsemant de mie de pain blanc jusqu'à ce qu'il soit croustillant à souhait. (...) Entre le rôt et sa garniture, versez le jus bien chaud et servez à part une sauce béarnaise. »

(Edouard Nignon, *L'Heptaméron des gourmets*, 1919).

Voir aussi : **ALOYAU**.

BARQUETTE

Dérivé de barque, spécialisé en cuisine au XVIIe siècle et attesté par le *Dictionnaire Richelet* en 1680.

Indique, par analogie de forme avec l'embarcation de ce nom, une croûte ovale en pâte brisée, sablée ou feuilletée, garnie de purée ou de salpicons de crustacés, de poissons, de volaille, de gibier ou de légumes, qu'on sert froide ou chaude, en hors-d'œuvre ou en entrée.

Signale également une préparation de pâte sucrée garnie de fruits, de crème ou de confitures, originaire du Languedoc.

« (...) il croyait sentir, montant de la nourriture votive exposée dans les petites **barquettes** – les viandes racornies, les crevettes rosâtres, les moules, les langoustines aux yeux blancs, les flasques calamars – comme une faible odeur marine et de putréfaction... »

(Claude Simon, *Palace*, 1962).

Voir aussi : **CROUSTADE & TARTELETTE**.

BAVAROIS

Formule répertoriée dans *Le Pâtissier pittoresque* d'Antonin Carême en 1815, appliquée à un entremets froid composé de crème anglaise, de gélatine et de crème fraîche, dont la création est attribuée à un cuisinier français ayant exercé ses talents à la cour de Bavière, à la fin du XVIIIe siècle.

« Crème Colbert ou **Bavarois** : je n'ai jamais vu mes maîtres d'accord sur le véritable nom de cet entremets; tout ce que je peux dire, c'est que le nom de Colbert a disparu pour faire place à celui de **bavarois.** On aurait dû conserver les deux noms, car la préparation n'est pas la même et les deux entremets ont chacun un goût différent. »

(Jules Gouffé, *Le Livre de la pâtisserie*, 1873).

Voir aussi : **CRÈME.**

BÉARNAISE

Appellation d'une sauce destinée à accompagner les viandes et les poissons grillés, classiquement composée de vin blanc, de vinaigre, d'échalote, de cerfeuil et d'estragon hachés, de jaunes d'œufs et de beurre, qui se faisait à l'origine avec de l'huile.

Bien que sa paternité soit revendiquée pour cette raison par les Béarnais, cette sauce n'a aucun lien avec la cuisine du Sud-Ouest. On l'attribue en général à Collinet, chef du Pavillon Henri IV à Saint-Germain-en-Laye, lequel l'aurait créée en 1830 et baptisée de l'ancien nom de son restaurant, à l'enseigne du Grand Béarnais.

Certains historiens pensent néanmoins et à juste titre qu'il s'agit du perfectionnement d'une sauce remontant à la fin du XVIIe siècle.

« Il y a ce matin un bougre de cuisinier qui m'a fait un gigot à la sauce **béarnaise**, réussi à merveille, je le reconnais, mais justement à cause de cela, j'en ai tant pris que je l'ai encore sur l'estomac. »

(Marcel Proust, *Le Côté de Guermantes*, 1921).

Voir aussi : **CHORON, FOYOT & HOLLANDAISE.**

BÉATILLES

Mot vieilli signalant à l'origine les petits objets de dévotion confectionnés par les religieuses béates, enregistré comme article culinaire dans le *Dictionnaire Richelet* en 1680.

S'applique par extension plaisante aux menues viandes délicates (ris de veau, crêtes et rognons de coq, volaille coupée en dés, etc.) mélangées avec des champignons, voire des truffes, liées de sauce veloutée, qui servaient autrefois à la préparation des pâtés ou à garnir les bouchées, les tourtes ou les vol-au-vent.

« Enfin Phébus, étant à souper à six pistoles par tête chez la Coiffier, n'a pas mangé de meilleurs pâtés de **béatilles** que ceux que j'ai tâtés tantôt. »

(Charles Sorel, *Histoire comique de Francion*, 1623).

Voir aussi : AMOURETTES & ANIMELLES.

BEAUVILLIERS

Du nom d'Antoine Beauvilliers (1754-1817), ancien attaché aux Extraordinaires des Maisons Royales, puis chef du Café Valois, rue Saint-Honoré, premier vrai restaurant qui connut la gloire sous l'Empire et au début de la Restauration.

Désigne primitivement un gâteau dit « de voyage » inventé par un certain Monnier, pâtissier de la rue Monsieur-le-Prince, puis une garniture pour grosses pièces de boucherie braisées, constituée de petites crêpes salées fourrées d'épinards, de petites tomates farcies de purée de cervelle gratinées au four et de salsifis sautés au beurre.

« Le gâteau **Beauvilliers** (...) enveloppé de papier d'étain était indigeste, contenant 525 grammes de farine, pour une livre de sucre, alors que selon Pierre Lacam, un entremets ne doit jamais renfermer plus de 375 grammes de farine pour 500 grammes de sucre. »

(Prosper Montagné, *Larousse gastronomique*, 1938).

BÉCHAMEL

Appellation d'une sauce blanche dont la création est attribuée à Louis de Béchameil, marquis de Nointel (1630-1703), mais qui a tout lieu d'être le perfectionnement d'une formule beaucoup plus ancienne que des cuisiniers de la Cour auraient dédiée à ce financier français, fermier général et surintendant de la maison du duc d'Orléans.

D'abord calquée sur le nom propre « Béchameil », elle se transforme en « Béchamelle » dans *Le Cuisinier moderne* de Vincent de La Chapelle en 1735, puis perd sa majuscule à la fin du XVIIIe siècle. La plupart des dictionnaires généraux actuels l'écrivent indifféremment : « béchamelle » et « béchamel ».

« L'ornementation procède par deux voies contradictoires : d'une part fuir la nature grâce à une sorte de baroque délirant (piquer des crevettes dans un citron, rosir un poulet, servir des pamplemousses chauds), et d'autre part essayer de la reconstituer par un artifice saugrenu (disposer des feuilles de houx sur une bûche de Noël, replacer des têtes d'écrevisses autour de la **béchamel** sophistiquée qui en cache le corps)... »

(Roland Barthes, « Cuisine ornementale », *Mythologies*, 1957).

« Un dîner merveilleusement composé nous réunit. (...) Le menu ? Je vais le publier ici pour les gastronomes éventuels : caviar d'Iran **béchamel** ; foie d'ortolan farci aux cœurs de truffe ; feuilles d'orchidées fourrées à la moelle d'oiseau-mouche... »

(San Antonio, *La Rate au court-bouillon*, 1968).

Voir aussi : **ALLEMANDE, ESPAGNOLE & VELOUTÉ.**

BEIGNET

Mot obscur, attesté au début du XIVe siècle, sans doute dérivé de *bignet,* « pâte frite enveloppant quelque substance alimentaire », par analogie de forme avec *beigne*, *bigne,* « bosse à la tête provoquée par un coup », enregistré sous sa graphie actuelle par le *Dictionnaire de l'Académie* en 1798.

Désigne un mets salé ou sucré, fait de viande, de poisson, de légumes ou de fruits enrobés de pâte et frits en pleine huile fumante ou dans un corps gras bouillant, vraisemblablement d'origine sarrasine et introduit en France au XIIe ou au XIIIe siècle.

« Raboliot finissait par céder. Le vin coulait frais dans sa gorge, vous laissait au palais une rustique et bonne âpreté. Sous leur croûte dorée, les **beignets** vous brûlaient la langue, s'amollissaient de farine onctueuse, de pomme fondante, pesaient à l'estomac comme du pain sans levain. »

(Maurice Genevoix, *Raboliot*, 1925).

« Son regard passe, sans s'y attarder, sur l'assiette où ma mère a mis de côté pour lui les **beignets** qu'il préfère : les plus saisis aux bords hérissés de croustillants roux. »

(Hervé Bazin, *L'Huile sur le feu*, 1954).

Voir aussi : **BUGNE & PET-DE-NONNE.**

BELLE-AURORE

Voir : **OREILLER DE LA BELLE-AURORE.**

BELLE-HÉLÈNE

Nom emprunté à l'héroïne de l'opérette d'Offenbach représentée à Paris en 1864, primitivement appliqué à un entremets froid composé de poires Williams pochées présentées sur de la glace à la vanille et recouvertes de chocolat chaud.

Indique aussi des œufs mollets ou pochés dressés sur un appareil de croquettes de volaille pané à l'anglaise, sauté au beurre, nappé de beurre Colbert, garni de pointes d'asperges puis entourés d'un cordon de velouté.

« Le menu de cette fameuse soirée était le suivant : filets de sole grillés, selle d'agneau, poires **Belle-Hélène.** »

(Léon-Paul Fargue, *Dîners de lune*, 1952).

BELLE-OTÉRO

Appellation de nombreuses préparations, notamment d'un apprêt de perdreaux sautés aux truffes imaginé par Curnonsky et réalisé par le chef de chez Maxim's au début du siècle, en hommage à la danseuse et demi-mondaine Caroline Puentovalga, dite la Belle Otéro (1868-1965).

« Perdreaux à la façon **Belle-Otéro** : prenez de jeunes perdreaux, entourez-les chacun d'une feuille de vigne, bardez-les et mettez-les à cuire dans une cocotte en terre avec moitié beurre, moitié huile, et quelques gousses d'ail entières. Aussitôt cuits, réservez-les en les tenant au chaud, avec les gousses d'ail. Nettoyez et coupez en quartiers des champignons de Paris que vous cuirez dans la cocotte. Déglacez avec un verre à bordeaux de vin blanc de Cassis. Laissez réduire. Ajoutez perdreaux et gousses d'ail, une truffe coupée en petits dés, poivrez et, dès que l'ébullition se produit à nouveau, couvrez et servez. »

(Curnonsky, *La Table et l'amour*, 1950).

BELLEVUE (EN)

Expression qui viendrait du nom du château de Bellevue, à Meudon, où la marquise de Pompadour cuisinait volontiers pour Louis XV.

Se dit notamment des apprêts de crustacés (homard ou langouste) mettant en valeur la « belle vue » d'un lustrage de gelée et décorés de feuilles d'estragon, de cerfeuil, de lames de truffe, etc.

« Que penser d'ailleurs du ferronnier qui fit badigeonner son œuvre avec du bronze Barbedienne, qui la fit tremper dans un jus refroidi de viande ? – C'est en effet la couleur du veau "**en bellevue**" des restaurants. »

(Joris-Karl Huysmans, *Certains*, 1889).

Voir aussi : **PIÈCE MONTÉE.**

BERCY (OU À LA BERCY)

Dénomination de plats cuisinés avec une sauce au vin, venant du fait qu'on les servait dans les guinguettes et les petits restaurants installés vers 1820 aux alentours des entrepôts de Bercy, qui abritèrent longtemps le plus important marché de vins d'Europe.

Le plus connu est l'entrecôte Bercy qu'on sert classiquement grillée et nappée d'une réduction de vin blanc additionnée d'échalote hachée, de beurre, de moelle de bœuf coupée en dés, qui aurait été imaginée en 1830 par un marchand de vin du nom de La Vallée. Certains historiens l'attribuent toutefois à la mère de l'écrivain Louis Veuillot, cuisinière du restaurant *Au Soleil d'or*, alors situé, lui aussi, quai de Bercy.

« Elle se pencha à mon oreille, et me confia : – Et avec ça il cuisine de première. Les pieds de mouton poulette, l'entrecôte **Bercy**… »

(Colette, *Chambre d'hôtel*, 1940).

BEURRE BLANC

Nom qualifiant une sauce au beurre, au vinaigre et au vin blanc, relevée d'échalotes finement hachées, destinée à accompagner le brochet, l'alose de Loire, le bar ou le merlan, fortuitement inventée vers 1920 par la cuisinière d'un marquis du pays nantais, prénommée Clémence, qui aurait simplement oublié d'ajouter les œufs à une béarnaise...

« La papesse du **beurre blanc** fut la "Mère Clémence"... Elle a disparu, mais sa tradition ne s'est pas perdue : vous le pourrez encore déguster dans tout l'Anjou. »

(Curnonsky, *À l'infortune du pot*, 1946).

Voir aussi : **SAUCE.**

BIFTECK

Francisation de l'anglais *beef-steak*, composé de *beef* « bœuf » (emprunté à l'ancien français *boef*!) et de *steak* « tranche à rôtir », qui apparaît d'abord sous la forme de *Beeft Stek à l'angloise* en 1735 dans *Le Cuisinier moderne* de Vincent La Chapelle, au service de Lord Chesterfield, puis celle de *beef-stake* en 1785, et enfin sous sa graphie actuelle dans *Le Cuisinier impérial* de Viard en 1807.

S'applique à une tranche de bœuf prélevée sur la cuisse, destinée à être grillée ou passée à la poêle, que les Anglais introduisirent après la victoire décisive sur Napoléon en 1815, et que les Français promurent au rang de plat national au début du XXe siècle, dès lors qu'elle fut accompagnée de frites.

« Des bruits de vaisselle et de chaudron, des chants de friture et des plaintes de roux s'échappaient de la porte toujours battante de la cuisine. Des grésillements furieux de viandes sautées à la poêle, de **biftecks** jutant sur un gril, de subites vapeurs rouges, de fétides fumées bleues arrivaient par moments. »

(Joris-Karl Huysmans, *En ménage*, 1881).

« "Tu prends toujours des chateaubriands, qu'est-ce que tu dirais d'un **biftsteak** ?" Edmond, avec un air de pitié, s'adressa au garçon, la voix légèrement claironnante : "Pour moi, ce sera un château..." »

(Louis Aragon, *Les Beaux Quartiers*, 1936).

Voir aussi : **FRITES**.

BIGA (R) RADE (À LA)

Transcription du provençal moderne *bigarrado*, dérivé de *bigarra,* « bigarré », appliquée à une espèce d'orange à l'écorce amère mentionnée dans le *Théâtre d'agriculture et mesnage des champs* d'Olivier de Serres en 1600, dont le suc servait à assaisonner quantité de mets.

Se dit, par extension, du canard ou des canetons poêlés ou rôtis servis nappés d'une sauce caramélisée à base de ce suc, dont la première formule est consignée dans *Le Cuisinier françois* de La Varenne en 1651, et que les cuisiniers de l'Ancien Régime utilisaient également pour assaisonner des sauces spéciales au gibier et aux viandes noires.

Le « canard à la bigarrade », inventé par Antonin Carême au début du XIXe siècle, serait l'ancêtre du canard à l'orange actuel.

« Un des procédés les plus commodes pour apprêter la sarcelle est la **bigarade.** »

(*Le Gastronome français ou l'art de bien vivre,* 1828).

BIJOUX

Expression d'origine incertaine donnée au début du XIXe siècle aux restes des plats provenant des restaurants et des maisons bourgeoises, vendus au rabais aux gargotiers des Halles par les aides de cuisine ou par les marchands appelés « Bijoutiers », et qui repose vraisemblablement sur l'idée de bien précieux.

« Les **bijoux** sont très copieux, et cependant ils se vendent un sou indistinctement. Le seau vaut trois francs. On y trouve de tout, depuis le poulet truffé et le gibier jusqu'au bœuf aux choux. »

(Alexandre Privat d'Anglemont, *Paris anecdotes*, 1885).

Voir aussi : **ARLEQUINS & ROGATONS.**

BISCUIT

Terme composé de *bis* et de *cuit*, réfection de l'ancien français *bescuit* « cuit deux fois », attesté au XIIIe siècle et enregistré sous sa forme actuelle en 1538.

S'applique primitivement à un pain fait de farine, de sel et d'eau, desséché par une double cuisson, consommé dans la plupart des maisons religieuses, puis à une mince galette cuite des deux côtés, destinée, en raison de ses qualités de conservation, aux expéditions maritimes lointaines, qu'on utilisa par la suite comme aliment de réserve pour l'armée.

Indique par extension, à partir du XVIIe siècle, des pâtisseries comme la génoise, le manqué, le quatre-quarts ou le gâteau de Savoie.

De nos jours, le biscuit est devenu un terme générique qui désigne l'ensemble des petits gâteaux secs fabriqués industriellement depuis le début du XXe siècle, dont les plus connus sont le biscuit à la cuillère, le boudoir, la croquignole, la langue-de-chat, le macaron, la madeleine, la nonnette, le palet, le palmier, le petit four et le rocher.

« La soupe est sonnée comme à la caserne, un rata de mouton reçoit le meilleur accueil et on croque des **biscuits** de campagne envoyés par quelque enfant du village qui fait son service en France. »

(Maurice Barrès, *Cahiers*, 1913).

« Où sont-ils eux-mêmes ces biscuits complices agréables du vin? **Biscuits** trapus qu'une membrane fragile reliait par files de quatre, qui semblaient de pierre mais défaillaient, fondants, au contact du vin? **Biscuits** roses, légèrement vanillés, destinés aux crus rouges, et **biscuits** excellents fabriqués à Montbozon, qui sont devenus introuvables. »

(Colette, *Les Six à huit des vins de France*, 1950).

BISQUE

Appellation d'étymologie incertaine, attestée vers 1600 et enregistrée dans *Le Cuisinier françois* de La Varenne en 1651, qu'on rattache soit au régionalisme normand *bisque*, « boisson aigre », soit au provençal *bisco*, par des dérivés signifiant « morceau taillé en biseau » et « potage garni d'éléments solides coupés ».

Se dit de fait, primitivement, d'un potage « en ragoût » dans la composition duquel entrent de la volaille ou du gibier coupés en morceaux, des légumes, des champignons, des béatilles et du jus de mouton.

S'applique, par extension, à un « potage aux écrevisses » consigné en 1742 dans la *Suite des Dons de Comus* de François Marin, maître d'hôtel du maréchal de Soubise, qui a tout lieu d'être l'ancêtre de notre bisque actuelle composée d'un coulis de crustacés condimenté, lié avec de la crème fraîche et relevé de vin blanc et de cognac.

« On servit deux potages : l'un de pâtes d'Italie au safran, l'autre de

bisque au coulis de jambon; au milieu, un aloyau de bœuf à l'anglaise, douze hors-d'œuvre, dont six de cuisine et six de potager... »

(D.A.F. de Sade, *La Nouvelle Justine*, 1797).

« Voici, Chère madame, une **bisque** qui vous ferait trouver grâce auprès de Dieu le Père, si votre beauté ne suffisait déjà pas pour vous assurer le Paradis. »

(Emile Zola, « Le Jeûne », *Nouveaux contes à Ninon*, 1874).

BLANC-MANGER

Nom composé de *blanc* et de *manger*, attesté depuis le XIIIe siècle, signalant à l'origine un apprêt de poisson au vin blanc, au gingembre, au verjus et au sucre, ainsi qu'une sorte de gelée d'amandes.

Désigne exclusivement de nos jours cet entremets sucré mis au point au début du XIXe siècle par Antonin Carême, qui innove en le confectionnant au moka, au chocolat, à la vanille ou en le parfumant simplement au rhum.

« Pour faire **blanc manger** à poisson, de brochet ou d'aultre poisson auquel appartient **blanc manger**, et faictes escillés, frire à l'uyle ou au beurre. »

(*Le Viandier* de Taillevent, vers 1370-1380).

« Elle ceint parfois un tablier de soubrette et apprend de Mme Baudonnier comme l'on fait un **blanc-manger.** »

(Georges Duhamel, *Vie et Aventures de Salavin*, (1920-1932).

BLANQUETTE

Diminutif de *blanc*, emprunté au provençal *blanqueto* et consigné en 1735 dans *Le Cuisinier moderne* de Vincent La Chapelle.

Il s'agit, de manière générale, d'une fricassée de viandes blanches (surtout du veau et plus rarement d'agneau ou de volaille) liée avec des jaunes d'œufs et de la crème fraîche, qu'on sert avec une garniture de petits oignons, de champignons, parfois de truffes, et de riz.

Édouard Nignon, au temps où il dirigeait le célèbre restaurant Larue, proposait à côté de sa blanquette de veau « à l'ancienne », des blanquettes raffinées de cardons ou de céleri.

« Mme Putois ayant parlé d'une **blanquette** de veau, elles se regardèrent toutes avec un sourire qui grandissait. C'était une idée ; rien ne ferait l'effet d'une **blanquette** de veau... »

(Emile Zola, *L'Assommoir*, 1877).

« C'est ainsi qu'elle comprit : on était samedi, le jour de la **blanquette** d'agneau. Une **blanquette** aujourd'hui ? Elle aurait préféré un sauté. »

(Noëlle Châtelet, *Histoires de bouches,* 1986).

BŒUF STROGANOFF

Voir : **STROGANOFF**.

BŒUF MIROTON

Voir : **MIROTON**.

BŒUF MODE

Voir : **MODE (À LA)**.

BOMBANCE

Mot vieilli, dérivé de *bobance*, «arrogance, présomption», attesté en 1530 au sens de «repas fastueux», mais que le *Dictionnaire de l'Académie* signale comme familier en 1835.

Abrégé en «bombe» à la fin du XIXe siècle, il ne fut plus guère utilisé que dans la locution archaïque : «faire la bombe».

«Les souvenirs tendres se mêlant aux pensées noires dans sa cervelle obscurcie par les vapeurs de la **bombance**, il eut envie un moment d'aller faire un tour du côté de l'église.»

(Gustave Flaubert, *Madame Bovary*, 1857).

Voir aussi : **GUEULETON & RIPAILLE.**

BOMBE

Terme enregistré dans le vocabulaire culinaire en 1807, que les limonadiers-glaciers donnèrent à la fin du XVIIIe siècle à un entremets glacé, moulé à l'origine dans un appareil sphérique rappelant la forme des projectiles lancés par les canons.

«Elle a le même dîner que nous, même potage, même turbot, même **bombe.**»

(Eugène Labiche, *Je croque ma tante*, 1858).

«Le banquet de réception du président Carnot à Romans, en 1888, fut loin de connaître une organisation digne de cet événement. (...) Certaines tables durent se contenter de hors-d'œuvre et de fromages, d'autres de filet de bœuf et de **bombe** glacée.»

(Pierre Béarn, *Paris-Gourmand*, 1929).

Voir aussi : **GLACE.**

BONNE-FEMME

Dénomination qui indique primitivement un apprêt de carré d'agneau cuit en cocotte, consigné en 1739 dans *Les Dons de Comus* de François Marin, maître d'hôtel du maréchal de Soubise.

S'applique aujourd'hui à des préparations mijotées rustiques ou familiales et à un accompagnement composé de légumes verts, de pommes de terre en dés, de champignons et de petits lardons revenus à la poêle, ainsi qu'à un apprêt de fruits, en particulier de pommes non pelées, cuites au four avec du beurre et du sucre.

« Quand il rentra, un poulet **bonne-femme** l'attendait, et une madame Maigret qui regrettait ce qu'elle avait dit le matin. »

(Georges Simenon, *Maigret s'amuse*, 1957).

BORDELAISE (À LA)

Formule consignée dans *L'Art de la cuisine française* d'Antonin Carême en 1833, signalant différentes préparations d'œufs, de crustacés, de poissons, de viandes, de volailles, de cèpes, etc., caractérisées par une sauce au vin et cuisinés avec du beurre, de l'ail ou de l'échalote finement hachée, auxquelles on ajoute du beurre, de la moelle de bœuf et du persil.

La sauce dite bordelaise accompagne en particulier un apprêt d'entrecôte à la moelle, cuite de préférence sur des braises de sarments de cabernet sur lesquelles on a préalablement jeté du gros sel.

« Tu voudras bien constater, dit Philippe solennellement, que les champignons que voici n'ont aucun rapport avec les misérables morceaux de pneumatiques huileux qu'on débite sous le nom de cèpes **à la bordelaise.** »

(Pierre Benoit, *Le Déjeuner de Sousceyrac*, 1931).

BOUCHÉE

Mot dérivé de *bouche,* entré dans la langue au XIIe siècle, qui indique primitivement la quantité de nourriture qu'on peut avaler en une fois, puis, par métonymie, les petites pâtisseries dont on peut faire une seule bouchée.

Désigne également une préparation créée en 1735 par Vincent de La Chapelle, grand officier de bouche de Charles Henri, prince d'Orange. Il s'agit d'une croûte creuse faite en pâte feuilletée qui se sépare en feuillets à la cuisson, fourrée d'une garniture plus ou moins riche où figurent en général du blanc de poulet, des ris de veau, des champignons, des truffes, etc., nappée d'une sauce à la crème, qu'on sert chaude, en entrée.

La bouchée dite « à la reine », seulement attestée en 1829, doit son nom à l'épouse de Louis XV, Marie Leczinska, qui tenait le goût des pâtisseries de son père Stanilas Leczinski, ancien roi de Pologne.

« Plus loin sur des réchauds d'argent à l'esprit-de-vin, afin de les conserver bien chaudes, des **bouchées** de queues d'écrevisses de la Meuse à la crème cuite fumaient dans leur pâte feuilletée, croustillante et dorée, et semblant défier en excellence, en succulence, de petits pâtés aux huîtres de Marennes étuvées dans du vin de Madère et *aiguisées* d'un hachis d'esturgeon aux quatre épices. »

(Eugène Sue, *Le Juif errant*, 1845).

« – Pour la cuisine, je me défends. J'ai travaillé six mois aux cuisines d'un restaurant. Je faisais de ces **bouchées à la reine** avec les restes que laissaient les clients de la veille dans leur assiettes… – Ne sois pas dégueulasse, Oscar, je mange tous les jours, moi ! »

(Robert Sabatier, *Canard au sang*, 1958).

Voir aussi : **TERRINE, TIMBALE & VOL-AU-VENT.**

BOUDIN

Nom d'origine obscure, attesté au début du XIIIe siècle, qu'on rattache tantôt au radical expressif *bod-* indiquant quelque chose d'enflé, tantôt à *bedaine*, de l'ancien français *boudine* signifiant « bouton » et « gros ventre ».

S'applique à une préparation charcutière connue depuis l'Antiquité, faite d'un boyau rempli de sang coagulé, de graisse de porc, d'herbes aromatiques, voire, suivant les régions, de fruits ou de légumes.

Le boudin blanc, à base de chair de veau (ou de blanc de volaille), de mie de pain, de lait et d'épices, date seulement du XVIIe siècle. Enrichi de truffes, il constitue le plat traditionnel du réveillon de Noël.

« Depuis le matin six heures, elle roulait sa masse énorme de la cuisine à la basse-cour. Elle devait faire le **boudin**. C'était elle qui avait battu le sang, dans deux larges terrines toutes roses au grand soleil. »

(Emile Zola, *La Faute de l'abbé Mouret*, 1875).

« Le gourmet est celui qui pressent au premier choc l'excellence de cette recette : ouvrez par le milieu longitudinalement un beau rôti de veau, insérez dans cette fente un morceau de **boudin** dépouillé de sa peau et enveloppé dans une mince tranche de jambon de Parme, ficelez serré et cuisez au four. »

(Léon-Paul Fargue, *Dîners de lune*, 1952).

BOUDOIR

Mot dérivé de *bouder*, « faire la moue », attesté en 1740 par *Le Dictionnaire de l'Académie* qui le donne comme familier.

Désigne d'abord le lieu où la maîtresse de maison peut s'isoler pour « bouder la compagnie », puis, par glissement de sens, le petit salon où les femmes se retirent pour badiner avec des intimes, avec la connotation de dévergondage que lui imprime le marquis de Sade dans *La Philosophie dans le boudoir* en 1795.

Se spécialise en pâtisserie en 1929, époque où il indique un petit gâteau oblong recouvert de sucre cristallisé, vraisemblablement par référence aux petits salons de la Belle-Époque où il était d'usage de déguster des boudoirs en sablant le champagne.

> « C'est à l'un de ces cafés de premier de l'an que je goûte pour la première fois, dans une maison riche, des gâteaux longs appelés **boudoirs**. Ensuite, ma mère, pour ne pas demeurer en reste, en achètera aussi. Ce que je ne sais pas ce sont les économies féroces qu'il faudra faire dès l'automne pour financer ces agapes. »
>
> (Per-Jakez Hélias, *Le Cheval d'orgueil*, 1975).

BOUILLABAISSE

Dénomination successivement orthographiée *bouille-à-baisse* par le *Dictionnaire Bescherelle* en 1845, puis *Bouille-abaisse* par Littré en 1863, enregistrée sous sa forme actuelle par le *Dictionnaire de l'Académie* depuis 1878.

Se dit d'une sorte de pot-au-feu de poissons de roche de la Méditerranée (la base étant la rascasse, le chapon, le loup, la lotte, le pageot, les rougets...), cuits à gros bouillons dans de l'eau salée avec de l'huile d'olive, des tomates, aromatisés d'ail, d'oignon, de safran, etc., qu'on sert séparément du bouillon avec des croûtons de pain frottés d'ail, une sauce rouille (aïoli relevé de piment rouge, pilé), et qui constitue à lui seul un repas complet.

Son étymologie demeure controversée, soit qu'on la rattache au provençal *bouia-abaisso*, dérivé de *bouia* et *abaisso*, impératifs des verbes « bouillir » et « abaisser » signifiant « bous et abaisse[-toi] », correspondant à l'ordre plaisamment donné au plat qui exige une cuisson vive et rapide ; soit qu'on la rapproche, avec plus de vraisemblance, de *bouillepeis,* « bouillon de poisson », déformé par l'usage en *bouillapesce.*

« Quand il revint, Naïs avait arraché des thyms, des lavandes, un tas de buissons secs suffisant pour allumer un grand feu. Le vieux, ce jour-là, devait faire la **bouillabaisse**, la soupe au poisson classique, dont les pêcheurs du littoral se transmettent la recette de père en fils. C'était une **bouillabaisse** terrible, fortement poivrée, terriblement parfumée d'ail écrasé. »

(Emile Zola, *Naïs Micoulin*, 1883).

« Puis on avait parlé de la cuisine provençale, du cassoulet, de la potée lorraine, des tripes à la mode de Caen, de la **bouillabaisse**. Au fond, c'est de la nécessité que la plupart des recettes sont nées... Si les réfrigérateurs avaient existé dès le Moyen Âge... ».

(Georges Simenon, *Maigret et le tueur,* 1969).

Voir aussi : **BOURRIDE, CHAUDRÉE & COTRIADE.**

BOUILLETURE (OU BOUILLITURE)

Mot du dialecte angevin attesté au XIIIe siècle, composé du radical du verbe *bouillir*, du latin *bullire* « bouillonner », et du suffixe *-ure.*

Désigne une sorte de matelote d'anguille, typique de l'Anjou et du Poitou, habituellement mouillée de champigny, garnie d'oignons, de champignons et de pruneaux, qu'on sert sur des rôties, ainsi qu'une fricassée de poulet au vin blanc.

« Comme tous les civets, la **bouilliture** demande une cuisson lente et prolongée. (...) Ne pas oublier le thym, le persil et les épices. (...) Le lendemain, au moment de servir, faire réchauffer à point, évitant de laisser bouillir, et servir sur un plat, avec, comme garniture, une ceinture de croûtons frottés d'ail et grillés. »

(Gaston Derys, *L'Art d'être gourmand*, 1929).

Voir aussi : **RÔTIE**.

BOUILLI

Abréviation de « bœuf bouilli » appliquée depuis le XIVe siècle à la viande provenant du pot-au-feu.

Si le bouilli, qui constituait la base de l'alimentation populaire d'autrefois, a été souvent discuté du point de vue gastronomique, en particulier par Brillat-Savarin qui ne le trouvait pas assez raffiné, il conserve aujourd'hui de sérieux adeptes.

Dans son *Grand Dictionnaire de cuisine* (1873), Alexandre Dumas père propose une dizaine de façons de l'accommoder, mais désormais on ne le sert plus guère que froid, en salade, ou en tranches réchauffées assaisonnées avec une sauce relevée.

« Un soir que nous avions dîné chez Balzac d'une manière étrange, je crois que cela se composait de bœuf **bouilli**, d'un melon et de champagne frappé, il alla endosser une belle robe de chambre toute neuve, pour nous la montrer avec une joie de petite fille, et voulut sortir ainsi costumé, pour nous reconduire jusqu'à la grille du Luxembourg. »

(George Sand, *Histoire de ma vie*, 1854).

« Une soupe grasse et un excellent **bouilli** de cheval, viande si estimée jusqu'au dix-huitième, et remise en honneur au vingtième, eut raison du premier appétit des convives. »

(Jules Verne, *Paris au XXe siècle*, 1863).

BOUILLON

Nom dérivé du verbe *bouillir*, du latin *bullire*, attesté au XIIIe siècle au sens d'« aliment liquide où l'on fait bouillir certaines substances » (essentiellement de la viande ou des légumes), appliqué à la partie liquide du pot-au-feu, autrement dénommé « consommé », qui sert aussi à confectionner certains potages et certaines sauces.

Le *bouillon aveugle* indique un bouillon entièrement dégraissé, qui ne présente donc plus à la surface les ronds de graisse qu'on appelle les *yeux*.

Par extension, on appelle encore *bouillon* (ellipse d'*établissement de bouillon*) les petits restaurants à bon marché créés par Alexandre Duval en 1860, où l'on servait précisément du bouillon à la portion et du bœuf bouilli, qui disparurent dans les années 1950.

« Chez cet Henry, c'est très bon bien sûr, mais c'est pas un restaurant, c'est plutôt... un **bouillon** ! (...) Je ne sais pas si ce qu'ils vous donnent est servi. Je crois qu'il n'ont même pas de nappe. Ils posent cela comme cela sur la table, va comme je te pousse. »

(Marcel Proust, *À l'ombre des jeunes filles en fleurs,* 1921).

« Sur la place, parmi les pierres rondes, la compagnie mit en marmite la pêche miraculeuse. Sel. Tomates. Ail. Lonyon. Piments. D'anciens cuisiniers des békés ajoutaient aux **bouillons**, avec des airs savants, des épices exotiques. »

(Patrick Chamoiseau, *Texaco*, 1992).

Voir aussi : **CONSOMMÉ & RESTAURANT.**

BOURDALOUE

Appellation donnée à un entremets inventé vers 1850 par un nommé Fasquelle (ou Lesserteur), pâtissier parisien installé dans la rue portant le nom de Louis Bourdaloue, prédicateur célèbre du règne de Louis XIV.

Se compose de demi-pêches ou de demi-poires, voire d'autres fruits, pochées au sirop, dressées dans une croûte à flan garnie de crème frangipane, qu'on recouvre parfois de macarons écrasés, au-dessus desquels on ajoutait à l'origine une croix.

« Il dressait ses pâtisseries avec sérénité, un choix de cinq ou six pithiviers, tarte aux fruits, brioche **à la Bourdaloue**, feuilleté aux pommes, religieuses, moka au café... En salle à manger, Raymond Roussel, dès qu'il avait terminé de goûter aux desserts de son déjeuner, enchaînait avec son dîner ! »

(André Guillot, *La Grande Cuisine bourgeoise*, 1976).

BOURDELOT

Voir : **DOUILLON.**

BOURGEOISE (OU À LA BOURGEOISE)

Expression attestée en 1746 dans la première édition de *La Cuisinière bourgeoise* de Menon, traité pratique destiné à tous ceux qui rêvaient d'imiter les goûts et les pratiques des « mangeurs de Cour », qui indiquait donc à l'origine de très riches apprêts.

Désigne aujourd'hui une garniture simple composée de petits oignons, de lardons et de carottes, destinée à accompagner les pièces de boucherie braisées.

« Le général poussa un soupir de satisfaction, et il commença sa soupe. Il y avait longtemps qu'il n'avait pas mangé de la cuisine **bourgeoise, bourgeoise** mais excellente, de Mme Blidot et d'Elfy. »

(Comtesse de Ségur, *L'Auberge de l'ange gardien*, 1863).

« Du foie de veau **à la bourgeoise**... C'était un de ses plats favoris : – Tu en as pris assez pour que nous en mangions froid demain comme hors-d'œuvre ? C'était encore froid, le lendemain, qu'il préférait le foie de veau. »

(Georges Simenon, *Maigret et le marchand de vin*, 1970).

Voir aussi : **ANCIENNE (À L')**.

BOURGUIGNON OU (À LA BOURGUIGNONNE)

Locution qui signifie « à la mode bourguignonne », enregistrée par le complément du *Dictionnaire de l'Académie* de 1842, puis entérinée depuis par les dictionnaires généraux.

Se dit des plats à base de vin rouge, comportant le plus souvent oignons, champignons et lardons, dont le plus typique est le « Bœuf bourguignon » autrement dénommé par ellipse « Bourguignon ».

Il s'agit d'un ragoût cuit longuement à l'étouffée, mis au point par Pierre de Lune en 1656, qu'on prépare de préférence avec des dés de gîte de charolais et qu'on parfume généralement au marc de Bourgogne; il faisait les délices de Théodore de Banville qui le tenait comme l'un des mets les plus savoureux de la cuisine française.

« Voici le **bœuf au vin**, cher à tout bourguignon/Qui, sur le vieux fourneau, mijote à l'étouffée./Tandis qu'en appétit on hume la bouffée/Du ronron de la sauce à couleur de brugnon. »

(Gautron du Coudray, *Un quarteron de rimes culinaires*, 1938).

« Mme Pardon avait préparé un bœuf **bourguignon** comme elle seule le réussissait et ce plat à la fois solide et raffiné avait fait les frais de la conversation. »

(Georges Simenon, *Maigret et le tueur*, 1969).

Voir aussi : **FONDUE & MEURETTE**.

BOURRIDE

Mot attesté au XIVe siècle, emprunté au provençal *bourrido*, issu de *boulido*, de *bouli*, « bouillir ».

Signale une matelote de poisson servie avec un aïoli, originaire de Sète, dont la formule est consignée dans *Le Cuisinier moderne* de Vincent de La Chapelle en 1735 et qui diffère de la bouillabaisse par le fait qu'elle ne comprend ni rascasse, ni crustacés, ni safran, et qu'on lie son bouillon avec des jaunes d'œufs.

« Connaissais-tu, Guillaume, ce restaurant de la rue Caulincourt où c'est en ce moment la mode d'aller manger une **bourride**, un homard à l'américaine, une perdrix aux choux ou quelque autre plat de haut goût ? »
(André Billy, *Apollinaire vivant*, 1923).

« Quand septembre approche, j'ai remarqué que les maisons où l'on réussit le mieux la bouillabaisse et la **bourride** au lait d'ail, sont aussi celles mêmes où le rôti de gibier atteint son plus haut degré de saveur... »
(Léon Daudet, *À travers la Provence*, 1933).

Voir aussi : **AÏGO-SAU & BOULLAIBAISSE.**

BOUTARGUE (OU POUTARGUE)

Dérivé du provençal *boutargo,* « œufs de poisson séchés », emprunté à l'arabe *bitârikha* de sens identique, attesté dans le *Gargantua* de Rabelais en 1534.

Désigne une sorte de « caviar blanc » préparé avec des œufs de muge ou de mulets pressés, salés, épicés, séchés ou fumés, qui se présente sous la forme d'une petite saucisse légèrement aplatie et se consomme râpée et humectée d'un peu d'huile d'olive et de beurre fondu, mais que le *Dictionnaire Furetière* signale, avec une nuance de réprobation, comme un mets propre à « exciter à boire ».

La variante *poutargue*, enregistrée par la plupart des dictionnaires généraux actuels, apparaît seulement au milieu du XVIIIe siècle.

« On avait mangé dans des assiettes bordées de noir, des soupes à la tortue, des pains de seigle russe, des olives mûres de Turquie, du caviar, des **poutargues** de mulets, des boudins fumés de Francfort... »

(Joris-Karl Huysmans, *À rebours*, 1884).

« À la pleine charrette de poisson frais, nos consuls de 1728 voulurent ajouter une friandise illustre, dite **poutargue**, ou selon l'orthographe de Rabelais, **boutargue**, chère et digne conserve tirée de l'ovaire des muges, comme on titre le caviar de l'esturgeon. »

(Charles Maurras, *À Martigues*, 1933).

BRANDADE

Participe passé substantivé, attesté en 1788, emprunté au provençal *brandado,* « secousse, chose remuée », dérivé de *brandar* « remuer, secouer ».

S'applique à un apprêt très ancien de morue dessalée, travaillée longuement et de façon continue au pilon, dans un mortier, avec de l'huile d'olive, du lait (parfois de la crème) et de l'ail haché,

Née dans la région de Nîmes, la brandade est modernisée au XVIIIe siècle par un cuisinier nîmois nommé Durand, mais il en existe de nombreuses variantes; ainsi y ajoute-t-on parfois des croûtons frits légèrement aillés ou de la truffe blanche du Piémont.

C'est aux « Frères Provençaux » (en réalité des beaux-frères), restaurateurs marseillais établis dans le quartier du Palais-Royal en 1786, que Parisiens en doivent la révélation.

« Ce plat méridional entre tous, la **brandade** de morue, ne se trouve guère qu'aux produits du Midi ; mais la vraie, pilée fin, crémeuse, une pointe d'ail et, telle qu'on la fabrique à Nîmes, d'où les Mères la font venir. Elle arrive le jeudi soir à sept heures par le "rapide" et se distribue le vendredi matin dans Paris... »

(Alphonse Daudet, *Numa Roumestan*, 1881).

« Cette fois, il s'agissait d'une **brandade** de morue... Pardon lui avait téléphoné la veille : – Vous serez libre après-demain ? Vous aimez la **brandade** ? Êtes-vous pour ou contre les truffes ? – Pour ! »

(Georges Simenon, *Le Revolver de Maigret*, 1952).

BRAYAUDE (OU À LA BRAYAUDE)

Régionalisme attesté au XIIe siècle, dérivé de *braio* « braie », désignant primitivement l'espèce de caleçon ou de culotte que portaient les *brayauds*, ancêtres des Auvergnats.

Indique une omelette traditionnelle très ancienne, composée de dés de lard maigre et de pommes de terre, et qui, avant d'être retournée dans la poêle, est garnie de crème fraîche et de fromage râpé.

Désigne aussi, par extension, un apprêt de gigot (appelé également « cassette », du nom du plat de grès dans lequel on le prépare), piqué de gousses d'ail et cuit à petit feu, avec du vin blanc, des petits oignons, du lard, des herbes aromatiques, sur un lit de pommes de terre, qu'on sert traditionnellement avec des haricots rouges, des petits pois et parfois du chou braisé.

« À l'ombre fragile des amandiers qui perdent leur forme au premier souffle un peu brutal, où on mange déjà dehors en relevant le col des vestons, repas secs et arides : l'anchoïade, la **brayaude**, le bœuf en daube... »

(Lucie Porquerol, « À table en Provence », *Le Crapouillot*, juillet 1932).

BRÉJAUDE

Régionalisme du Limousin, également orthographié *bregeaude* et *brejauda*, issu de *bréjou,* « couenne », appliqué à une sorte de potée de porc et de légumes (souvent aux choux) connue depuis le Moyen Âge, et avec le bouillon de laquelle on « fait chabrot ».

« Le Limousin a deux plats populaires, trois avec les gogues, la **bréjeaude**, la légendaire soupe aux choux – soupe épaisse et fumante où la cuiller tient debout –, et le clafoutis. »

(Gaston Derys, *L'Art d'être gourmand*, 1929).

Voir aussi : **CHABROT**.

BRETON (GÂTEAU)

Désignation d'un gâteau monté constitué d'une superposition de biscuits aux amandes, glacés de diverses couleurs, qu'on servait autrefois aux repas de noces, mais qui ne serait breton que de nom puisque sa création, qui remonte à 1848, est attribuée à un nommé Dubusc de la pâtisserie Seugnot, rue du Bac.

La Bretagne produit toutefois beaucoup d'autres gâteaux dits « bretons ». Le plus traditionnel est confectionné avec de la pâte brisée et du beurre, et sa surface est dorée à l'œuf et masquée de croisillons.

« Le vrai **breton** ne se fait plus guère, on le garnit de crème au beurre et on le décore de crèmes colorées. Quelques maisons le font en pâte à manqué aux amandes. »

(Pierre Lacam, *Mémorial historique et géographique de la pâtisserie,* 1888).

BRILLAT-SAVARIN

Voir : **SAVARIN**.

BRIOCHE

Terme attesté depuis 1404, donné à une des plus anciennes pâtisseries françaises, faite à base de farine, d'œufs, de lait et de beurre, en forme de couronne ou de boule surmontée d'une autre plus petite, dont la qualité dépend essentiellement de la légèreté de la pâte et de l'excellence du beurre employé.

Son étymologie demeure mystérieuse, soit qu'on le rattache à *bris*, dérivé de *briser*, et à *hocher*, «secouer, remuer», soit qu'on invoque le nom propre Brie, parce que la brioche était initialement confectionnée avec du fromage. Mais il semble plus vraisemblable d'y voir une forme dialectale normande provenant de la fusion de *brier*, «pétrir la pâte avec une brie» (sorte de rouleau) et du suffixe argotique *-oche*, hypothèse qui se trouve confirmée par le réputation dont jouissaient autrefois les brioches de Gournay et de Gisors.

La diversité des brioches est considérable, et on y incorpore aussi bien de la crème fouettée que des raisins, des fruits confits, de la confiture, du fromage et même du foie gras... Sans doute est-ce la raison pour laquelle Diderot la considérait en son temps comme une «magnificence onéreuse»...

« Viens, nous allons nous promener en barque. Tu verras le cygne qui ne dort jamais. C'est un bel oiseau mécanique, formidablement remonté quand il s'agit de manger de la **brioche**. – Et mon histoire? Tout à l'heure.»

(Rachilde, *L'Hôtel du Grand Veneur*, 1922).

«Sur la table recouverte de toile cirée bleue, il y avait un bol vide et sa serviette dans laquelle était enveloppé un morceau de **brioche**. En un geste gourmand, Léa plongea ses narines dans la mie odorante. "Ça, c'est Sidonie qui l'a faite"...»

(Régine Deforges, *101, avenue Henri-Martin*, 1983).

BROUET

Mot sorti d'usage, entré dans la langue au XIIIe siècle sous la forme de *broet,* emprunté à l'ancien haut-allemand *brod,* « bouillon », par l'ancien français *breu.*

Désigne une préparation plus ou moins liquide connue depuis l'Antiquité, que l'on faisait d'ordinaire avec du bouillon de poissons, d'huîtres, de perdrix ou de gélinottes, et que l'on considérait comme un *restaurant,* c'est-à-dire comme un plat « restaurateur », au sens propre du terme.

Au Moyen Âge, on le servait traditionnellement aux mariés et aux jeunes femmes le lendemain de leurs couches, mais, en 1690, Furetière précise que « le brouet de l'accouchée (...) n'a plus d'usage que parmi le petit peuple ». Il faut dire que depuis le début du siècle le mot avait pris le sens de « mauvais ragoût ».

« Il lui fut impossible de passer de ces tables si bien servies au **brouet** lacédémonien d'un restaurant à 40 sous. »

(Honoré de Balzac, *Le Cousin Pons,* 1847).

« On servira du potage, de la soupe, du bouillon et du poulet/de la poire et du fromage/à la vieille de la panade/aux héritiers du **brouet**...

(Raymond Queneau, « La Centenaire », *Les Temps mêlés*, 1941).

Voir aussi : **POTAGE.**

BRUNOISE

Terme d'origine incertaine, dont la première mention figure dans *Le Nouveau Cuisinier royal et bourgeois* en 1730, où il s'applique à une garniture de légumes divers (carottes, navets, poireaux, oignons, céleris, etc.) taillés en dés minuscules et réguliers, puis étuvés au beurre servant à préparer certains potages et à renforcer des sauces ou des farces.

« Les légumes dont on se sert pour la confection de la **brunoise** sont les mêmes que ceux employés pour la julienne, à la seule différence qu'il faut les couper en dés, concasser l'oseille et la laitue. »

(A. T. Raimbault, *Le Parfait Cuisinier ou le Bréviaire des Gourmands*, 1811).

Voir aussi : **JULIENNE & MIREPOIX.**

BÛCHE

Appellation donnée vers 1920 à un gâteau symbolique qu'on sert traditionnellement à Noël, par analogie de forme avec le gros rondin qu'on brûlait autrefois dans la cheminée, dont les cendres passaient pour avoir des propriétés magiques.

Il s'agit sorte d'une sorte de biscuit roulé avec une crème au beurre, au chocolat ou au moka, décoré de crème simulant les nœuds du bois.

« Pour le dîner, Estelle et Mme Favart s'étaient surpassées (...) : une énorme dinde, don de Françoise évidemment, du chou, cuit lentement dans la sauce de la bête, une purée de châtaignes, et une **bûche** au chocolat. »

(Régine Deforges, *La Bicyclette bleue*, 1980).

BUFFET

Terme d'origine obscure, attesté vers 1260, qui aurait un rapport avec la racine onomatopéique *buf-*, de l'ancien provençal *bufet*, « soufflet » parce que le meuble qu'il désigne aurait été primitivement « constitué par une planche qui, lorsqu'on l'abattait, faisait un déplacement d'air », mais que certains lexicographes rattachent aussi à *bouffer*, « manger gloutonnement », sans plus de précision.

Désigne à l'origine un « étal », un « comptoir (de changeur) », une « table (de greffier) » avant d'indiquer un présentoir à vaisselle au début du XVIIe siècle, puis le meuble de cuisine et de salle à manger.

S'applique, par extension, depuis le début du XIXe siècle, à la table sur laquelle on présente les plats froids, les desserts et les rafraîchissements servis à l'occasion d'une réception, et, par métonymie, aux mets et aux boissons ainsi servis.

« Anciennement, on appelait une Cocagne le **buffet** garni de mets de toute espèce, parmi lesquels se trouvait souvent un bœuf tout entier et rôti ; dans cet animal se trouvait aussi un cerf, et dans ce cerf une infinité d'oiseaux. »

(Pierre Vinçard, *Le Banquet des sept gourmands*, 1853).

« Le **buffet** ressemblait à un maître-autel de cathédrale ou à une exposition d'orfèvrerie, tant il y avait de plats, de cloches, de couverts en argent et en vermeil, au milieu des cristaux à facettes qui entre-croisaient, par dessus les viandes, les lueurs irisées. »

(Gustave Flaubert, *L'Éducation sentimentale*, 1869).

BUGNE

Forme provençale de *beignet*, attestée en 1810, probablement dérivée, par analogie de forme, de l'argot populaire *beigne*, « bosse ».

Se dit d'une espèce de beignet de pâte roulée, à base de farine, de sucre, de jaunes d'œufs et de beurre, frit dans le l'huile, qu'on déguste chaud ou froid, saupoudré de sucre en poudre.

Certains historiens assurent que la bugne serait originaire du pays d'Arles et que ce n'est que plus tard qu'elle serait devenue une spécialité de la vallée du Rhône, en particulier de Lyon, où on la consommait traditionnellement du Mardi gras à la mi-carême.

« Je prends une **bugne**. Je la poudre de sucre. Je plante la dent au milieu. Ça croustille... embaume... fond... Ma bouche s'emplit d'un plaisir d'antan. »

(Fanny Deschamps, *Croque-en-bouche*, 1976).

Voir aussi : **BEIGNET.**

BUYNETTES

Voir : **MERVEILLES.**

BUISSON (OU EN BUISSON)

Expression métaphorique consignée dans *Les Dons de Comus* de François Marin en 1739, appliquée au mode de dressage de certains mets (homards, langoustes, écrevisses, etc.), chauds ou froids, disposés en pyramide ou en dôme sur un plat, en vue de leur présentation à table, évoquant l'aspect touffu d'arbrisseaux rameux.

« Souvent Rosanette se tournait vers Delmar, immobile derrière elle; Pellerin bavardait, M. Oudry souriait. Mlle Vatnaz mangea presque à elle seule le **buisson** d'écrevisses, et les carapaces sonnaient sous ses longues dents. »

(Gustave Flaubert, *L'Éducation sentimentale*, 1869).

« La nuit, je me réveille en sursaut... et qu'est-ce que je vois?... accroupi à mon chevet, le garçon de chez Véry, qui me présente un **buisson** d'écrevisses, en me criant : "Baoun ! baoun !" »

(Eugène Labiche, *Un garçon chez Véry*, 1850).

C

CAKE

Abréviation de l'anglais *plum-cake* attestée en 1795 au sens de « gâteau moelleux aux raisins secs, fruits secs et fruits confits ».

Le cake ne s'est toutefois véritablement répandu en France qu'à la fin du XIXe siècle grâce à un pâtissier parisien du nom de Michel qui le confectionnait avec une pâte levée à la levure chimique garnie de raisins de Corinthe, de fruits confits et d'épices.

« La crème de marron se laissa fléchir et s'offrit volontiers en accompagnement d'un **cake** qui ne demandait lui-même qu'à rendre service, en alternance avec la marmelade d'orange. »

(Noëlle Châtelet, *Histoires de bouches,* 1986).

Voir : GÂTEAU.

CAMBACÉRÈS (À LA)

Formule appliquée à différents mets raffinés placés sous le patronnage de Jean-Jacques Régis de Cambacérès (1753-1824), archichancelier de l'Empire et gastronome illustre qui, après

Talleyrand, avait la réputation d'avoir les plus somptueux dîners de Paris.

Se dit notamment d'une timbale de macaroni et de foie gras et d'une truite saumonée aux écrevisses et aux truffes.

« Nous passions ensuite deux entrées, un plat de cailles **à la Cambacérès** et un perdreau à la Souvarof. Arrivé là, M. [Raymond] Roussel coupait son déjeuner d'un sorbet au champagne, avant d'attaquer le rôti. »

(André Guillot, *La Grande Cuisine bourgeoise*, 1976).

CANAPÉS

Nom enregistré en 1787, donné par analogie de forme aux tranches minces de pain (de mie, de seigle, de campagne...) découpées en formes diverses, frites ou grillées, dont l'épaisseur et la taille varient en fonction des garnitures supportées (beurre et saumon fumé, caviar, beurre d'anchois, mayonnaise et œuf dur...).

« Menu d'un déjeuner au bord de la mer : Huîtres, **canapés** d'anchois. – Filets de sole à la Saint-Malo... »

(Stéphane Mallarmé, *La Dernière Mode*, 6 septembre 1874).

CAPILOTADE

Mot attesté par le *Dictionnaire de l'Académie* en 1694, qui apparaît d'abord sous la forme de *capilotaste*, « sorte de sauce épaisse à base de viande finement hachée » dans le *Livre fort excellent de cuysine* (1542), puis de *capilotade*, altération de *capirotade* (1555) empruntée à l'espagnol *capirotada*, « préparation culinaire où les mets sont enveloppés comme dans un capuchon ».

S'applique primitivement à une préparation à base d'herbes, d'œufs, d'ail, etc., destinée à recouvrir d'autres mets, puis, par extension, à un ragoût opéré avec des reliefs de volailles, de gibier ou d'autres viandes déjà cuites, qu'il convient de ne pas confondre avec *cabirotade*, terme dérivé du gascon *cabirot* signifiant « grillade de chevreau ».

Le complément du *Dictionnaire de l'Académie* de 1718 précise que la capilotade indiquait aussi un recueil de chansons bacchiques et galantes commençant chacune par une lettre de l'alphabet.

« On fit quatre ou cinq beaux services,/(À ce que disent les gens loyaux)/Langues, poitrines, aloyaux,/Roty, bouilly, **capilotades**,/Et tout si bien assaisonné,/Que chacun dit : J'ay bien dîné. »

(Jean Loret, *La Muse historique*, 1652).

« Il n'est meilleure poivrade,/ Meilleure **capilotade**,/ Ni meilleur salmigondis,/ Tel qu'en apprenait jadis/Notre maître La Fontaine... »

(Anonyme, *Les Merveilles et les Excellences du salmigondis et de l'aloyau*, vers 1750).

CARBO (N) NADE

Emprunt au provençal *carbonada*, « viande grillée », ou à l'italien *carbonata*, dérivé de *carbone*, « charbon », attesté dans le *Gargantua* de Rabelais en 1534, qui indique d'abord, conformément à l'étymologie, la manière de griller la viande sur des charbons puis, par métonymie, la viande ainsi grillée.

Désigne encore, dans le nord de la France, une spécialité de bœuf braisé à l'oignon, cuit longuement dans de la bière et, dans le Midi, une daube de bœuf au vin rouge.

« L'on apresta **carbonnades** à force et belles souppes de primes, et beut le moyne à son plaisir. »

(François Rabelais, *Gargantua*, 1534-1535).

« **Carbonnade** : ragoust que font des goinfres, en faisant rostir eux-mêmes quelque chose sur les charbons. »

(Antoine Furetière, *Dictionnaire universel*, 1690).

Voir aussi : **DAUBE.**

CARDINAL

Expression métaphorique qui viendrait de « cardinal des mers », nom donné au homard par l'écrivain Jules Janin (1804-1874), par allusion plaisante au changement de couleur de la carapace qui prend la teinte rouge vif de la robe des prélats au contact du bouillon.

Désigne un apprêt du homard qui fit la réputation du restaurant Paillard ouvert en 1880 et situé en face du Vaudeville, à l'angle de la rue de la Chaussée-d'Antin et du boulevard des Italiens.

Se dit, par extension, de la sauce faite avec ce crustacé, puis des entremets de fruits pochés au sirop (pêches et poires) nappés d'un coulis de fruits rouges.

« Mais, monsieur le baron, je vous prouverai que l'on peut mettre de la pensée dans une mayonnaise, du symbolisme dans une pièce montée et de l'impressionnisme dans une pêche **cardinal** ! »

(Henri Duvernois, *Le Veau gras*, 1926).

CASSOLETTE

Emprunt au provençal *casoletta*, diminutif de l'ancien français *cassole*, « petit récipient », enregistré sous la forme de *cassolette* en 1561.

Qualifie la marmite en porcelaine ou en verre trempé utilisée pour la cuisson d'un plat au feu ou au four, puis, par métonymie, les préparations elles-mêmes : entrées, hors-d'œuvre liés avec une sauce blanche ou brune, entremets sucrés garnis de crème ou de fruits pochés au sirop.

« Du livre entrouvert, lentement s'élèvent, comme d'une **cassolette,** des odeurs suaves de rôtis et de sauces. »

(Edouard Nignon, *L'Heptaméron des gourmets*, 1919).

Voir aussi : **RAMEQUIN.**

CASSOULET

Diminutif de *cassole,* du languedocien *cassolo,* « mets que l'on cuit dans une terrine », dérivé de *casso,* « poêlon », attesté en français à la fin du XIXe siècle et appliqué à un ragoût longuement mijoté spécifique du Sud-Ouest.

Selon les États généraux de la gastronomie française réunis en 1966, le vrai cassoulet doit comprendre 30 % de viande (porc, mouton, confit ou saucisse) et 70 % de haricots (cocos, lingots ou plats tarbais). Parfumé aux herbes du pays, il est aromatisé à l'armagnac et préparé la veille du jour où on le sert, puis réchauffé à feu doux le lendemain, avant d'être gratiné au four.

À Castelnaudary, où l'on revendique sa création, on le prépare avec de la poitrine, de la couenne fraîche et du jarret de porc, auxquels on ajoute du saucisson et du confit d'oie. Si les avis ont longtemps divergé sur sa composition, les formules tendent désormais à s'unifier.

« Le **cassoulet** de Clémence cuit depuis vingt ans. Elle remet dans le poêlon tantôt des oies ou du lard, tantôt un saucisson et des haricots mais c'est toujours le même **cassoulet**. Le fond reste, et ce fond antique et précieux lui donne les saveurs que, dans les tableaux des vieux maîtres vénitiens, on trouve sur les chairs ambrées des femmes. »

(Anatole France, *Histoire comique*, 1903).

« Je ne dormirai pas tranquille si je ne te savais pas rentrée. Il y a du jambon, et un petit bol de **cassoulet** chaud. Et des pruneaux cuits. La bière est sur la fenêtre. »

(Colette, *Gigi*, 1944).

CATIGOT (OU CATIGAU)

Mot emprunté au provençal, attesté en 1879 dans *Lou Tresor dou Felibrige* de Frédéric Mistral, indiquant une sorte de matelote d'anguilles ou de carpes sautées à l'huile d'olive (avec oignons, tomates, céleri, laurier, écorce d'orange et clou de girofle), cuite dans un poêlon avec du vin rouge et de l'ail, originaire de Camargue et de la région d'Arles.

« Le **catigot** d'anguilles à l'ail, soupe idéale, analogue de figure à la bouillabaisse, mais d'une saveur fort différente, faisait le bruit d'un coucher d'oiseau, en été, dans les grands arbres. Gazouillement qui, par les canaux auditifs, allait achever, dans la convoitise gourmande et la concupiscence palatino-linguale, les sapides effets du plaisir oculaire et d'une chaleur équilibrée. »

(Léon Daudet, *À boire et à manger*, 1927).

CAUDIÈRE

Voir : CHAUDRÉE & COTRIADE.

CÉLESTINE (À LA)

Nom d'un apprêt d'omelette et d'épinards consigné en 1651 dans *Le Jardinier françois ou les Délices de la campagne* de Nicolas de Bonnefons, valet de chambre de Louis XIV.

Désigne aussi une sorte de fricassée de poulet avec des champignons et des tomates, mouillée de vin blanc et flambée au cognac ou à la fine champagne, que le chef du restaurant lyonnais du Cercle créa pour sa patronne Célestine Blanchard sous le Second Empire.

« L'omelette dite **à la Célestine**, n'étant pas autre chose qu'une crêpe d'œufs, doit toujours être faite très mince et très légère. »

(Jules Gouffé, *Le Livre de cuisine*, 1867).

CHABROL (OU CHABROT)

Mot dialectal issu de l'Occitan *cabra* et *chabrat*, du latin *capreolus*, « chevreau », appliqué à un mélange de vin et de bouillon chaud bu à même l'assiette, signifiant littéralement « boire comme une chèvre » dans le syntagme : *faire chabrot*.

Tandis que la forme *chabrot* est attestée par le *Dictionnaire Littré* en 1863, la variante *chabrol* n'est enregistrée qu'en 1876. Mais dans certaines régions, on l'appelle aussi *goulade*, terme dérivé de *goulée*, « grosse gorgée ».

« Les serveuses commencèrent le service en apportant d'énormes soupières contenant du bouillon de poule. (...) Tout le monde fit **chabrot**, à l'exception de Martine et de Dominique, vaguement écœurés. »

(Régine Deforges, « L'enterrement du père Renaud », *Contes pervers*, 1980).

CHAMBORD (À LA)

Se dit d'un célèbre apprêt de carpe créé au XVIIIe siècle par Vincent de La Chapelle, dont l'appellation comme la composition témoignent des fastes de la monarchie et qui demeure un des fleurons de la cuisine française.

La carpe à la chambord est garnie de farce fine de poisson à la crème, puis piquée de lardons et cloutée de truffes, avant d'être doucement braisée au four et servie somptueusement glacée, entourée d'une garniture de quenelles de poisson, de filets de sole, de champignons, de laitances sautées au beurre, de truffes, d'écrevisses et de croûtons frits, avec une sauce au vin rouge.

« La Maréchale se mit à parcourir la carte, en s'arrêtant aux noms bizarres. (...) Aimez-vous mieux un turbot **à la Chambord** ? reprit-elle. Cette politesse choqua Frédéric. »

(Gustave Flaubert, *L'Éducation sentimentale*, 1869).

« On servait les relevés, une carpe du Rhin **à la Chambord** et une selle de chevreuil à l'anglaise. »

(Emile Zola, *Nana*, 1880).

CHAMPVALLON (À LA)

Locution appliquée à une préparation de côtelettes de mouton cuites au four entre une couche d'oignons et une couche de pommes de terre, portant le nom de sa prétendue créatrice, Mme de Champvallon, rivale de la marquise de Maintenon (1635-1719), qui donna naturellement aussi son nom à un autre apprêt de côtelettes...

Certains auteurs la placent sous le parrainage de Marguerite de Valois, dite la « reine Margot » (1553-1615), mais aucun élément historique ne vient étayer ce rapprochement.

« **Côtelettes à la Champvallon** : dans le même esprit que les côtes de veau Foyot, avec un arrière-plan historique et un peu canaille. »

(Philippe Couderc, *Les Plats qui ont fait la France*, 1995).

CHANTILLY

Nom donné à une crème fouettée, mousseuse et sucrée, parfois parfumée, utilisée pour la préparation et la décoration de différents desserts, que la légende attribue aux cuisiniers du château de Chantilly, résidence de Louis II de Bourbon, dit le Grand Condé (1621-1686). Mais à tort, semble-t-il, puisque les cuisiniers de Catherine de Médicis traitaient déjà la crème fraîche de cette manière avec des tiges de genêts.

Non sucrée, la chantilly entre dans la préparation d'une sauce froide (dite mayonnaise ou mousseline), d'une sauce émulsionnée chaude (dite hollandaise, mais également mousseline) et de quelques autres apprêts inventés au XIXe siècle : potage, poularde farcie de riz au foie gras ou aux truffes, melon glacé et charlotte froide.

« Rien n'est plus agréable qu'une crème **Chantilly**. Servez-la mêlée de fraises ou de framboises. Et, pour compléter l'impression champêtre de verger et de jardin, pour que le plat dégage cette odeur exquise des plates-bandes que le soleil chauffe, mêlez à la crème quelques gouttes d'essence de rose. »

(Paul Reboux, *Plats nouveaux*, 1927).

Voir aussi : **MAYONNAISE, HOLLANDAISE & MOUSSELINE.**

CHAPON

Voir : **AILLADE.**

CHARLOTTE

Formule consignée dans *Le Cuisinier impérial* de Viard en 1806, admise par le *Dictionnaire de l'Académie* en 1835 et d'abord appliquée à deux entremets de pâtisserie.

La première charlotte, inspirée d'un entremets anglais, est créée à la fin du XVIIIe siècle et dédiée à la reine Charlotte d'Angleterre (1760-1810), épouse de George III. On la prépare en emplissant un moule, garni de tranches de pain de mie au beurre fondu ou de biscuits, d'une marmelade de pommes (voire d'autres fruits) parfumée au citron et à la cannelle, qu'on passe au four, et on la sert tiède avec une crème anglaise froide (crème liquide vanillée faite de lait sucré et de jaunes d'œufs).

La seconde, qui se déguste froide ou glacée, est inventée par Antonin Carême au début du XIXe siècle et baptisée « charlotte à la parisienne ». Elle se fait dans un moule tapissé cette fois de biscuits à la cuiller qu'on remplit de crème à bavarois parfumée à la vanille. On l'appela « charlotte russe » lorsque le *service à la russe*, introduit par le prince Kourakine, ambassadeur du tsar Alexandre Ier, supplanta le *service à la française* sous le Second Empire.

De nos jours, ce nom signale par analogie des mets salés (poisson ou légumes) coulés dans un moule semblable à celui utilisé pour les entremets sucrés.

« L'assiette hospitalière [de Victor Hugo] accueille avec la même grâce, et dans un pêle-mêle qui eût abasourdi Aristote, la tranche de rosbif en gelée au marasquin, la **charlotte** et le turbot à la sauce genevoise. »

(Charles Monselet, *La Cuisinière poétique*, 1859).

« Mère Ubu : Voici le menu ! – Père Ubu : Oh ! Ceci m'intéresse... –

Mère Ubu: Sauce polonaise, côtes de rastron, veau, poulet, pâté de chiens, croupions de dinde, **charlotte russe...** »

(Alfred Jarry, *Ubu roi*, 1896).

CHARTREUSE

Dénomination attestée en 1814 dans *L'Art du cuisinier* de Beauvilliers, qui s'applique à une entrée chaude inspirée par une recette élaborée par les moines de l'ordre des Chartreux au XIVe siècle, faite à l'origine de légumes (navets, carottes, choux, etc.) et caractérisée par un moulage décoratif.

Recouvre actuellement des apprêts très divers de viande ou de poisson mais qui ne sont plus obligatoirement moulés.

« Le second service sera de deux relevés précédant les quatre gros plats de rôt : un de lottes du lac de Genève, et l'autre de truites de torrent **à la chartreuse.** »

(Marcel Rouff, *La Vie et la Passion de Dodin-Bouffant,* 1924).

CHASSEUR (OU À LA CHASSEUR)

Se dit, depuis le début du XIXe siècle, d'apprêts sautés (petites pièces de boucherie, lapin, poulet, surtout), accommodés avec une sauce relevée constituée de tomates, de champignons émincés, cuits au beurre avec des herbes (cerfeuil et estragon) et de l'échalote hachée, puis mouillée au vin blanc, par référence aux repas de chasse où l'on servait des abats en sauce piquante.

« Je parcours la liste des viandes. Le bœuf en daube me tenterait. Mais je sais d'avance que j'aurai du poulet **chasseur**, c'est la seule viande supplémentée. – "Vous donnerez, dit-il, un poulet **chasseur** à monsieur." »

(Jean-Paul Sartre, *La Nausée*, 1938).

CHATEAUBRIAND (OU CHÂTEAUBRIANT)

Si tout le monde s'accorde pour dire que cette appellation, admise par le *Dictionnaire de l'Académie* en 1856, désigne une tranche de bœuf très épaisse, traditionnellement découpée dans la tête du filet, il n'en va pas de même pour en déterminer son origine et son orthographe. Doit-on en effet écrire châteaubriant ou chateaubriand ?

Certains partisans du « t » final, sur la foi d'une légende bretonne, affirment que ce nom serait inspiré par celui du comte de Châteaubriant, lequel aurait saigné sa femme aux quatre membres, pour la consommer grillée avec ses concitoyens afin de se venger des faveurs qu'elle accordait à François Ier... D'autres établissent une liaison avec la ville de Châteaubriant, en Loire-Atlantique, en raison de la qualité des bœufs élevés dans la région.

Il paraît cependant plus crédible d'attribuer cette invention et dédicace de bœuf grillé servi avec des pommes de terre pont-neuf à Montmirail (ou Montmireil), cuisinier au service du vicomte François-René de Chateaubriand (1768-1848), car c'est la *sauce au vin blanc liée avec du beurre maître d'hôtel,* et non le choix du morceau de viande, qui caractérise cette préparation. L'histoire veut d'ailleurs que ce fameux cuisinier l'ait imaginée à Londres, lorsque l'écrivain y était ambassadeur en 1822.

Le chateaubriand, qui ne figura sur les cartes des restaurants parisiens qu'après 1850, n'eut d'abord, curieusement, qu'un succès modéré. C'est seulement en 1862, lorsqu'il devint la spécialité du restaurant Magny, réputé pour ses dîners littéraires, qu'il acquit sa célébrité. Théodore de Banville, familier du lieu, l'évoque avec gourmandise : « C'est entouré de pommes soufflées, en beignets, un filet double en épaisseur du beefsteak ordinaire, nullement rouge, mais lorsqu'on y met le couteau, le jus de viande ruisselle et se mêle à la maître d'hôtel de façon à en faire quelque chose d'animé et de vivant »...

On servait alors aussi ce qu'on appelle le « château », diminutif désignant un morceau présenté de la même façon, mais prélevé dans les pièces à bifteck.

Le chateaubriand actuel est un peu différent. On le grille soit à feu cru, soit entre deux autres tranches qu'on ne sert pas, et on le présente accompagné d'une béarnaise, avec des pommes château (pommes de terre ovales rôties).

« M. le vicomte de Chateaubriand... – **Châteaubriant** aux pommes ? interrompit le docteur Cottart. – C'est lui le patron de la confrérie, continua Brichot sans relever la plaisanterie du docteur... »

(Marcel Proust, *Sodome et Gomorrhe*, 1921-1922).

« Si vous demandez à un étranger ce qu'il goûte particulièrement dans la cuisine française, il vous répondra le plus souvent : un **chateaubriand**, un poulet de Bresse, ou même un simple rôti de veau, c'est-à-dire des aliments dont l'excellence repose sur la qualité des matières premières et sur une cuisson judicieuse. »

(*Trois agendas d'Adrienne Monnier*, avant 1955).

Voir aussi : **BIFTECK & FRITES**.

CHÂTEAU (POMMES)

Voir : **CHATEAUBRIAND**.

CHATOUILLARD

Voir : **FRITES**.

CHAUD-FROID

Expression attestée par Littré en 1863, composée des adjectifs *chaud* et *froid*, qualifiant un mets de volaille ou de gibier désossés, préparé à chaud et servi à froid, puis nappé de sauce blanche ou de sauce brune, ou encore de gelée, qu'on décore de langue écarlate, de lames de truffe, de feuilles d'estragon, etc., et qu'on sert sur un lit de gelée.

Son étymologie, qui semble aller de soi, donne pourtant lieu à différentes interprétations. Ceux qui l'orthographient *chaufroix* affirment ainsi qu'il s'agit d'un nom propre devenu générique, ce plat ayant été créé en 1747 par un nommé Angilon de Chaufroix, chef entremettier des cuisines de Versailles, alors que les autres l'attribuent au maréchal de Luxembourg qui, contraint de quitter un souper en janvier 1759, se fit servir à son retour les restes d'une fricassée de poulet figée dans sa sauce, qu'il trouva tellement savoureuse qu'il la baptisa impromptu du nom de *chaud-froid*.

« Quand tu critiques ce que l'on sert ici, je songe que la même Raymonde a eu la gloire insigne de donner son nom à un **chaud-froid** de becfigues. »

(Henri Duvernois, *Le Veau gras*, 1926).

CHAUDRÉE

Mot hérité du latin *caldaria*, de *caldus*, « chaud », attesté depuis le XIIIe siècle et appliqué à une sorte de bouillabaisse charentaise, traditionnellement faite avec la part de poisson réservée au patron sur un bateau de pêche. Celle-ci est noyée dans du vin blanc sec avec du poivre et des échalotes hachées et constitue à la fois un plat et un bouillon auquel on incorpore du beurre salé.

La chaudrée est analogue à la *caudrée* ou *caudière* de Berck et à la *cotriade* bretonne, mots où l'on retrouve *chauderée,* « contenu de la chaudière ou du chaudron », qui désigne le récipient qu'on utilisait jadis pour faire bouillir ou cuire les aliments.

« – Je n'oublie pas que je suis née à La Rochelle où ma mère était marchande de poissons de sorte que je connais les bonnes recettes... Vous avez déjà mangé la **chaudrée** fourrassienne ? Maigret récita : – Une soupe d'anguilles, de petites soles et de seiches. »

(Georges Simenon, *Le Revolver de Maigret*, 1952).

CHAUSSON

Nom donné, en 1783, à diverses préparations salées ou sucrées, à base de pâte feuilletée en forme de demi-lune, cuite au four, par analogie de forme avec le chausson enveloppant le pied à l'intérieur d'un soulier, et que Jaucourt, dans l'*Encyclopédie* (1751-1780), définit comme une « espèce de tourte aux pommes ».

Tandis que le chausson sucré est en effet fourré de compote de pommes et aromatisé de cannelle, le chausson salé est garni d'une farce de viande, de poisson ou de champignons, voire de truffes ou de foie gras, et servi très chaud, en entrée.

« Tu grignotes un **chausson** aux truffes à Valence (chez Pic), ton poisson rôti à Mougins (chez Vergé), ton dessert à La Napoule (chez Outhier). »

(Fanny Deschamps, *Croque-en-bouche*, 1975).

CHÈRE (BONNE)

De l'ancien français *chière*, hérité du latin *cara,* « visage », lui-même issu du grec *kara,* « tête », cette expression signifie d'abord « faire bonne figure », autrement dit « faire bon accueil » à quelqu'un. C'est par extension de ce sens premier, et par rapprochement avec l'homonyme « chair », du latin *carnis,* « viande » (des animaux comestibles), qu'elle désigne à partir du XVIIe siècle le repas qui traduit cette hospitalité, puis, par extension, la bombance faite en joyeuse compagnie.

« Jamais il n'avait, à la table des grands seigneurs de sa nation, goûté d'une **chère** aussi exquise, et, dans les plus riches hôtels de Paris, il n'en avait rencontré de meilleure. Ce n'était que plats fins, convenablement relevés, très savamment compliqués à la mode du temps : cailles grasses farcies, bisques d'écrevisses, pâtisseries légères, crèmes parfumées de plusieurs sortes dans des croûtes de massepain, biscuits au safran, au girofle, vins de France... »

(George Sand, *Les Beaux Messieurs de Bois-Doré*, 1857).

« Cultiver le plaisir des sens fut toujours ma principale affaire : je n'en eus jamais de plus importante. Me sentant né pour le beau sexe, je l'ai toujours aimé et m'en suis fait aimer tant que j'ai pu. J'ai aimé aussi la **bonne chère** avec transport... »

(Casanova, *Histoire de ma vie,* avant 1798).

Voir aussi : **BOMBANCE, GUEULETON & RIPAILLE.**

CHIFFONNADE

Dénomination enregistrée sous la forme de « chifonade » dans le *Cuisinier gascon* de 1740 et attestée sous sa graphie actuelle par le *Dictionnaire Bescherelle* en 1845.

Se dit d'une préparation de la laitue, de l'oseille ou des épinards, finement taillés en lanières et généralement fondues au beurre avec des fines herbes, qui sert de garniture à certains potages et poissons.

La chiffonnade s'utilise également crue pour parer des hors-d'œuvre froids.

« Dès lors le potage doit être plus ou moins composé tel que sont ceux à la julienne, **à la chiffonnade**, à la princesse. »
(Grimod de la Reynière, *Almanach des gourmands*, 1804).

« On avait apporté le rôti, des perdreaux flanqués de cailles, puis des petits pois, puis une terrine de foie gras accompagnée d'une **salade aux feuilles dentelées**, emplissant comme une mousse verte un grand saladier en forme de cuvette. »
(Guy de Maupassant, *Bel Ami*, 1886).

Voir aussi : **JULIENNE.**

CHIPOLATA

Mot issu de l'italien *cipollata,* « plat à base d'oignons », dérivé de *cipolla,* « oignon », enregistré dans l'édition de 1742 du *Cuisinier moderne* de Vincent de La Chapelle, où il indique un ragoût de gibier, de volaille ou de viande de boucherie, préparé avec des petits oignons, des lardons, des saucisses, des marrons et des carottes.

Désigne, par métonymie, la « petite saucisse employée pour ce ragoût », acception enregistrée par le *Larousse du XIXe siècle* en 1866.

« La **chipolata** ! Cela vient d'Italie. Cela fut imaginé pour le dîner d'un cardinal moribond qui allait se faire nommer pape, ou bien encore pour une jeune fille de Toscane aimée du cuisinier d'un grand seigneur ; on sait que l'amour est l'unique saint qui fasse encore des miracles et l'invention de la **chipolata** en est un supérieur... »
(Gérard de Nerval, « Fantastique », *Contes et Facéties*, 1831).

Voir aussi : **CIVET & RAGOÛT.**

CHIRAC (À LA)

Dénomination d'une sauce que les cuisiniers de la Régence dédièrent à Chirac, médecin de Louis XIV, puis de Philippe d'Orléans, régent pendant la minorité de Louis XV, mentionnée en 1739 dans *Les Dons de Comus* de François Marin, qui l'assimile à la sauce dite « à l'yvoire » (sauce suprême additionnée de fonds de veau concentré ou de glace de viande) et la conseille comme accompagnement des viandes blanches.

« La sauce **à la Chirac** se fait ordinairement avec la même viande sur laquelle on doit la servir. C'est une espèce de braise blanche, bien foncée, mouillée avec du bon bouillon et de l'huile et des tranches de citron. »

(François Marin, *Les Dons de Comus ou les Délices de la table*, 1739).

Voir aussi : **IVOIRE & SUPRÊME.**

CHORON

Nom de plusieurs formules, devenues des « classiques de la cuisine », inventées par Choron, chef célèbre de chez Voisin, l'un des premiers restaurants de Paris pendant la seconde moitié du XIXe siècle.

Qualifie en particulier une sorte de béarnaise « tomatée », sans estragon, destinée à accompagner le poisson grillé, le tournedos, les filets mignons et à une garniture pour petites pièces de boucherie composée de pommes noisettes, de fonds d'artichauts et de petits pois, voire de pointes d'asperges.

« Lever à cru les filets de 2 belles soles. Faire partir à feu vif dans une grande sauteuse puis baisser la flamme et laisser mijoter. À mi-cuisson ajouter 250 g de champignons de Paris. Envoyer à part une saucière de sauce **Choron.** »

(Georges Perec, *81 fiches-cuisine à l'usage des débutants*, 1980).

Voir aussi : **BÉARNAISE.**

CHOU

Mot spécialisé en pâtisserie en 1549 qui signale, par analogie de forme avec la plante potagère, un petit gâteau soufflé fait de « pâte à choux » et garni de crème chantilly ou de crème pâtissière.

La « pâte à choux », appelée primitivement « pâte à chaud », et introduite en France par un entremettier de la suite de Catherine de Médicis, entre également dans la composition des chouquettes (petits choux recouverts de sucre en grains, inventés au milieu du XXe siècle), mais également dans celle des éclairs, des saint-honorés, des profiteroles, des pièces montées et des pets-de-nonne.

« – Aimez-vous le gâteau qu'on nomme petit **chou** ? – Monsieur, j'en fais état, lorsqu'il est à la crème... »

(Edmond Rostand, *Cyrano de Bergerac*, 1897).

« Le **chou** à la crème/En Moravie Bohême/Prend uneu teinteu socialiste/Mais en Ukraine/C'est la porc'laine/Qui lui donne la couleur schiste... »

(Jacques Roubaud, *L'Enlèvement d'Hortense*, 1987).

Voir aussi : **CRÈME, ÉCLAIR, SAINT-HONORÉ, PROFITEROLE, PET-DE-NONNE.**

CHOUCROUTE

Terme emprunté au dialecte alsacien *sûrkrût*, dérivé de l'allemand *Sauerkraut*, de *sauer*, « acide » et de *kraut*, « chou », d'abord attestée sous la forme de *sorcrotes* dans *Les Dons de Comus* de François Marin en 1739, puis sous celle de *saucroute* dans la correspondance de Diderot en 1767, et enfin dans sa graphie actuelle, par attraction de *chou* et de *croûte*, en 1786.

Désigne une préparation de chou blanc émincé, légèrement fermenté dans de la saumure avec des aromates, vraisemblablement introduite en Europe orientale par les Tartares, et de là en Autriche, puis en Bavière, en Suisse, et en Alsace où, au XVIIIe siècle, elle constitua longtemps le plat traditionnel du dimanche.

S'applique, par extension, au plat alsacien à base de ce chou, parfumé avec des baies de genièvre, cuit à la graisse d'oie avec des oignons, garni de petit salé ou de lard fumé, de saucisses, de jambon (ou, depuis quelques années, de poisson) accompagné de pommes de terre en robe des champs.

« Dans le même ordre d'idées, il lui parut naturel de lui commander une **choucroute** qu'on servait si plantureuse et abondamment garnie, avec ses saucisses luisantes et du petit salé d'un rose innocent. »

(Georges Simenon, *Maigret et les témoins récalcitrants*, 1959).

« Ils mangent et boivent comme à vingt ans. Le dimanche ils prennent de la **choucroute**. Les derniers arrivés interpellent les autres, qui mangent déjà : “Alors ? toujours la **choucroute** dominicale ?” »

(Jean-Paul Sartre, *La Nausée*, 1938).

CIVET

Réfection de l'ancien français *civé*, lui-même dérivé de *cive*, du latin *caepa, cepa,* « oignon », d'origine vraisemblablement méditerranéenne, enregistrée sous sa graphie actuelle dans l'*Invantaire des deux langues françoise et latine* en 1636.

Signale primitivement un «ragoût de lièvre dans lequel il entre beaucoup de cives et d'oignons», puis un ragoût de gibier à poil (chevreuil, marcassin), mouillé au vin rouge et lié avec le sang de l'animal.

Indique, par extension, une préparation similaire appliquée à l'oie, au homard ou à la langouste.

«Quand la Trouille faisait un **civet**, la bonne odeur s'en répandait jusqu'à l'autre bout de Rognes. Ce fut une rude fête qui dura toute la journée.»
(Emile Zola, *La Terre*, 1887).

«Les jambons roses, les poissons cuits au bleu et servis sur des plats géants, avec des fleurs dans les narines, faisaient procession de la cuisine à la salle à manger, où on tâchait de leur trouver une place entre les rôtis et les bruns **civets** et les salmis fumants.»
(Théodore de Banville, *Mes souvenirs*, 1882).

CLAFOUTI (S)

Mot dialectal très ancien du centre de la France, issu de l'ancien français *claufir*, «remplir, fourrer», ou de *foutre,* «mettre, ficher», avec un glissement de sens vers *clouter,* «recouvrir avec des éléments semblables aux clous», enregistré par le *Grand Dictionnaire universel du XIXe siècle* en 1866.

Qualifie un entremets rustique d'origine limousine et poitevine, fait de pâte à crêpe épaisse fourrée de cerises noires non dénoyautées, qui se consomme tiède, poudré de sucre, et présente beaucoup d'analogies avec le *tartouillat* bourguignon.

«Les serveuses qui réussirent à se dégager des mains entreprenantes apportèrent de grands saladiers de mousse au chocolat et d'œufs au lait accompagnés de **clafoutis** aux cerises qui tachèrent aussitôt les lèvres et les doigts. »

(Régine Deforges, « L'enterrement du père Renaud »,
Contes pervers, 1980).

COLBERT (À LA)

Se dit de différents apprêts, notamment d'une sole panée à l'anglaise, frite et servie avec un beurre maître d'hôtel, que le fameux officier de bouche Audiger, introducteur des primeurs d'Italie en France, dédia, vers 1670, à Jean-Baptiste Colbert, ministre et contrôleur général des finances de Louis XIV.

Si le beurre Colbert (relevé de persil et d'estragon finement hachés, et additionné de jus de citron et de glace de viande) accompagne le merlan et les autres poissons frits, il convient également aux viandes grillées et aux œufs mollets.

« Menu d'un dîner de rentrée à Paris, intime, pour douze personnes : Consommé à la Sévigné, Saint-Hubert. Truites à la Chambord. Filets d'agneau, purée d'artichauts (...) Cèpes frais bordelaise. Ramequins au parmesan. Écrevisses **à la Colbert...** »

(Stéphane Mallarmé, *La Dernière Mode*, 4 octobre 1874).

COMPOTE

Mot d'abord enregistré sous la forme de *composte*, « aliments confits dans du vinaigre et du sel », au XIIe siècle, issu du latin *composita*, de *componere*, « mettre ensemble », attesté sous sa graphie actuelle par le *Dictionnaire de l'Académie* en 1694.

S'applique primitivement à une sorte de ragoût salé de gibier (pigeons, perdreaux, lapereaux, etc.), longuement mijoté, puis, par extension, à un entremets fait de fruits coupés en morceaux ou écrasés, cuits avec de l'eau et du sucre, parfois additionnés de vin et parfumés de cannelle, de girofle, de vanille, etc.

L'usage actuel semble privilégier le mets sucré au détriment du mets salé.

« Elle lui servit un déjeuner où il y avait un aloyau, des tripes, du boudin, une fricassée de poulet, du cidre mousseux, une tarte aux **compotes** et des prunes à l'eau-de-vie... »

(Gustave Flaubert, « Un cœur simple », *Trois contes*, 1877).

Voir aussi : **MARMELADE.**

COMTESSE (À LA)

Voir : **AMBASSADRICE (À L')**.

CONDÉ (OU À LA CONDÉ)

L'expression « à la Condé » ou plus simplement « Condé » désigne diverses préparations dédiées par les cuisiniers de Chantilly à Louis II de Bourbon, dit le Grand Condé (1621-1686), réputé pour le faste de sa table.

Se dit de préparations salées caractérisées par la présence d'une purée de haricots rouges, en particulier d'une formule de filets d'agneau consignée dans *Les Dons de Comus* de François Marin en 1739, et d'un potage mentionné dans *Le Cuisinier impérial* de Viard en 1806.

Indique également une infinité de desserts : entremets froid à base de riz au lait, petites pâtisseries feuilletées recouvertes d'une glace royale aux amandes, tartelettes à la compote d'abricots et fruits pochés.

« SATURNIN, lisant la carte. – “Potage à la Chantilly… **à la Condé**” – J’ai envie de prendre un consommé aux choux… »

(Eugène Labiche, *La Marquise de la fourchette*, 1854).

« Oui, j’ai le menu, même que c’est le maître d’hôtel qui l’a écrit : “Huîtres Burnham, homard à l’américaine, civet de lièvre, perdreaux flanqués de cailles, pêches **Condé**… »

(Henri Duvernois, *Le Veau gras*, 1926).

CONFIT

Adjectif et nom tirés du participe passé du verbe « confire », hérité du latin *conficere*, de *cum facere,* « faire entièrement, achever », avec le sens détourné, en français, de « manière particulière de préparer les fruits ».

S’entend de la sorte, depuis le XIIIe siècle, des fruits conservés dans du sucre et de l’eau-de-vie, puis, par extension, des légumes conservés dans du vinaigre.

L’adaptation du mot au sens de morceaux de viande de porc ou de volaille (oie, canard ou dinde), cuits et conservés dans leur graisse dans un récipient fermé, s’est seulement répandue à la fin du XIXe siècle, à partir du Sud-Ouest (Gascogne, Béarn, Pays basque, Quercy, Périgord et Rouergue).

« Autrefois, le **confit** d’oie se consommait chaud dans les maisons bourgeoises et froid dans les maisons paysannes : la graisse d’oie solide tartinée sur des tranches de pain de campagne, accompagnée de peu de viande, constituait la base pendant des mois. »

(Louisette Bertholle, *Les recettes secrètes des meilleurs restaurants de France*, 1972).

CONSOMMÉ

Participe passé substantivé du verbe « consommer », attesté comme terme culinaire en 1590 au sens d'« achevé, parfait en son genre », et officialisé par *Le Dictionnaire de l'Académie* en 1694.

Désigne les bouillons de viande (bœuf, volaille, gibier) ou de poisson, concentrés et parfumés, parfois liés avec un jaune d'œuf et de la crème fraîche, servis chauds ou froids, au début d'un repas, avec différentes garnitures (viande émincée, julienne, champignons, etc.).

« Tu conçois qu'un rôtisseur qui débite par jour cinq cents poulets en doit conserver les abatis, les cœurs et les foies, qu'il lui suffit d'entasser dans une marmite pour faire d'excellents **consommés**. »

(Gérard de Nerval, « Le rôtisseur », *Les Nuits d'octobre*, 1852).

CONTI (À LA)

Locution qui indique différents apprêts sucrés et salés, notamment des garnitures pour pièces de boucherie, caractérisés par la présence de petits dés de lard maigre et de purée de lentilles, dédiés au généralissime et grand prieur de France, Louis-François-Joseph de Bourbon, prince de Conti (1717-1776).

La création du « carré de mouton à la Conti » est en général attribuée à son épouse, Louise Diane d'Orléans, dite Mlle de Chartres.

« Passons sur les potages, qui sont tous à douze sous, excepté le potage **à la Conti** et le riz à la Turque qui montent jusqu'à quinze sous… »

(Charles Monselet, *La Cuisinière poétique*, 1859).

CONVERSATION

Terme issu de *conversatio*, « fréquentation, commerce avec

quelqu'un», appliqué, par métonymie, aux petites pâtisseries qu'on servait dans les «salons de conversation» des établissements des villes d'eau évoqués par Gérard de Nerval dans la *Lorely*.

Il s'agit de barquettes ou tartelettes en pâte feuilletée, à base de pâte d'amande, fourrées de crème pâtissière, recouvertes d'une couche de glace royale et décorées avec des croisillons de feuilletage, inventées par Boinon, pâtissier lyonnais qui les introduisit à Paris en 1863.

Si on se réfère à leur composition, il se pourrait qu'elles remontent en réalité au milieu du XVIIIe siècle et que leur nom ait un rapport, comme l'indique Colette Guillemard, avec le succès remporté par les *Conversations d'Émilie* de Mme d'Épinay publiées en 1741.

«La **conversation** vient de Lyon. Elle a eu sa vogue; il s'en fait encore de petites et quelques grosses.»

(Pierre Lacam, *Mémorial historique et géographique de la pâtisserie*, 1888).

Voir aussi : **CRÈME.**

CONVIVE

Mot hérité du latin *conviva*, de *convivere*, «vivre avec, manger ensemble», introduit au XVe siècle et attesté par le *Dictionnaire Furetière* en 1690, mais seulement installé au début du XVIIIe siècle au sens de compagnon de table.

On lui donne pour synonymes : hôte, invité, ou encore commensal, terme aujourd'hui vieilli et rare au singulier.

«Chaque **convive** avait bu raisonnablement en changeant de cru suivant ses caprices, en sorte qu'au moment où l'on emporta les restes de ce magnifique service, de tempétueuses discussions s'étaient établies. »

(Honoré de Balzac, *La Peau de chagrin*, 1830-1831).

« On ne parlait que du dîner. Les **convives** ne s'abordaient qu'en échangeant des mots à voix basse. C'était grave, très grave : l'honneur de l'endroit était en jeu. »

(Villiers de L'Isle-Adam, « Le plus beau dîner du monde », *Contes cruels*, 1883).

Voir aussi : **AMPHITRYON, BANQUET & FESTIN.**

CORDON-BLEU (OU CORDON BLEU)

Expression attestée par le *Dictionnaire de l'Académie* en 1814 qualifiant une excellente cuisinière, par référence au large ruban bleu qui servait d'insigne aux cent chevaliers de l'ordre du Saint-Esprit, institué par Henri III en 1579.

Cette filiation curieuse s'explique par le fait que, sous Louis XV, les grands seigneurs titulaires de cet ordre royal étaient si réputés pour la richesse de leur table, qu'on disait alors, parlant d'un excellent dîner : « C'est un repas digne des Cordons Bleus ».

« Il est à déplorer que les **cordons bleus** d'à présent ne soient pas contraints à connaître les propriétés chimiques des matières, (...) des éléments culinaires presque inflammables, prompts à parcourir le système organique... »

(Charles Baudelaire, *La Fanfarlo*, 1847).

« Chagrin-d'Amour, qui obsède le **cordon-bleu** et lui fait la main lourde sur le sel... »

(Colette, *Prison et Paradis*, 1932).

COTRIADE

Terme d'origine incertaine, attesté dans sa graphie actuelle en 1898, probablement issu du breton *kaoter,* « chaudron », mais également perçu comme un emprunt possible, par les marins bretons, au provençal *coutrido,* « troupe de camarades », de *coutrio,* « coterie », la cotriade désignant initialement les sardines que l'armateur distribuait aux pêcheurs, voire comme un dérivé de *cotret,* « petit fagot de bois court », le plat auquel il s'applique étant cuit au feu de bois.

Il s'agit en effet d'une sorte de pot-au-feu de poisson que les pêcheurs préparaient à bord de leur bateau, qui se fait traditionnellement avec du beurre, des oignons, des herbes aromatiques et des pommes de terre.

La cotriade bretonne correspond à la « chaudrée » vendéenne ou charentaise et à la « caudière » de Berck, mots où l'on retrouve la racine « chaudron ».

« Dans le Paradis des Ichtyophages et Piscivores la **cotriade** représente le nectar et l'ambroisie, le régal des dieux. C'est un *grand plat* et par exception un plat essentiellement breton. »

(Curnonsky et Marcel Rouff, *La France gastronomique,* 1921-1928).

Voir aussi : **CHAUDRÉE.**

COULIS

Emploi substantivé du verbe *couler*, attesté dans *Le Mesnagier de Paris* composé vers 1393, indiquant la sauce qui résulte de la cuisson lente, donc concentrée, de substances alimentaires passées au tamis, tel le coulis de tomates, d'écrevisses, de perdrix ou de pigeons.

S'applique, par extension, à la purée de fruits crus destinée à napper un entremets.

« Au milieu de l'assiette d'argent, et à demi baignés d'un **coulis** onctueux et velouté, d'une belle nuance vermeille, le chanoine vit quatre petits œufs ronds, mollets, et semblant frémir encore dans leur friture fumante et dorée. »

(Eugène Sue, « Gourmandise », *Les Sept Péchés capitaux*, 1848-1852).

COUSCOUS

Mot d'origine berbère, emprunté à l'arabe d'Afrique du Nord *kuskus* ou *kouskous*, qui apparaît sous diverses formes au XVIe siècle, en particulier celle de *coscosson* dans le *Gargantua* de Rabelais en 1534. Sa graphie actuelle est admise par le *Dictionnaire de l'Académie* en 1878, bien qu'on relève quelques variantes jusqu'en 1944.

Se dit à la fois de la semoule de blé dur étuvée préparée à la vapeur et, par métonymie, du plat typique du Maghreb composé de mouton ou de poulet et de légumes, servi avec cette semoule et une sauce pimentée, que les Français découvrirent en 1830 lors de la conquête de l'Algérie, et qu'ils adoptèrent l'année de l'Exposition universelle de 1937, et plus largement encore après la vague d'immigration des années 1950.

« Vint enfin le **couscous**, moelleux, granuleux ensemble – le **couscous**, annonciateur discret du dessert et des fruits, – le couscous, rempart concentrique d'un fortin d'oignons doux et de raisins muscats gonflés à l'étuvée –, le **couscous**, et les bols de babeurre à peine aigri... »

(Colette, *Prison et Paradis*, 1932).

COUVE DE CREST

Nom d'une spécialité de la ville de Crest, dans la Drôme, très en faveur dans les années 1920. Il s'agit d'un biscuit sablé, rond et doré, aux écorces d'orange confites, orné de poules et d'œufs, que l'on consommait traditionnellement jadis le dimanche des Rameaux.

« La **couve**, aujourd'hui encore, se déguste à Pâques et aux Rameaux, avec de la clairette, ou encore du thé. En fin de repas, elle peut être accompagnée d'une crème anglaise et d'une salade de fruits. »

(*Inventaire du patrimoine culinaire de la France, Rhône-Alpes,* 1995).

CRAPAUDINE (À LA OU EN)

Locution dérivée de « crapaud », attestée dans *Le Mesnagier de Paris* composé vers 1393 et qu'on retrouve en 1755 dans *Les Soupers de la Cour* de l'énigmatique Menon.

S'applique, par analogie avec l'attitude de cet animal qui marche les jambes écartées, à la façon d'apprêter les petites volailles et les petits gibiers à plume (pigeons, pigeonneaux, perdreaux, poussins, coquelets...), qui consiste à les badigeonner de moutarde, puis à les saupoudrer d'herbes aromatiques, avant de les faire rôtir sur le gril après les avoir coupés en deux, le long du sternum et de l'abdomen, puis aplatis en forme de crapaud.

Les volailles « à la crapaudine » se servent accompagnées de sauces comme la sauce diable, la béarnaise, la gribiche, etc.

« Je n'aime ni le pigeon **à la crapaudine**, ni le pain qui n'a pas de croûte. Je bois du vin modérément, et je trouve fort étranges les gens qui mangent sans boire, et qui ne savent même pas ce qu'ils mangent. »

(Voltaire, « Lettre à M. le comte d'Autrey », 6 septembre 1765).

CRÈME

Terme attesté dans le vocabulaire culinaire au début du XIXe siècle, issu du bas latin *crama*, d'abord enregistré sous la forme de *craime* au XIIe siècle, puis celle de *cresme* au XIIIe siècle, au sens de « crème du lait ».

Se dit, par analogie de consistance, d'un entremets diversement aromatisé, à base de lait, d'œufs et de sucre (crème anglaise, crème pâtissière, à la vanille, au caramel, etc.) et d'une préparation sucrée de semblable composition, destinée à garnir des pâtisseries comme le chou. Indique, par extension, un potage velouté très onctueux, lié avec de la crème fraîche et de la fécule.

Si la crème brûlée existe depuis le XVIIe siècle, comme en témoigne *Le Cuisinier roial et bourgeois* de François Massialot de 1691, la crème au beurre ne fut créée qu'au milieu du XIXe siècle, par Remondet, chef de cuisine du prince de Joinville.

« Si je mange un gâteau rose, le goût en est rose ; le léger parfum sucré et l'onctuosité de la **crème au beurre** sont le rose. »

(Jean-Paul Sartre, *L'Être et le néant*, 1943).

« Elle fit un sandwich somptueux avec de larges tranches de pain grillées, des filets de volaille sur un lit de salade, relevés par une vinaigrette de sa composition, posa à côté un verre d'eau et une poire, et ne put s'empêcher d'ajouter, pour ennoblir un peu ces indigences, de la **crème brûlée**, qu'elle réussissait comme personne… »

(Michel Rio, *Le Principe d'incertitude*, 1993).

Voir aussi : **CHANTILLY & POTAGE.**

CRÊPE

Dénomination d'une galette très mince, sucrée ou salée, faite d'une pâte fluide, préparée avec du lait, de la farine et des œufs, qu'on fait sauter dans une poêle ou sur une plaque de fonte, et qu'on arrose éventuellement d'eau-de-vie ou d'un alcool enflammé.

Apparaît d'abord sous la forme de *crispe*, au début du XIIIe siècle, puis, un siècle plus tard, sous celle de *crepe*, dérivé de l'ancien adjectif *crespe*, du latin *crispus*, « frisé », en raison de la forme que prend ce disque de pâte quand on le fait cuire.

Les crêpes sont traditionnellement confectionnées à la Chandeleur et au Mardi gras.

« Il gagna sa vie à peindre des portraits sous les portes cochères, à faire des **crêpes** et des beignets sur le quai de la Mégisserie. »

(Anatole France, *Les Dieux ont soif*, 1912).

« On sentait bien, en le voyant, qu'il prenait grand plaisir à faire ça. Il suffisait de l'observer. Par exemple, avec les **crêpes**, il était stupéfiant. D'une seule main, avec sa fourchette, il les pliait en quatre dans la petite poêle, d'un mouvement preste. De l'autre, il réglait la flamme du réchaud ou versait le Grand Marnier. »

(Raymond Guérin, *L'Apprenti*, 1946).

Voir aussi : **MATEFAIM**, **PANNEQUET** & **SUZETTE**.

CROISSANT

Mot attesté par Littré en 1863, emprunté à l'allemand *Hörnchen* « petite corne », que les pâtissiers viennois donnèrent aux petits pains en pâte feuilletée ou levée, roulés en forme de croissant turc, confectionnés pour fêter la levée du siège de Vienne en 1689.

Malgré leur origine autrichienne, les croissants sont devenus rapidement emblématiques du petit déjeuner français, mais ils peuvent être fourrés de différents ingrédients salés ou sucrés. Selon la farce, on les sert comme petits amuse-gueule ou comme pâtisseries.

« Quand elle vit que nous nous mettions à manger, elle tira à son tour d'un petit sac un morceau de chocolat et deux **croissants** et elle commença à croquer de ses belles dents aiguës le pain croustillant et la tablette. »

(Guy de Maupassant, *Les Sœurs Rondoli*, 1884).

« J'allumai une cigarette et, tandis que je regardais par la vitre, Pascale, assise en face de moi les deux coudes sur la table, regardait songeusement son **croissant** en luttant pour ne pas se rendormir avant de l'avoir terminé. »

(Jean-Philippe Toussaint, *L'Appareil photo*, 1988).

CROQUANT

Nom dérivé du participe présent du verbe *croquer*, spécialisé en pâtisserie en 1829 pour signaler un petit four sec, donc « croquant », fait avec une pâte d'amandes ou de noisettes pilées, mêlée à du blanc d'œuf et roulée dans de la cassonade.

« Les petits enfants du Périgord aiment tant cette friandise que j'hésite à vous en donner la recette. (...) Vous pouvez également faire les **croquants** avec des noix ou des avelines épluchées et hachées fin. »

(La Mazille, *La Bonne Cuisine du Périgord*, 1929).

CROQUE-MADAME

Voir : **CROQUE-MONSIEUR**.

CROQUE-MONSIEUR

Appellation attestée chez Proust en 1918, composée de la forme verbale *croque*, issu de *croquer*, « broyer sous la dent avec un bruit sec », et de *monsieur*.

S'applique à une sorte de sandwich chaud, fait de deux tranches de pain de mie grillé, avec du jambon et du gruyère, cuit dans un corps gras, au four ou à la poêle, qu'on appelle familièrement « croque ».

La variante « croque-madame », indique une préparation semblable, sur laquelle on ajoute un œuf au plat...

« Or, en sortant du concert, comme, en revenant sur le chemin qui va vers l'hôtel, nous nous étions arrêtés, ma grand-mère et moi, pour échanger quelques mots avec Mme de Villeparisis qui nous annonçait qu'elle avait commandé pour nous à l'hôtel des "**croque-monsieur**" et des œufs à la crème. »

(Marcel Proust, *À l'ombre des jeunes filles en fleurs*, 1921).

« Comme j'avais mangé plus vite que les enfants, j'ai fini mon **croque-monsieur** depuis longtemps. Marie, qui mâche chaque bouchée avec lenteur et application, entre ses longs discours, ne semble pas près d'avoir terminé son repas. Je me demande quel genre d'histoire elle désire... »

(Alain Robbe-Grillet, *Djinn*, 1981).

CROQUEMBOUCHE

Terme de pâtisserie issu de *croque*, impératif du verbe *croquer*, et de *bouche*, d'abord attesté sous la forme de *Kroque-en-bouche* en 1814 dans *L'Art du cuisinier* de Beauvilliers, puis sous sa graphie actuelle en 1845.

Désigne primitivement une pâtisserie croquante, puis, par extension, une pièce montée conique, généralement dressée sur un socle en nougatine, formée par assemblage de divers articles de pâtisserie, en particulier de petits choux remplis de crème à la vanille ou au café, rendus croquants par leur enrobage de caramel.

« Les **croquembouches** achevèrent le triomphe du moderne Vatel et celui du général. »

(Comtesse de Ségur, *L'Auberge de l'ange gardien*, 1863).

« Les pièces montées fournies par les pâtissiers habiles sont les **croquemboches** : nougats, babas, charlottes, kiosques, lyres, phares, ballons, pièces non seulement élevées par elles-mêmes, mais encore posées sur socles en pastillages, où le sucre filé joue un rôle charmant. »

(Louis Audot, *Bréviaire du gastronome*, 1864).

CROQUET

Mot enregistré dans le vocabulaire culinaire dans le *Dictionnaire Furetière* en 1690, au sens d'« espèce de pain d'espice qui est fort mince, fort sec & fort dur, qui par conséquent croque sous la dent », qui indique à l'origine une friandise confectionnée par les pains d'épiciers de Dijon.

Se dit, par extension, d'un biscuit croquant en forme de languette, à base d'amandes pilées, parfumé à la fleur d'oranger, inventé au XIXe siècle et comparable à celui qu'on trouve encore à Bordeaux et à Sully-sur-Loire.

« Puis, elle tint des gâteaux, des **croquets**, des biscuits de maïs, épais et jaunes, sur des claies d'osier; mais Marjolin lui mangea son fonds... »

(Emile Zola, *Le Ventre de Paris*, 1873).

Voir aussi : PAIN D'ÉPICE.

CROQUETTE

Nom formé sur le verbe *croquer* avec le suffixe *-ette* (1740), appliqué à une petite boulette de forme allongée de composition diverse (riz, volaille, viande, poisson, cervelle de veau, etc.), qu'on fait frire dans l'huile, après l'avoir panée, et qu'on sert en entrée.

Se dit, par extension, des boulettes sucrées à la semoule et aux fruits en marmelade, etc.

« Vous ne finissez pas votre boudin ? demande-t-elle agacée à la garçonne. Et sans attendre la réponse, elle pique résolument sa fourchette dans la **croquette** boudinée qui a changé de main. »

(Marie-Louise Audiberti, *La Dent d'Adèle*, 1978).

CROQUIGNOLE

Appellation attestée en 1545, d'abord orthographiée *croquigneulle*, du wallon *crokète* selon Littré, mais qu'il convient de rattacher avec plus de vraisemblance à *croquer*, « broyer sous la dent ».

Se dit d'un petit gâteau rond, en forme de couronne ou de bâtonnet, parfumé à la vanille, au chocolat ou à la liqueur, connu depuis la Renaissance et remis en faveur au début du XVIIIe siècle par le pâtissier parisien Charles-Paul Favart, établi rue de la Verrerie.

Le diminutif « croquignolet » indique une petite pâtisserie créée en 1869.

« Lorsque Gribouille eut fini l'arrangement des fruits, il plaça sur diverses assiettes des biscuits, des macarons, des amandes, de noisetttes, des **croquignoles**, des pains d'épice et autres douceurs. »

(Comtesse de Ségur, *La Sœur de Gribouille*, 1862).

CROUSTADE

Mot d'origine incertaine, dérivé du provençal *croustado*, de *crousto*, « croûte », ou, plus probablement, de l'italien *crostata*, de *crosta*, « croûte », consigné dans *Le Cuisinier moderne* de Vincent de La Chapelle en 1735 et officialisé par le *Dictionnaire Boiste* en 1834.

Qualifie divers apprêts en pâte brisée ou feuilletée, garnis de légumes variés, liés avec de la crème ou de la purée de viande, de poisson ou de crustacés, utilisés en entrée.

Signale, par métonymie, l'enveloppe garnie de ces préparations qu'on appelle aujourd'hui « feuilleté ».

« Mais voici un menu. Comme entrées (canards en salmis, suivis des chauds-froids : galantine de dinde, **croustades** de volaille, foie gras, pâté d'alouette. »

(Joseph de Pesquidoux, *Livre de raison*, 1925).

« Plongeant au-dessus de ces merveilles, nous salivions, les yeux exorbités. Poissons, volailles, viandes, accommodés, truffés, parés, gélatinés. Pilafs, **croustades**, brochettes, galantines… Chaque mets ornementé, diapré, fleuri, ressemblait à une palette magique. »

(Andrée Chedid, « Horreurs et délices », *Nourritures d'enfance*, 1992).

Voir aussi : **FEUILLETÉ**.

CUILLER ; CUILLÈRE (À LA)

Se dit d'abord de petits gâteaux légers et absorbants qui accompagnent en général les crèmes et les coulis de fruits, dont le nom viendrait du fait qu'à l'origine on utilisait une cuiller pour les mouler, et qui auraient été introduits au XVIe siècle par les pâtissiers de Catherine de Médicis.

Le système de moulage fut perfectionné au début du XIXe siècle par le grand cuisinier et théoricien de la pâtisserie Antonin Carême, puis par Lasne qui, en 1846, eut l'idée d'employer une poche à douille.

Indique encore les viandes soumises à une cuisson lente et modérée, en particulier celle du gigot dit « gigot de 7 heures » ou « gigot à la cuillère », dont la chair confite dans le jus devient si fondante qu'on ne peut la déguster qu'à la cuillère…

« Le curé était encore chez les Musselier, attablé devant un verre de vin blanc et une assiette de biscuits **à la cuillère.** »

(Marcel Aymé, *La Vouivre*, 1943).

CUSSY (À LA)

Dénomination de différents apprêts salés et sucrés, témoignant des fastes de l'Empire, que des cuisiniers dédièrent au marquis Louis de Cussy (1767-1841), premier officier de bouche de Napoléon Ier et auteur d'un *Art culinaire* publié en 1818.

Signale en particulier un gâteau fait avec une génoise imbibée d'un sirop spécial et inventé par un nommé Bourbonneux.

« Les œufs pochés **à la Cussy** : préparez deux belles langoustes à l'américaine. Une fois qu'elles sont cuites, vous décortiquez les queues, pour les tailler en belles escalopes épaisses que vous disposez en cercle sur un plat rond. Dressez vos œufs pochés dessus. Saucez le tout avec la sauce américaine passée et bien crémeuse. Puis, au centre du plat, montez du riz pilaff; servez sans retard. ».

(Edouard Nignon, *L'Heptaméron des gourmets*, 1919).

D

DAME BLANCHE

Nom d'une sorte de glace plombières à la vanille, nappée de crème Chantilly et arrosée d'une crème au chocolat, réalisée pour célébrer le succès de l'opéra-comique *La Dame blanche,* de Boieldieu, représenté à Paris en 1825.

« Une minute avant de servir, renverser le moule sur un plat ; enlevez-le ainsi que le papier qui entoure l'appareil, et placez votre **Dame blanche** promptement sur la table. »

(Louis Bailleux, *Le Pâtissier moderne*, 1856).

Voir aussi : BOMBE & PLOMBIÈRES.

DARIOLE

Mot d'origine obscure, attesté à la fin du XIIIe siècle, puis enregistré vers 1370-1380 dans *Le Viandier* de Taillevent, maître queux de Charles VI, altération possible de *doriole*, dérivé du picard et du wallon signifiant « doré ».

Désigne une petite préparation salée, à la crème ou au fromage, autrement dénommée *tartelette riolée*, c'est-à-dire rayée, bariolée, ainsi qu'une sorte de petit flan au lait ou aux amandes qui était très prisé au Moyen Âge.

S'applique, par extension, à une tartelette faite en pâte feuilletée, garnie d'une crème au chocolat ou à la frangipane, généralement parfumée de kirsch ou de liqueur, imaginée au début du XVIIe siècle par un pâtissier suisse installé à Poitiers et mentionnée par le *Dictionnaire de l'Académie* depuis 1694.

Indique aujourd'hui, par métonymie, le petit moule qu'on utilise en pâtisserie et en cuisine pour préparer les gâteaux de légumes ou de riz et les babas individuels ou les flans.

« J'aymeroys mieulx veoir un bon et gras oyzon en broche ! Ces porphyres, ces marbres sont beaultx, je n'en diz poinct de mal : mais les **darioles** d'Amiens sont meilleures à mon guoust. »

(François Rabelais, *Le Quart Livre*, 1548-1552).

« CYRANO : Êtes-vous gourmande ? – LA DUÈGNE : À me rendre malade. – CYRANO : Bon. Voici deux sonnets de monsieur Benserade (...) que je vous remplis de **darioles**. »

(Edmond Rostand, *Cyrano de Bergerac*, 1897).

DARPHIN

Dénomination d'une galette de pommes de terre râpées en julienne, assaisonnées et sautées au beurre, enregistrée à la fin du XIXe siècle et baptisée du nom de son créateur.

Le darphin s'apparente aux pommes Anna. On l'appelle encore « paillasson de pommes de terre », par analogie de forme.

« Restez donc à dîner, lui dit Henriette, j'ai demandé à la cuisinière de préparer un **darphin**. »

(Jeanne Marni, *Le Livre d'une amoureuse*, 1904).

Voir aussi : ANNA.

DARTOIS

Terme d'origine incertaine, enregistré dans le *Dictionnaire de l'Académie* en 1878, tantôt rattaché au nom de la famille d'Artois, tantôt à celui du vaudevilliste François-Victor-Armand Dartois (1788-1867), natif de Beaurains-en-Artois, voire encore à celui de cette région du Pas-de-Calais.

Signale un petit feuilleté riche en beurre, contenant de la crème aux amandes, de la frangipane ou de la confiture de fruits, autrement dénommé *gâteau à la Manon* en hommage à Jules Massenet.

Se dit également de hors-d'œuvre chauds, fourrés de divers salpicons de viande, de volaille, de poisson (anchois, sole, sardine) ou de fromage.

« Les garnitures des **dartois** salés sont les mêmes que celles des allumettes. »

(Prosper Montagné, *Larousse gastronomique*, 1938).

DAUBE

Mot emprunté à l'italien *dobba,* « marinade », attesté à la fin du XVIe siècle, qui indique primitivement un mode de cuisson des viandes de boucherie, des volailles et du gibier cuits à l'étouffée dans une marinade (*gigotz à la dobe*).

Se dit, par extension, d'un « ragoût de viande », sens enregistré par Oudin en 1640, et, par métonymie, de la viande ainsi préparée.

Si la daube est un plat traditionnel provençal, on la trouve également dans le Béarn, en Gascogne, en Charente, en Anjou et même à Lyon. Il s'agit en général de bœuf, mais on applique parfois encore cette formule aux gibiers, aux volailles, aux poissons et même aux cèpes.

« Ces jours-là, les auberges faisaient bouillir de grosses chaudronnées de bœuf en **daube**, et, quand il faisait de ces sèches journées d'hiver à ciel libre, dures et rondes sous le soleil comme des galets de granit, on servait cette **daube** dehors, sur de longues tables à tréteaux.

(Jean Giono, *Jean Le Bleu*, 1932).

« Rentré chez lui, Sinouls mobilise ses filles pour aller au marché. C'est un jour de **daube**. (...) Mme Getzler, Mme Blognard, M. Pierre Lartigue sont des daubistes acharnés, et la **daube** de ce jour a été confectionnée selon une recette spécialement rédigée par M. Pierre Lartigue... »

(Jacques Roubaud, *L'Enlèvement d'Hortense*, 1987).

Voir aussi : **ESTOUFFADE.**

DAUMONT (À LA)

Locution appliquée à plusieurs apprêts, en particulier à une riche garniture destinée à accompagner de gros poissons braisés, servie avec une sauce nantua, que les cuisiniers de la Restauration dédièrent au duc d'Aumont (1762-1831), amphitryon célèbre et introducteur de l'attelage en France.

« La garniture **Daumont** se compose de queues d'écrevisses que l'on sert en barquettes, de quenelles de poisson farcies, de filets de sole roulés en paupiettes, de champignons de Paris, et de lames de truffe. »

(*La Cuisine de A à Z*, 1968).

DAUPHINE (OU À LA DAUPHINE)

S'entend de plusieurs mets consignés en 1739 dans *Les Dons de Comus* de François Marin et dans le *Nouveau Traité de cuisine* de Menon, ainsi baptisés en hommage à la femme du Dauphin de France.

S'applique en particulier à un apprêt de pommes de terre en croquettes destiné à accompagner les viandes grillées ou le rôti de bœuf.

« Les hors-d'œuvre seront : des perdreaux aux fines herbes à la broche (...), deux saucissons **à la dauphine...** »
(Marcel Rouff, *La Vie et la Passion de Dodin-Bouffant,* 1924).

DÉJEUNER

Dénomination issue du verbe *disjejunare,* « rompre le jeûne », attestée depuis le XIIe siècle et officialisée par le *Dictionnaire de l'Académie* sous la forme de *déjeûner,* « premier repas de la journée, après le jeûne de la nuit », depuis 1740.

Ce n'est que depuis la Révolution française, en raison de la durée des séances de l'Assemblée qui commençaient vers midi pour se terminer vers 6 heures, que le déjeuner indique le repas pris vers midi, repoussant ainsi le dîner à la fin de la journée.

Le syntagme « déjeuner à la fourchette » (1846), aujourd'hui obsolète, se disait d'une sorte de buffet chaud avec des côtelettes, des saucisses et des rognons en brochette, imaginé par une certaine Mme Hardy, propriétaire d'un café situé en face du théâtre des Italiens.

« Il y avait ceux chez qui l'on ne peut dîner, et qu'on ne doit pas recevoir chez soi, et ceux que l'on peut recevoir chez soi et chez qui l'on ne peut dîner... Ceux que l'on peut recevoir à **déjeuner** et jamais à dîner; et ceux chez qui l'on peut dîner à la campagne et jamais à Paris, etc. »
(Octave Mirbeau, *Le Journal d'une femme de chambre* 1900).

« Eugène Pastak, membre du jury, très malade, se fit promettre par son médecin qu'il vivrait jusqu'au prix. Pour être ce jour-là au **déjeuner** où l'on voterait, il sacrifierait le reste de son existence... »
(Renée Dunan, *Le Prix Lacombyne*, 1924).

Voir aussi : **DÎNER & SOUPER.**

DEMI-DEUIL

Se dit d'un mode de préparation des côtelettes de veau consigné dans le *Traité historique et pratique de la cuisine* en 1758, puis de celui d'un chapon ou d'une poularde farcis, garnis sous la peau de rondelles de truffes, cuits enclos dans une vessie et servis avec une *sauce suprême*, dont l'aspect noir et blanc rappelle les couleurs du deuil.

Fleuron de la cuisine lyonnaise, la poularde demi-deuil fit la réputation du restaurant de Françoise Foujolle, dite la mère Filloux. Son secret consistait, dit-on, à simplement réutiliser le bouillon pour plusieurs cuissons, afin de le concentrer davantage et d'augmenter ainsi le fumet du plat.

La formule s'applique, par extension, à des apprêts de ris de veau, de crustacés et d'œufs mollets ou pochés.

« Le menu de la mère Filloux est le même tous les jours de l'année. On ne s'en lasserait jamais : Potage velouté aux truffes. Quenelles au gratin, au beurre d'écrevisses. Volaille **demi-deuil**. Fonds d'artichauts aux foies gras truffés. C'est tout, mais c'est l'apothéose ! »

(Curnonsky & Marcel Rouff, *La France gastronomique*, 1921-1928).

DEMIDOFF (À LA)

Indique différents apprêts sophistiqués exécutés à la Maison Dorée, sous le Second Empire, placés sous le patronage du prince Paul Demidoff (1812-1870) qui en aurait eu l'idée.

Signale en particulier une préparation de poularde qui comporte plusieurs variantes, mais dont la base est toujours constituée de fondue de légumes et de truffes.

« Dire d'un chapon *du Mans* qu'il est, en outre, *truffé* ***à la Demidoff***, brise ses chaînes, lui ouvre des perspectives gratifiantes. (...) Ce n'est plus un coq honteux, privé de ses attributs majeurs, mais une vedette qui rejoint d'autres vedettes : les papillottes de pigeon à la d'Uxelles, les filets de lapereaux à la Conti sur une scène où les produits homologués se présentent bardés de prodigieux revêtements. »

(Jean-Paul Aron, *Le Mangeur du XIXe siècle*, 1973).

DENT-DE-LOUP

Nom composé attesté en 1807, initialement appliqué, par analogie de forme avec les crocs de l'animal, à des petits croûtons de pain de mie taillés en forme de triangles, frits et destinés à garnir diverses préparations.

Se dit, par extension, d'un biscuit en forme d'éventail répertorié en 1814 dans *L'Art du cuisinier* de Beauvilliers, puis d'un petit biscuit croquant semé d'anis enregistré par le *Grand Larousse universel* en 1870.

« Beurrez des moules à tartelettes ovales et couchez la pâte à **dent de loup** aux deux tiers du moule ; semez dessus des petits anis de Verdun et faites cuire au four. »

(Jules Gouffé, *Le Livre de la pâtisserie*, 1873).

DESSERT

Mot issu du verbe « desservir », attesté dans *Le Mesnagier de Paris* composé vers 1393, d'abord employé au sens de *desserte* et que le *Dictionnaire Furetière* définit en 1690 comme le « dernier service du repas, composé de fruits, de pâtisseries, de confitures, de fromage ».

Indique, par métonymie, le moment où l'on consomme les mets constituant ce service. Mais, de nos jours, le dessert ne désigne plus que les entremets de douceur, les pâtisseries ou les fruits servis après le fromage.

« On parla peu, on mangea beaucoup, et l'on but encore mieux. Au **dessert**, le maître de la maison fit succéder au sérieux glaçant qu'il avait eu pendant le dîner, un ton de polissonnerie assez gasé. Comme j'étais la plus jeune, et en quelque sorte l'objet de la fête, je fus souvent son plastron... »

(Suzanne Giroust de Morency,
Illyrine ou l'écueil de l'inexpérience, 1799-1800).

« Les dames brillent surtout dans leur manière de servir les **desserts** ; et comme c'est un moyen de leur faire déployer la délicatesse de leurs doigts, et leur dextérité, et d'en faire remarquer la blancheur, on s'adresse volontiers à elles à ce service. »

(Grimod de la Reynière, *Almanach des gourmands*, 1805).

Voir aussi : **ENTREMETS**.

DIABLE (OU À LA DIABLE)

Formule appliquée au début du XIXe siècle aux volailles cuites au gril et servies avec une sauce très épicée, dite « diable » ou « à la diable », parce qu'elle a la réputation de provoquer ou de ranimer les ardeurs, autrement dit de donner le diable au corps.

« Lapereaux à la moscovite : tartiner généreusement 2 jeunes lapereaux de moutarde forte. Faire partir à feu vif dans une grande sauteuse, puis baisser la flamme et laisser mijoter. Ajouter hors du feu 1 dl de crème double. Envoyer à part une saucière de **sauce diable.** »

(Georges Perec, *81 fiches-cuisine à l'usage des débutants*, 1980).

DIABLOTINS

Nom dérivé de *diablot,* « petit diable », attesté en 1822 dans *Le Maître d'hôtel français* d'Antonin Carême, désignant divers apprêts de saveur très épicée, par référence aux feux de l'enfer. Mais s'applique également à un potage et à divers amuse-gueule chauds naturellement très relevés.

« **Diablotins** : Petites croûtes ou tranches de pain passées au beurre, fromagées, cayennées, gratinées. »

(P. Dagouret, *Petite encyclopédie du restaurateur*, s.d., vers 1910).

DÎNER

Infinitif substantivé attesté au XIe siècle sous la forme de *disner*, dérivé du verbe *disjunare,* « rompre le jeûne », qualifiant à l'origine le premier repas de la journée, pris vers 7 heures du matin, puis, par glissement d'horaire, le déjeuner et enfin le repas du soir opposé au repas du milieu de la journée.

L'heure du dîner a en effet considérablement varié à travers les siècles. Tandis qu'à la Renaissance, on le reporte à 9 heures et qu'on le fait précéder d'une collation, au XVIIe siècle, on le fixe entre 11 heures et midi, au sortir de la messe. Retardé jusqu'à 2 heures de l'après-midi au milieu du siècle suivant, on l'impose à 3 heures en 1789. C'est seulement sous le règne de Louis-Philippe qu'il prend son sens actuel de repas pris entre 19 heures et 20 heures.

« Je comptai neuf services : on commença par les confitures et l'on finit par les côtelettes. Les Français seuls savent **dîner** avec méthode, comme eux seuls savent composer un livre. »

(François-René de Chateaubriand, *Mémoires d'outre-tombe*, 1848).

« Dans ces festins barbares qu'on appelle **dîners** en ville (...), les valeurs sont si renversées que quelqu'un qui ne vient pas dîner après avoir accepté, ou seulement n'arrive qu'au rôti, commet un acte plus coupable que les actions immorales dont on parle légèrement pendant ce **dîner...** »

(Marcel Proust, *Le Temps retrouvé*, avant 1922).

Voir aussi : **DÉJEUNER, SOUPER & SERVICE.**

DIPLOMATE

Abréviation de « pudding à la diplomate », attestée par Marcel Proust dans *Sodome et Gomorrhe* en 1922.

Désigne d'abord un gâteau à base de biscuits à la cuiller et de fruits confits, parfumé au rhum ou au kirsch, servi en général avec une crème anglaise (crème liquide vanillée faite de lait sucré et de jaunes d'œufs), prétendument imaginé par le cuisinier de Chateaubriand, Montmirail, lorsque l'écrivain était ambassadeur à Londres en 1822.

S'applique, par extension, à divers entremets composés de biscuits et de fruits ainsi qu'à une sauce relevée (sauce normande avec beurre de homard aromatisée au cognac), autrement dénommée « sauce Riche », du nom du café Riche, célèbre restaurant du boulevard des Italiens, dirigé par Louis Bignon en 1847.

« La sauce **diplomate** est un mélange de sauce béchamel à la crème, avec un coulis d'écrevisses. »

(*Les 365 menus* du baron Brisse, 1868).

« Avec le petit budget dont elle disposait, elle préparait des omelettes, parfois en début de mois, de la viande, du poisson, (...) des **diplomates** aux fruits, des charlottes au chocolat. »

(Michel Onfray, *La Raison gourmande*, 1995).

DODINE (OU À LA DODINE)

Nom dérivé de l'ancien français *dodiner,* « branler, balancer doucement », attesté à la fin du XIVe siècle dans *Le Viandier* de Guillaume Tirel dit Taillevent, cuisinier de Charles VI.

Se dit d'une sorte de sauce au blanc, rarement utilisée de nos jours, composée pour l'essentiel d'oignons frits dans du lard, de graisse de volaille rôtie et d'épices, qui exige d'être continuellement tournée.

Indique, par extension, les volailles désossées, roulées et farcies, servies chaudes ou froides, coupées en tranches, nappées de cette sauce.

« Mettés sur le rost, et des tostées de pain hallé dessoubz le rost, et pareillement dedans aultre **dodine.** »

(*Le Viandier* de Taillevent, vers 1370-1380).

« **Dodine** : espèce de farce délicate qu'on fait d'ordinaire aux canards avec de l'oignon, de la graisse tombant du rost... »

(Antoine Furetière, *Dictionnaire universel,* 1690).

DOUILLON (OU DOILLON)

Régionalisme attesté en 1856, issu de l'ancien français *doille,* « mou, malléable », appliqué à une pâtisserie normande composée de pomme ou de poire entière évidée, parfumée au calvados, cuite à l'intérieur d'une enveloppe de pâte, et qui ressemble beaucoup au bourdelot normand et à la rabotte de Mézières.

« Pisque t'as point d'ouvrage, loche des pommes à cuire, et pis tu feras quatre douzaines de **douillons** pour ceux qui viendront à l'imunation, vu qu'i faudra se réconforter... »

(Guy de Maupassant, « Le Vieux », *Contes du jour et de la nuit,* 1885).

DU BARRY (À LA)

Indique différentes formules à base de chou-fleur, ainsi baptisées par le chef de bouche Monthier en hommage aux talents culinaires de la comtesse du Barry (1743-1793), dernière favorite de Louis XV.

Qualifie en particulier un apprêt d'œufs de vanneau, un potage et une garniture composée de petits bouquets de chou-fleur cuits à l'eau, nappée de sauce Mornay, saupoudrée de fromage, puis gratinée au four et dressée en couronne autour d'un plat.

« Les céleris et les endives préparés richement, les coulis d'écrevisses, les escargots à la provençale, les œufs de vanneau **à la Du Barry** (…), occupaient dès sept heures du matin la table de Dodin-Bouffant. »

(Marcel Rouff, *La Vie et la Passion de Dodin-Bouffant*, 1924).

Voir aussi : **MORNAY.**

DUCHAMBAIS

Sauce de la cuisine de l'Ancien Régime qui porte le nom de Duchambais (ou du Chambet), ecclésiastique célèbre pour sa gourmandise.

Composée de beurre, de foie de veau haché, d'ail, d'oignon, de moutarde, de sucre, de carottes et de crème, déglacée à l'eau-de-vie ou au madère, elle accompagnait à l'origine le lièvre. Aujourd'hui, on la sert avec les ragoûts de gibier (lapin, chevreuil, etc.) marinés au vin rouge.

« Une savante spécialité bourbonnaise, la **sauce Duchambais**, semble, si l'on en croit les chroniqueurs, vouée au seul nappage du lièvre. »

(*Guide gourmand de la France*, 1970).

DUCHESSE (OU À LA DUCHESSE)

Expression qui implique une idée de faste comme les locutions « à l'amiral », « à la financière », « à la royale », etc., donnée à un apprêt de purée de pommes de terre frites ou cuites au four, qui sert généralement d'accompagnement au carré d'agneau rôti.

Indique également des petits entremets en pâte à choux, salés ou sucrés, servis en entrée ou en garniture, et des petits fours à base de meringue.

« Avec ce même appareil de **duchesses**, on prépare des petites flûtes au parmesan, très agréables à manger. (...) On peut aussi préparer des croquettes de pommes de terre, de forme ronde ou en bouchon, panées aux œufs avec moitié parmesan moitié panure, frites à grande friture. »

(Urbain Dubois, *La Cuisine d'aujourd'hui*, 1889).

DUGLÉRÉ (À LA)

Se dit de formules inventées sous le Second Empire par Adolphe Dugléré, chef des cuisines du Café Anglais, promu au rang de « Mozart de la cuisine » par Rossini...

S'applique en particulier à un apprêt de poisson (bar, barbue, sole ou turbot) préparé dans un plat à sauter beurré, tapissé d'oignon haché, de tomates concassées, de persil, légèrement aromatisé de thym, de laurier et d'ail, mouillé au vin blanc, achevé au four et servi avec un fonds de cuisson réduit et monté au beurre.

« La célébrité du Café Anglais où, pendant près d'un siècle, toute l'Europe a "gourmétisé", était due surtout à l'excellence de sa table. (...) Sur sa carte : potage Germiny, sole **Dugléré...** »

(Marcel Fouquier, *Jours heureux d'autrefois*, 1941).

DUROC (À LA)

Nom d'une garniture créée au début du XIXe siècle à l'intention du maréchal d'Empire Duroc (1772-1813), par les frères Véry, restaurateurs installés Terrasse des Feuillants, aux Tuileries.

Il s'agit de pommes de terre rissolées avec des champignons et de la tomate, servies avec les volailles sautées, nappées d'une sauce chasseur.

« Menu d'un déjeuner au bord de la mer : (...) Suprême de homard au beurre de Montpellier – Poulet **à la Duroc** – Sorbet au porto... »

(Stéphane Mallarmé, *La Dernière Mode*, 6 septembre 1874).

DUXELLES (OU D'UXELLES)

Mot d'origine incertaine, généralement employé au pluriel, attesté dans *Les Dons de Comus* de François Marin en 1739, donné à un hachis de champignons étuvé au beurre, parfumé à la noix de muscade et au paprika, utilisé pour corser toutes sortes de préparations, qu'on dit créé au milieu du XVIIe siècle par François-Pierre de La Varenne et dédié au marquis d'Uxelles, gouverneur de Chalon-sur-Saône.

Certains historiens le rattachent cependant aussi au nom de la ville d'Uxel, sur la côte d'Armor.

« À Paris, la malheureuse était tombée dans l'habituel réseau des comtesses, donneuses de cours de cuisine pour américaines, notre surdouée n'y apprenait rien du tout. Le marquis la sortit donc sans ménagement de leurs béchamels épaisses, de leurs hollandaises collées, de leurs **duxelles** de champignons de couche... »

(Claude Imbert, « Le marquis sortit à cinq heures », *Haut de gamme*, 1985).

E

ÉCARLATE (À L')

Locution enregistrée dans le vocabulaire culinaire en 1730, héritée du latin médiéval *scarlatum*, transcription du persan *sagirlât*, nom d'un tissu précieux bleu pourpré.

S'applique aux viandes de porc ou de bœuf pochées à l'eau après avoir subi un traitement de quelques jours dans une saumure légèrement additionnée de salpêtre qui provoque leur coloration particulière.

Se dit surtout d'un apprêt de langue de bœuf servie chaude ou froide, qu'on utilise aussi pour décorer certains plats.

« Autre menu d'un déjeuner de chasse : Langue **à l'écarlate**, Rémoulade de céleri, Beurre du pays... »

(Stéphane Mallarmé, *La Dernière Mode*, 1874).

ÉCHAUDÉ

Participe passé substantivé du verbe *échauder*, « passer à l'eau chaude », mentionné dans une charte de l'Église de Paris en

1202, seulement entériné en 1798 par le *Dictionnaire de l'Académie*.

S'applique à une pâtisserie légère faite d'une pâte très ferme, additionnée de cendres de sarments de vigne, rafraîchie après pochage à l'eau bouillante, puis cuite au four.

Très en faveur au Moyen Âge, l'échaudé améliorait l'ordinaire des moines bénédictins les jours de fêtes carillonnées, en particulier le dimanche des Rameaux autrement dénommé : « Journée des échaudés ». Après avoir été délaissé pendant les guerres de Religion, il fut perfectionné et remis à la mode au début du XVIIIe siècle par le pâtissier parisien Charles-Paul Favart, établi rue de la Verrerie. De nos jours, on en confectionne encore en Vendée.

« Et moi, pour un tas de friands,/Pour Gauthier, Guillaume et Michaud,/Tous les matins je vais criant : **Échaudés**, gâteaux, pastés chauds ! » (Anonyme, *Les Cris de Paris*, 1600).

« Trois tables de jeu à tapis vert râpé, un tric-trac suffisaient aux joies de la compagnie à laquelle Madame du Ronceret accordait du cidre, des **échaudés**, des marrons... »
(Honoré de Balzac, *Le Cabinet des antiques*, 1836).

ÉCLAIR

Homonyme d'*éclair* au sens de « fulgurant », attesté comme terme de pâtisserie en 1863, désignant un petit gâteau de forme allongée, fait en pâte à choux, glacé au fondant, garni d'une crème pâtissière au café, à la vanille, à la praline ou au chocolat, qui doit son nom au fait qu'on le mange très vite, en une seule fois.

L'éclair peut être aussi fourré avec une garniture salée et servi en entrée.

« Des doigts fourrageaient les **éclairs** blessés et versant leur crème ; d'autres soupesaient de frêles frangipanes mal retenues par une croûte défaillante et flasque. »

(Joris-Karl Huysmans, *Les Sœurs Vatard*, 1879).

« Je dois avouer, tout de même que j'ai toujours raté la pâte à choux et le glaçage des **éclairs** au café. On a besoin de petites jubilations de ce genre pour ne pas tomber dans les excès de vanité qui guettent toujours les femmes qui se piquent comme moi de savoir cuisiner. »

(*Trois agendas d'Adrienne Monnier*, avant 1955).

ÉMINCÉ (S)

Participe passé du verbe *émincer*, « couper en tranches minces », d'abord employé au féminin en 1750 (émincée de poularde), puis au masculin (émincé de gigot) par le *Dictionnaire de Trévoux* de 1771.

Se dit d'un plat composé de fines tranches de viande (généralement des « restes ») accommodées en ragoût, ainsi que du mode de préparation des viandes rôties ou braisées coupées en tranches minces et nappées d'une sauce blanche, bordelaise, piquante, etc.

« Que ce soit ultra-chic, recommanda Mme Charrigaud, et qu'on ne reconnaisse rien de ce que l'on servira. Des **émincés** de crevettes, des côtelettes de foie gras, des gibiers comme des jambons, des jambons comme des gâteaux, des truffes en mousse, et des purées en branches... »

(Octave Mirbeau, *Le Journal d'une femme de chambre*, 1900).

EN-CAS (OU ENCAS)

Nom d'un repas léger, préparé à l'avance pour être servi à l'improviste, en particulier la nuit, d'abord attesté en deux mots par le *Dictionnaire de l'Académie* en 1798.

Autrefois de rigueur à la Cour et dans les maisons aisées, il se composait en général de viande froide et de volaille découpées à l'avance, de pain, de vin, d'eau et parfois de fruits. Désormais, il ne désigne plus que le plat susceptible d'être servi à tout moment.

« Louis XIV, voulant faire cesser des outrages qui ne devaient pas s'adresser à un des plus grands génies de son siècle, dit un matin à Molière, à l'heure de son petit lever : "On dit que vous faites maigre chère ici, Molière, et les officiers de ma chambre ne vous trouvent pas fait pour manger avec eux. Vous avez peut-être faim, moi-même je m'éveille avec un très bon appétit ; mettez-vous à cette table, et qu'on me serve mon **en-cas** de nuit." »

(Mme Campan, *Mémoires*, 1822).

« La comtesse de Moncabrier avait un chapeau d'Indochinois, la comtesse de l'Écluse souriait derrière un **en-cas**. »

(Maurice Sachs, *Au temps du Bœuf sur le toit*, 1939).

ENTRÉE

Participe substantivé du verbe *entrer*, abréviation d'entrée de table, attesté en 1552 et appliqué à l'origine aux différents mets servis en troisième position après les potages, le poisson ou le relevé de poisson, juste avant le rôti, et constitués en général d'une vingtaine de pièces importantes comme des filets de mouton, des vol-au-vent de blancs de volaille à la béchamel, etc.

Se dit, par extension, des plats chauds ou froids servis au début du repas, qu'on donne aujourd'hui pour synonymes de hors-d'œuvre (aspics, barquettes, bouchées, mousses de volailles ou de légumes, crudités, etc.).

« La salle était haute, agréable, bien éclairée; tout était bien servi. Le dîner était simple : deux potages, trois **entrées**, trois rôtis, trois entremets, des vins irréprochables, une demi-douzaine de plats divers, puis le dessert... »

(Villiers de L'Isle-Adam, « Le plus beau dîner du monde », *Contes cruels*, 1883).

« Le couple arriva à 8 heures et on se mit à table aussitôt car il y avait comme **entrée** un soufflé... »

(Georges Simenon, *Maigret se défend*, 1964).

Voir aussi : **HORS-D'ŒUVRE & RELEVÉ.**

ENTREMETS

Mot composé de *entre* et de *mets*, attesté au XIIe siècle, signalant d'abord les divertissements donnés au milieu des repas par des musiciens, des danseurs ou des jongleurs.

Désigne, par extension, à partir du XVIIe siècle, le deuxième service d'un repas comprenant des mets plus légers que les entrées et se composant de poissons, de pâtisseries, de légumes, d'œufs, de crèmes et de diverses préparations sucrées.

Ne se dit plus désormais que des mets sucrés, appelés « entremets de douceur », qu'on sert après le fromage et avant le dessert proprement dit.

« Il dit [Cliton] combien il a eu de potages, et quels potages ; il place ensuite le rôt et les **entremets**, il se souvient exactement de quels plats on a relevé le premier service. »

(La Bruyère, *Les Caractères*, 1688).

« Après ce rôti, digne de Lucullus ou de Trimalcion, et savouré par le chanoine avec idolâtrie et une faim inassouvie, le majordome reparut avec deux **entremets...** »

(Eugène Sue, « Gourmandise », *Les Sept Péchés capitaux*, 1848-1852).

Voir aussi : **DESSERT.**

ÉPIGRAMME (S)

Terme mentionné dans *Le Cuisinier françois* de François-Pierre de La Varenne en 1651, indiquant à l'origine un ragoût d'agneau orné d'un turban de morceaux de poitrine taillés en triangles, panés et cuits au beurre, ou grillés, puis, par extension, une blanquette de poulet imaginée par un cuisinier de Nancy pour la marquise de Pompadour.

Selon une historiette rapportée par Tallemant des Réaux en 1657, l'acception culinaire de ce mot serait issue d'une confusion faite par un familier de François Ier, qui aurait compris ce mot comme désignant le plat apporté au moment où le roi approuvait l'épigramme qu'on lui avait donné à lire. Mais cette anecdote masque sans doute un amalgame avec *épigastre*, terme attesté en 1538, qualifiant la région où se situent les morceaux prélevés sur le mouton.

S'applique de nos jours aux côtelettes d'agneau désossées et aux morceaux de poitrine parés, dégraissés, taillés en triangles, panés à l'anglaise, puis sautés au beurre et dressés en couronne sur le plat de service. Les puristes précisent que le centre de cette couronne devrait être garni de blanquette d'agneau.

« Comme entrée : poularde en blanquette, veau roulé aux champignons, **épigrammes** d'agneau, petits pois... »

(Joseph de Pesquidoux, *Livre de raison*, 1925).

« André Messager venait souvent au Café de la Paix; il aimait, au temps où la protubérance alvéolée des morilles perce la mousse de nos bois, savourer des **épigrammes** de volaille agrémentées du délicieux champignon. »

(Édouard Nignon, *Éloges de la cuisine française*, 1926).

ESCABÈCHE (EN)

Expression attestée en 1870, empruntée au provençal *escabassa,* « sans tête », de *cabassa,* « tête ».

Se dit du mode de préparation de petits poissons divers (sardines, rougets, maquereaux, éperlans, etc.) qui, comme le montre l'étymologie, sont d'abord étêtés, puis frits ou rissolés, avant d'être macérés pendant 24 heures dans une marinade très corsée.

« Carvalho se laisse tomber fatigué et content, dans son fauteuil. – Allez, Biscuter, qu'est-ce qu'on mange dans cette maison ? – J'ai un pageot en **escabèche** à se lécher les cinq doigts et le pouce, chef. »
(Manuel Vázquez Montalbán, *Les Recettes de Carvalho*, 1996).

ESPAGNOLE

Nom d'une des quatre « sauces-mères » de la cuisine classique mentionnée en 1674 dans l'*Art du bien traiter* de l'énigmatique L.S.R., mise au point au début du XIXe siècle par Antonin Carême qui la baptisa ainsi par référence aux brunes espagnoles.

Constituée d'un roux brun, d'un fonds de veau et de bœuf mouillé, ainsi que de mirepoix et de concentré de tomate, l'espagnole n'est cependant jamais utilisée telle qu'elle, servant de base pour préparer des sauces dérivées comme la bordelaise, la Bercy, la Périgueux, ou la Robert.

Certains historiens la disent importée en France par les cuisiniers espagnols appelés au service des cuisines royales sous Louis XIV, mais, en raison de sa liaison au roux brun, il est plus vraisemblable que son ancêtre soit la sauce dite « brûlée ».

« Cet homme appartient à la détestable race de ces faux artistes qui, le matin d'un repas, confectionnent trois marmites de sauces, une **espagnole**, un roux et une blanche… »

(Marcel Rouff, *La Vie et la Passion de Dodin-Bouffant*, 1924).

Voir aussi : **ALLEMANDE, BÉCHAMEL, & VELOUTÉ.**

ESTOFINADO (OU ESTOFINADA)

Appellation donnée dans le Sud-Ouest à un apprêt de poisson séché qui fit la réputation gastronomique de Decazeville, fait à base d'*estofi*, transcription patoisante du *stockfish* anglais et du *stockfisch* allemand, mots dérivés du scandinave *stockfisk* signifiant littéralement « poisson séché sur un bâton ».

L'*estofinado*, que l'Institut d'études occitanes du Cantal orthographie *estafinada*, est composé de morue (ou de cabillaud) longuement dessalée (pendant 8 à 10 jours), cuite à l'eau frémissante, égouttée, effeuillée, qu'on accommode avec des pommes de terre, des œufs durs et crus, des aromates, de l'ail, parfois de la crème et, selon les usages, du persil et du poivre.

On ne peut manquer de se demander comment le stockfish, nourriture typique des marins, vint aboutir dans une province située aussi profondément à l'intérieur des terres. Certains historiens l'imputent au passage de pèlerins, venus du nord de l'Europe pour se rendre à Saint-Jacques-de-Compostelle ; d'autres affirment qu'il aurait été rapporté par les soldats partis en guerre contre la Hollande, sous Louis XIV ; d'autres encore assurent qu'il fut introduit par les mariniers bordelais qui remontaient le minerai de fer jusqu'au chef-lieu de canton de l'Aveyron… Il se pourrait aussi qu'il ait été importé par les terre-neuvas qui venaient livrer leur cargaison à Bordeaux ou par les Scandinaves qui se fournissaient en laine dans la région de Decazeville. Une chose est sûre : le mot est déjà enregistré, du moins sous la forme de *stofix*, dans *Le Mesnagier de Paris* composé vers 1393.

Grâce aux voies de pénétration dans le Sud, l'*estofinado* a fini par devenir également un plat typique de Marseille et de Nice où on l'appelle *estocaficada*.

« Il est fameux, ce poisson ! Comment l'appelez-vous ? – Qui le sait ? Nous lui donnons un nom d'ici, le "**sotto coffi**", que nous disons. Habillé à la provençale, auriez-vous reconnu le nom du vulgaire **stockfish** ? Moi, j'y ai mis du temps. »

(Colette, *Journal à rebours*, 1941).

« L'**estocaficada**, à base de stockfish longuement dessalé (...) réunit chaque mois autour de lui dans un restaurant niçois les membres d'une association qui en surveille l'authenticité. »

(Jean Ferniot, *La France des terroirs gourmands*, 1991).

ESTOUFFADE

Emprunt à l'italien *stof (f) ata*, « cuisson de certaines viandes dans leur vapeur », de *stufare*, « cuire à l'étuvée », d'abord attesté sous la forme d'*estofade* (« poitrine de veau à l'estoffade ») dans *Le Cuisinier françois* de François-Pierre de La Varenne en 1651, puis, sous sa graphie actuelle, dans le *Dictionnaire de Trévoux* en 1771.

Désigne un type de cuisson de viandes à la vapeur et, par métonymie, une spécialité de la cuisine du Sud-Ouest caractérisée par une cuisson lente et à couvert. Il s'agit d'un ragoût de bœuf en sauce au vin, servi avec des carottes, qui constitue une variante de la daube.

« Le regard de la serveuse observait alors le client avec une attention évaluatrice, comme s'il avait eu l'air d'un billet de cinquante dollars en plus des cinquante dollars que lui avait coûtés le buffet libre : épis de maïs bouillis, poisson au curry, **estouffade** d'échine de porc, lentilles en ragoût, roastbeef, pois gourmands, riz pilaf, salades de fruits exotiques, gâteaux recouverts de meringues en béton et gelées aux couleurs de rêves optimistes… »

(Manuel Vázquez Montalbán, *Les Recettes de Carvalho*, 1996).

Voir aussi : **DAUBE.**

F

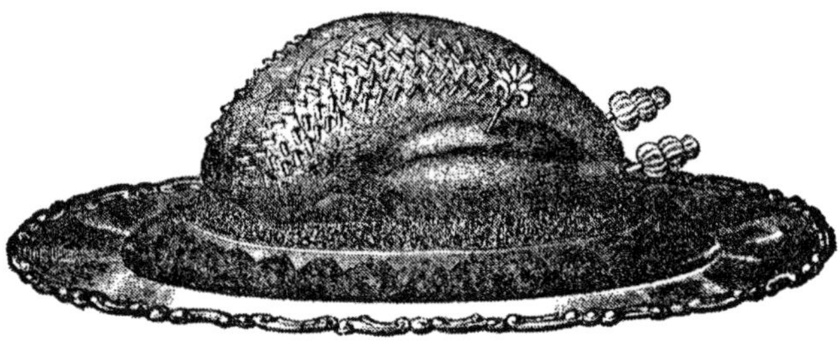

FANCHON, FANCHONNETTE

Appellation attestée en 1807, consignée dans *L'Art du cuisinier* de Beauvilliers en 1814 et donnée en hommage à Mlle Belmont, créatrice du rôle de *Fanchon la veilleuse* au Vaudeville en 1803.

Désigne une sorte de tarte de pâte brisée garnie d'une crème pâtissière, puis meringuée.

La fanchonnette, enregistrée par le *Dictionnaire Littré* en 1865, est de même nature que le fanchon, mais de plus petites dimensions.

« Il faut avoir mangé des **fanchons** et surtout des **fanchonnettes**, pour se former une idée de leur délicatesse, de leur onctuosité et de leur légèreté. »

(Grimod de la Reynière, *Almanach des Gourmands*, 1807).

FAR (FARS OU FARZ)

Mot breton attesté en 1799, selon le *Trésor de la langue française*, issu du latin *far*, « blé », appliqué à une multitude de spécialités sucrées ou salées, à base de froment ou de blé dur, notamment à un genre de flan compact, proche du clafoutis, fait avec du lait, des œufs, de la farine et garni le plus souvent de pruneaux, qu'on sert tiède ou refroidi, coupé en tranches, au dessert.

Le far poitevin, enregistré dans la langue au XIXe siècle et autrement dénommé «farci au pot», est en revanche à rattacher au latin *farsus* qui a donné *fars,* «farci». Il s'agit d'une sorte de pâté de légumes composé d'oseille, d'épinards, de chou, etc., mélangés avec du lard haché, liés avec de la crème et des œufs, aromatisés de fines herbes, cuit enfermé dans une feuille de chou maintenue par un filet, dans un pot-au-feu de porc frais et de porc salé.

«Et maintenant, mes chéris, qu'est-ce qu'on mange? Que diriez-vous d'un **far** aux pruneaux? Et parce que Guy aimait les œufs de lump, Rose le boudin, ce menu fut adopté...»

(Hervé Bazin, *Madame Ex*, 1975).

«On devrait dire les **farz**, car il y en a une impressionnante collection, soit qu'on les consomme avec les viandes, soit qu'on les mange au dessert. De nos jours, on les trouve surtout sous la forme de flancs, avec du rhum, des pruneaux et des raisins secs.»

(Jean Ferniot, *Carnet de croûte,* 1980).

FARCE

Féminin de l'ancien français *fars*, issu du latin *farsus*, participe passé de *farcire* «garnir, bourrer», attesté au XIIe siècle au sens de hachis d'aliments (légumes, viande, volaille, poisson, etc., liés avec des œufs, un corps gras et diversement aromatisés), destiné à garnir l'intérieur de certaines préparations culinaires (galantines, ballotines, godiveaux, quenelles...).

«Il savoura ce que son goût aiguisé lui révéla aussitôt : les deux tranches d'une chair de homard à la fois séparées et réunies par une

farce où se distinguait nettement la douceur de la viande nouvelle d'un très jeune porc de lait... »

(Marcel Rouff, *La Vie et la Passion de Dodin-Bouffant*, 1924).

FERNAND (À LA)

Se dit, depuis les années 1960, des poissons caractérisés par leur extrême fraîcheur et simplement passés au four, après avoir été assaisonnés de sel de Guérande, de poivre, d'un filet d'huile d'olive et de quelques gouttes de citron, suivant la formule désormais classique du célèbre poissonnier de l'île Saint-Louis.

FESTIN

Mot emprunté à l'italien *festino*, « repas de fête », attesté en 1527 et appliqué au repas d'apparat caractérisé par la qualité et l'abondance des plats servis, puis, par métonymie, aux mets qui le composent.

« Le dimanche 19 juin 1575 (...), en congratulations et réjouissances des venues de ces princes, se firent à la Cour plusieurs jeux, tournois et **festins** magnifiques, en l'un desquels la reine mère mangea tant qu'elle cuida crever... »

(Pierre de L'Estoile, *Journal des choses mémorables adveniies durant le règne de Henry III*, 1621).

« Si tu n'as pas un cul de plomb, viens manger ce mets avec nous. Tu apporteras une belle bourriche d'huîtres et on trouvera le reste ici pour un **festin** de Lucullus... »

(George Sand, *Lettre à Victor Borie*, 1859).

Voir aussi : AGAPES & BANQUET.

FEUILLANTINE

Appellation d'un petit gâteau rectangulaire de pâte feuilletée (ancêtre du millefeuille), attestée sous la forme de *feuillentine* dans *Le Pâtissier françois* de La Varenne en 1653 et enregistrée sous son orthographe actuelle dans le *Dictionnaire Richelet* en 1680.

Son origine demeure obscure : certains y voient un jeu de mots avec *feuilleter*, d'autres, une allusion à la couleur blanche de la robe des Feuillantines, ordre d'une congrégation de religieuses installées à Paris au début du XVIIe siècle, dont c'était la spécialité.

« **Feuillantine** : il faut faire un feuilletage très fin et une abaissse comme pour une tourte. (...) La cuire au four et la glacer avec du sucre. »
(Menon, *Nouveau traité de la cuisine,* 1739).

FEUILLETÉ (OU GÂTEAU FEUILLETÉ)

Adjectif substantivé, dérivé de *feuilleté,* « constitué de feuilles », attesté en 1680 dans le *Dictionnaire Richelet* qualifiant un gâteau à pâte légère, formé de fines feuilles superposées obtenues par six pliures successives, façonné à l'origine feuille à feuille et perfectionné par Antonin Carême au début du XIXe siècle.

La légende en attribue l'invention tantôt à un praticien de la cour de Catherine de Médicis, tantôt à Feuillet, pâtissier du prince de Condé (1621-1686), voire au peintre Claude Gelée, dit le Lorrain (1600-1682), apprenti pâtissier dans ses jeunes années.

En réalité, comme en témoigne une charte de l'évêque d'Amiens en 1311, la technique du feuilletage était déjà connue au Moyen Âge, où on l'utilisait pour confectionner les fameuses *talmouses* de Saint-Denis.

Se dit, par extension, des pâtisseries salées servies en entrée, qui tendent désormais à supplanter les bouchées et les vol-au-vent.

« Puys luy enfournoient en gueule : Pastez de venaison, Pastez de lardons, **Guasteaux feuilletez.** »

(François Rabelais, *Gargantua*, 1534-1535).

« Et Ducloux de Tournus a besoin de venir s'asseoir en face de moi dès que j'entame son **feuilleté aux poires**. Quand j'en ai fini avec ce nuage craquant-moelleux-miellé, il soupire “La Tatan a tout mangé”. »

(Fanny Deschamps, *Croque-en-bouche*, 1976).

Voir aussi : **CHAUSSON, CROISSANT, CROUSTADE, TALMOUSE & VOL-AU-VENT.**

FEUILLETON

Mot vieilli, attesté en 1790, dérivé de *feuillet*, issu de *foillet*, « petite feuille de papier », qui signale, par analogie de forme, une préparation comportant des tranches de viande de veau ou de porc très minces, empilées, séparées par des couches de farce, qu'on enveloppe dans de la crépine pour la cuisson et qu'on découpe de nouveau en tranches fines, comme un rôti.

« On peut, pour obtenir le **feuilleton** en forme de rectangle très régulier, le ficeler entre de minces planchettes de bois blanc. »

(Prosper Montagné, *Larousse gastronomique*, 1938).

FICELLE

Terme hérité du latin populaire *fulicella*, issu de *filum*, « fil », désignant, par analogie de forme, une crêpe garnie d'une duxelle de champignons liée au jambon et roulée comme un cigare.

La locution « à la ficelle » indique quant à elle un mode de cuisson de la viande de bœuf qui trouve son origine dans la tradition du « Bœuf gras » instaurée en France au Moyen Âge et perpétuée jusqu'au XIXe siècle. Celle-ci consistait, une fois l'an, pendant les fêtes du Carnaval, à promener un bœuf bien gras à travers Paris avant de le sacrifier aux abattoirs, où bouchers et commis le détaillaient en morceaux qu'ils liaient avec une ficelle pour les retirer plus aisément après les avoir plongés dans le bouillon d'une marmite gigantesque.

« Il sait parfaitement ce qu'est le gigot Pravaz, (...) le bœuf **à la ficelle**, si cher à mon vieil ami trop tôt disparu, le gouverneur général Marcel Olivier, la sarcelle rôtie, l'omelette au saucisson sec, à peine teinté d'ail et relevée d'une pointe d'aneth au dernier moment, le jambon chaud au whisky, et bien d'autres choses encore, mais il n'en fait pas étalage. »

(Léon-Paul Fargue, *Dîners de lune*, 1952).

Voir aussi : **DUXELLES**.

FILLOUX (MÈRE)

Surnom affectueux donné à Françoise Foujolle, épouse de Louis Filloux, qui anima, de 1890 jusqu'à sa mort en 1925, un de ces petits bistrots à vin lyonnais autrement dénommés « bouchons », dont la poularde demi-deuil, pochée dans son bouillon et accompagnée de filaments de truffes, de cornichons et de câpres confites aurait, à elle seule, suffi à assurer sa réputation.

Son succès suscita de nombreuses émules, comme la mère Brazier, également installée à Lyon, ou la mère Poulard, établie au Mont-Saint-Michel, qui laissa son nom à une omelette toujours recherchée.

« Le poulet était gigantesque mais si jeune que moins d'une heure avait suffi pour le cuire. La Mère **Filloux** me le dit quand elle vint le découper. Elle regarda l'oiseau d'un œil critique, puis avec fierté. C'était une artiste ! »

(*Le Livre de cuisine d'Alice Toklas*, avant 1967).

Voir aussi : **DEMI-DEUIL & OMELETTE.**

FINANCIER

Nom d'un petit gâteau inventé par un nommé Lasne, pâtissier parisien établi rue Saint-Denis, enregistré en 1888 dans le *Mémorial historique et géographique de la pâtisserie* de Pierre Lacam, pâtissier-glacier du prince Charles III de Monaco.

Il s'agit d'un biscuit rectangulaire ou ovale composé de pâte à biscuit, de blancs d'œufs, de poudre d'amande, parfois aromatisé à la fleur d'oranger, ainsi nommé en hommage aux financiers de l'Ancien Régime, que Brillat-Savarin considérait comme les « héros de la gourmandise » !

« Lors d'un de ces soupers, un égal succès couronna les **financiers** servis dès qu'ils sont froids. »

(Édouard Nignon, *Éloge de la cuisine française*, 1926).

FINANCIÈRE (OU À LA FINANCIÈRE)

Locution mentionnée dans *Les Soupers de la Cour* de Menon en 1755, longtemps synonyme de « banquière », placée sous le patronage des financiers de l'Ancien Régime.

S'applique à une riche garniture à base de quenelles, de ris de veau, de champignons, de truffes, et à une sauce (au madère et à l'essence de truffes) destinée à accompagner les volailles braisées, certaines pièces de boucherie, ou à remplir les bouchées, les timbales et les vol-au-vent, dont la création est attribuée à un cuisinier de Nicolas Fouquet.

« M. de Guermantes ayant déclaré (suite aux asperges d'Elstir et à celles qui venaient d'être servies après le poulet **à la financière**) que les asperges vertes (...) devraient être mangées avec des œufs. »
(Marcel Proust, *Le Côté de Guermantes*, 1921).

« À la réflexion, Cidrolin, qui était friand de vol-au-vent **financière**, estima qu'il pourrait en insérer un entre le coulibiac et le faisan. »
(Raymond Queneau, *Les Fleurs bleues*, 1965).

FLAMICHE

Appellation régionale attestée en 1568, dérivée soit de *flan*, de l'allemand *flado*, « gâteau, galette, crêpe », soit de *flamique*, mot flamand signifiant aussi « gâteau ».

Désigne initialement une galette faite avec de la pâte à pain (plus récemment une pâte à brioche), recouverte de beurre à sa sortie du four, puis une tourte en pâte feuilletée riche en beurre, proche de la quiche, garnie de poireaux étuvés (ou d'oignons), de jambon, de jaunes d'œufs battus, de maroilles, très appréciée dans tout le nord de la France, en particulier en Picardie.

« Avant de servir la **flamiche**, je verse dans le trou central un peu de lait battu avec un jaune d'œuf. En Picardie, ce liquide s'appelle rebouilli. » (Édouard de Pomiane, *Radio cuisine*, 1933).

FLAN

Mot dérivé du francique *flado*, « gâteau, galette, crêpe », d'abord attesté sous la forme de *flaon* au XIIe siècle, puis sous sa graphie actuelle au XIVe siècle.

Signale diverses préparations en pâte salée ou sucrée faisant office de hors-d'œuvre et garnies, suivant leur destination, de légumes, de poisson, de fruits de mer, de viande blanche ou de fruits.

Se dit de nos jours, par extension, d'une crème renversée ou moulée parfumée à la vanille, au café, au chocolat, au caramel, etc.

« Item, aux Frères mendiants,/Aux Dévotes et aux Béguines,/Tant de Paris que d'Orléans,/Tant Turlupins que Turlupines, /De grasses soupes jacobines/Et **flans** leur fais oblation. »

(François Villon, *Le Grand Testament*, 1462).

« Ils apportaient des flacons de vin cuit ; des jambons ; des andouilles ; des pâtés de faisan ; (...) des gâteaux, tourtes, tartes, craquelins, **flans** (...). Tant et tant que la pierre de la tombe disparut sous les nouveaux présents... »

(Guillaume Apollinaire, *L'Enchanteur pourrissant*, 1909).

FLAUGNARDE (OU FLOGNARDE)

Nom dérivé de l'ancien français *fleugne*, « mou », « douillet », attesté depuis 1733, appliqué à une sorte de flan froid rustique, diversement parfumé, provenant d'Auvergne, du Limousin et du Périgord.

« La **flognarde**, dessert vite fait et substantiel, goûter excellent, chaud ou froid, n'exige pas de lait, se contente de deux œufs pour quatre et même six personnes, de trois ou quatre cuillerées de sucre en poudre ou de sucre vanillé, et l'indispensable pincée de sel. »

(Colette, *De ma fenêtre*, 1942).

FONDUE

Participe passé substantivé du verbe *fondre*, enregistré en 1735 dans *Le Cuisinier moderne* de Vincent de La Chapelle, officier de bouche de Charles Henri, prince d'Orange, puis de Louis XV.

Désigne d'abord un mets composé d'œufs brouillés et de fromage fondu aux truffes fraîches, puis, à partir de 1808, un plat savoyard, d'origine suisse, fait avec un ou plusieurs fromages à pâte cuite, fondus dans un caquelon où l'on trempe des croûtons de pain.

Se dit aussi de légumes longuement étuvés au beurre ou à l'huile, au point d'être fondus.

Ce mode de préparation a également inspiré la fondue dite « bourguignonne » (morceaux de bœuf coupés en cubes, cuits dans un poêlon d'huile bouillante, consommés avec un assortiment de sauces) et la fondue au chocolat dans laquelle on trempe des morceaux de fruits.

« La manière d'apprêter la **fondue** est très ancienne. (...) Le chanoine Charcot faisait ajouter une ou deux cuillerées de verjus, et comme il était gourmand très expérimenté, on peut croire que cette addition n'est pas inutile. »

(Lucien Tendret, *La Table au pays de Brillat-Savarin*, 1892).

« Variante particulièrement attrayante de la célèbre **fondue bourguignonne** : lavez les mains, faites-les blanchir dans l'eau bouillante, retirez poils et ongles et distribuez-en une paire à chaque convive. Faites chauffer la friture dans une marmite au centre de la table. Chacun trempera la main à tour de rôle dans l'huile bouillante, main dont on ne déguste que l'extrémité des doigts. On sert avec un assortiment de sauces. »

(Roland Topor, *La Cuisine cannibale*, 1970).

FORÊT-NOIRE

Appellation attestée au début du XXe siècle, qui viendrait du nom géographique Forêt-Noire, indiquant un gâteau au chocolat fourré de cerises confites et de crème Chantilly, vraisemblablement d'origine allemande.

« Vraiment, cette **forêt noire** ne vous dit rien ? Et pour la première fois depuis quelques semaines, il s'aperçut qu'une soudaine velléité d'appétit chatouillait son palais... »

(Willy, *Ça finit par un mariage*, 1923).

FOUACE

Mot régional attesté au XIIe siècle, issu du latin populaire *panis focacius*, « pain cuit sous la cendre », décliné *fouasse*, *fouache*, *fouée*, *fougace* ou *fougasse*, suivant les régions, appliqué primitivement à un pain qu'on trempait dans du vin rouge.

Se dit, par extension, d'un gâteau inventé au XVe siècle, composé de pâte à pain diversement aromatisée.

Signale de nos jours une galette rustique faite de fine fleur de froment non levée, cuite sous la cendre ou au four.

« **Fouaces** faites de fleur de farine délayée avec de beaux moyeux d'œufs et de beurre, beau saffran et belles espices et eau. »

(François Rabelais, *Gargantua*, 1534-1535).

« J'ai faim, dit-il. Gonzalès m'a payé. On va acheter de la **fougasse** à l'anchois. Le frère l'aime. Viens. »

(Jean Giono, *Jean Le Bleu*, 1932).

Voir aussi : GALETTE.

FOUR (PETIT) (OU PETIT-FOUR)

Terme générique mentionné en 1807 dans *L'Almanach des Gourmands* de Grimod de La Reynière, appliqué à un petit gâteau sec inventé au XVIIIe siècle, fait de pâte d'amande, de fruits, fourré ou parfumé à la liqueur, glacé de sucre et enrobé de fondant, pour la raison qu'il est cuit dans un four très doux, autrement dit à « petit feu ».

Son succès fut si prodigieux qu'il donna naissance à une profession nouvelle décrite par Brillat-Savarin comme intermédiaire entre celle du pâtissier et celle du confiseur.

« Le panier fut vidé. Il contenait encore un pâté de foie gras, un pâté de mauviettes, un morceau de langue fumée, des poires de Crassane, un pavé de pont-l'évêque, des petits **fours** et une tasse pleine de cornichons et d'oignons au vinaigre. »

(Guy de Maupassant, *Boule-de-Suif*, 1880).

«... il l'accueillit avec satisfaction, me conduisit vers le Prince et me présenta à lui d'un air friand, cérémonieux et vulgaire, comme s'il lui avait passé, en les lui recommandant, une assiette de petits **fours.** »

(Marcel Proust, *Sodome et Gomorrhe*, 1921-1922).

FOYOT (OU À LA FOYOT)

Appellation de diverses préparations inventées à la fin du XIXe siècle par Léopold Mourier du fameux restaurant Foyot, situé au coin de la rue de Vaugirard et de la rue de Tournon, en face du palais du Luxembourg, où les anarchistes lancèrent une bombe le 5 avril 1894.

S'applique en particulier à un apprêt de côte de veau classiquement sautée avec de l'oignon haché fondu au beurre, de la mie de pain fraîche, du gruyère ou du parmesan râpé, mouillée de vin blanc et de fonds de veau blanc, et qui demeure aujourd'hui le joyau de la carte du Train bleu de la gare de Lyon à Paris.

C'est aussi une béarnaise aromatisée à la glace de viande.

« Côtes de veau **à la Foyot** : des côtes de veau au four sur fond de sauce Soubise et fortement cuirassées de gratin. Ainsi les faisait-on au restaurant Foyot, face au Sénat, établissement aujourd'hui disparu. »

(Vercors, *Je cuisine comme un chef*, 1976).

« Côte de veau **Foyot** : un plat qui donne des états d'âme avec sa richesse profonde et son fondant (...) [que] quelques chefs réinventent petit à petit pour les amateurs fascinés de tant de gourmandise. »

(Philippe Couderc, *Les Plats qui ont fait la France*, 1995).

FRANCILLON (OU SALADE JAPONAISE)

Nom d'une salade composée pour l'essentiel de pommes de terre macérées dans du vin de Chablis, de moules, de cœurs de céleris en morceaux et de lamelles de truffes, assaisonnée d'huile d'olive et de citron.

Son créateur passe pour Alexandre Dumas fils qui en donne la recette originale à la scène 2 du premier acte de *Francillon*, pièce représentée au Théâtre-Français le 9 janvier 1887.

Mise à la mode par le restaurant Brebant, spécialisé dans certains dîners littéraires, cette salade fut baptisée « salade japonaise » dès lors qu'on remplaça les pommes de terre par les crosnes, petits légumes importés du Japon et cultivés à Crosnes, en Ile-de-France, vers 1882.

« J'ai une de mes amies qui est très originale (...), et qui prétend qu'elle a fait faire chez elle cette **salade japonaise**, mais en faisant mettre tout ce qu'Alexandre Dumas fils dit dans la pièce. (...) Il paraît que c'est détestable, elle nous a fait rire aux larmes. »

(Marcel Proust, *Du côté de chez Swann*, 1913).

« Après une salade composée (comme la **salade Francillon** avec moules et truffes), le maître prend alors trois entremets : un entremets de pâtisserie, un entremets de crème et un entremets glacé, qui doivent tous, invariablement, être voilés de sucre tiède : si le voile n'est pas assez tiède (ce qui n'est pas si simple dans le cas des entremets glacés), Roussel le renvoie en cuisine. »

(François Caradec, *Vie de Raymond Roussel*, 1972).

FRANGIPANE

Appellation attestée comme terme de pâtisserie dans l'édition de 1732 du *Dictionnaire de Trévoux*, empruntée au nom du marquis romain Don Cesare Frangipani, épicurien célèbre et inventeur du parfum dont on imprégnait les peaux et les gants sous Louis XIII.

S'applique à l'origine à une crème à base de poudre d'amande servant de garniture à différents gâteaux, puis, par métonymie, à la pâtisserie garnie de cette crème, introduite par les pâtissiers de Catherine de Médicis.

La variante *Franchipane* signale une recette de tourte à la crème d'amandes et aux pistaches pilées, consignée en 1674 dans *L'Art du bien traiter*, de l'énigmatique L.S.R.

« Je sentis tout d'un coup, en me relevant, s'échapper des aubépines une odeur amère et douce d'amandes, et je remarquai alors sous les fleurs de petites places plus blondes (...) le goût d'une **frangipane...** »

(Marcel Proust, *Du côté de chez Swann*, 1913).

« Il aimait les nourritures robustes : perdrix aux choux, vol-au-vent de poulet, canard aux olives, râble de lièvre, pâté, tartes, tourtes, **frangipanes**… » (Simone de Beauvoir, *Mémoires d'une jeune fille rangée*, 1958).

FRIAND

Participe présent adjectivé du verbe *frire* signifiant en ancien français « appétissant, flattant le goût », attesté au XIIIe siècle, et substantivé en 1906.

Désigne primitivement le connaisseur à la recherche de mets raffinés, acception désormais archaïque.

Indique, par extension, un petit pâté fourré de viande hachée, de chair à saucisse, de jambon ou de fromage râpé, servi chaud en hors-d'œuvre, puis un petit gâteau aux amandes.

« Elle mange en observant les gens qui défilent dans la rue. Après avoir dévoré ses trois **friands**, elle en commande un quatrième. Elle n'est pas encore allée jusqu'à cinq. »

(Emile Zola, « La semaine d'une Parisienne », *Le Messager de l'Europe*, mai 1875).

« Nous prenions nos bicyclettes, un pain frais fourré de beurre et de sardines, deux "**friands**" feuilletés à la saucisse, acquis chez un charcutier près de la Muette, et des pommes, le tout ficelé au long d'une gourde clissée, pleine de vin blanc… »

(Colette, *La Lune de pluie*, 1954).

Voir aussi : CROUSTADE & GOURMAND.

FRIANDISE

Dénomination dérivée de *friand*, attestée à la fin du XIVe siècle, qui personnifie d'abord la gourmandise et indique ensuite le penchant pour les mets raffinés.

Se dit, par extension, d'un mets délicat salé ou sucré, sens officialisé par *Le Dictionnaire de l'Académie* en 1694.

« Mais la graisse fine qui demeure au creux du petit sabot fourchu, lorsque le feu fait éclater les pieds du cochon mort, je la mange comme une **friandise** saine... »

(Colette, *La Maison de Claudine*, 1922).

FRICADELLE

Mot d'origine obscure, attesté en 1742, probablement dérivé de *fric-*, radical de *fricandeau*, et de *fricassée*, avec les suffixes *-ade* et *-elle*.

Désigne, en Lorraine et dans le nord de la France, des boulettes de viande hachée de bœuf, de porc ou de veau, mélangés à de la mie de pain et à des jaunes d'œufs, généralement frites, ou cuites à la poêle, ou en ragoût, garnies de pâtes fraîches.

« Soupe de **fricadelle** à la royale : ce bouillon sert pour faire cuire du vermicelle, du riz, de l'orge perlé. On peut en donner à une personne qui est incommodée. »

(Vincent de La Chapelle, *Le Cuisinier moderne*, 1742).

FRICANDEAU

Appellation d'étymologie incertaine, attestée dans *Le Quart-Livre* de Rabelais en 1552, puis enregistrée dans *Le Cuisinier françois* de La Varenne en 1651, sans doute dérivée, comme « fricadelle », du verbe *fricasser*, « faire cuire en ragoût », avec le suffixe *-eau*.

Signale un apprêt de veau (généralement détaillé dans la noix), piqué de lardons, braisé ou sauté dans son jus, qu'on sert le plus souvent sur un lit d'oseille, de chicorée ou d'épinards, ainsi que ce type de préparation appliquée au bœuf, au lapin, voire au poisson (tranches d'esturgeon, de saumon, de thon et même de brochet).

Indique, par extension, une charcuterie originaire du Sud-Ouest, qui se présente sous forme de boulettes de veau, de bœuf ou de porc (parfois truffées), enveloppées dans une crépine et cuites au four.

« Oh ! oh ! fit d'Artagnan, ce n'est pas Mousqueton qui a pris au lasso de pareilles bouteilles, puis voilà un **fricandeau** et un filet de bœuf. »

(Alexandre Dumas, *Les Trois Mousquetaires*, 1844).

« Faites-vous, Nicolas, du **fricandeau** ce soir ? demanda Colin. – Mon Dieu, dit Nicolas, Monsieur ne m'avait pas prévenu. J'avais d'autres projets. (...) Je resterai une fois de plus dans la tradition de Gouffé en élaborant, cette fois, un andouillon des îles au porto musqué. »

(Boris Vian, *L'Écume des jours*, 1947).

FRICASSÉE

Mot attesté à la fin du XVe siècle, dérivé du verbe *fricasser*, « faire cuire en ragoût », sans doute issu du croisement de *frire* et de *casser*, mais que Pierre Guiraud associe curieusement à *frigoler*, « faire bonne chère ».

Désigne, à l'origine, les viandes ou les légumes coupés en morceaux et mijotés dans une sauce blanche, puis, par extension, le mode de préparation de la volaille, de l'agneau, du veau ou du poisson, cuits à la casserole ou à la poêle, dans leur jus, avec des légumes.

Se dit enfin d'une recette régionale d'omelette au lard, propre au nord de la France.

« MAÎTRE JACQUES : “Entrées : **fricassées** de poulets, tourte de pigeonneaux, ris de veau, boudin blanc, et morilles.” HARPAGON : “Que diable ! Voilà pour traiter une ville entière...” »

(Molière, *L'Avare*, 1668).

« Peu s'en faut qu'aujourd'hui un cuisinier ne prenne le titre d'artiste en cuisine. On les choie, on les ménage, on les apaise quand ils sont fâchés et tous les autres domestiques leur sont ordinairement sacrifiés. Le petit bourgeois qui n'a qu'une servante dont le chef-d'œuvre est une **fricassée** de poulet, fait sa cour à un maître d'hôtel pour que celui-ci le régale le dimanche... »

(Sébastien Mercier, *Tableau de Paris*, 1782-1783).

Voir aussi : **GIBELOTTE, RAGOÛT & SALMIS.**

FRICHTI

Mot d'abord enregistré sous la forme de *fricheti* (1834) au sens de « festin, repas d'extra », puis sous son orthographe actuelle en 1855, qu'on considère en général comme un emprunt à l'alsacien *fristick*, correspondant à l'allemand *Frühstück*, « petit déjeuner ». On peut cependant aussi le rattacher à *fricot*, mot issu du galloroman *frixicare*, « cuire à point ».

Devient en 1864, sous l'influence de l'argot militaire, l'équivalent familier de *repas*, en particulier dans l'expression : « faire le frichti ».

« Ça sent bon le **frichti** ! Vous n'êtes pas fatigué de cuisiner tout le temps ? – Que non pas ! C'est de la ragougnasse que je fais au restaurant. Entrez. Vous allez voir ce que c'est, de la cuisine. »

(Eugène Dabit, *L'Hôtel du Nord*, 1929).

FRICOT

Dérivé populaire formé avec le radical de *fricassée*, attesté en 1767 au sens de «bombance», aujourd'hui sorti d'usage, qui désigne par extension, depuis le début du XIXe siècle, un ragoût de viande grossier, puis, un plat simplement cuisiné.

Se dit aussi, par métonymie, depuis 1847, d'un repas médiocre.

«Il avait des aphorismes qu'il insérait dans l'esprit de sa femme. "Le devoir de l'aubergiste, lui disait-il un jour violemment et à voix basse, c'est de vendre au premier venu du **fricot**, du repos, de la lumière, du feu, des draps sales, de la bonne, des puces, du sourire; d'arrêter les passants, de vider les petites bourses et d'alléger honnêtement les grosses."»
(Victor Hugo, *Les Misérables*, 1862).

«Voilà, dit l'hallucinant animal, un parfait sandwich pour mon **fricot.**»
(Georges Perec, *La Disparition*, 1969).

FRITES

Ellipse de *pommes de terre frites*, généralement employée au pluriel, issue du participe passé de *frire*, «cuire dans un corps gras bouillant», et attestée en 1858.

Signale un apprêt de pommes de terre épluchées, coupées en bâtonnets et plongées dans un bain de friture, qui accompagne surtout les viandes grillées.

Les frites se subdivisent, pour l'essentiel, en : pommes «allumettes», «Chatouillard», du nom d'un ancien rôtisseur (en longs rubans), «chips» (en copeaux), «paille» (leur forme évoquant les brins de paille) et «pont-neuf» (les «frites» classiques).

«François poussa la porte de la Brasserie, 13, boulevard Saint-Germain. Un garçon surgit, déposa d'autorité devant lui un plat fumant.

Il était de tradition dans cet établissement de manger le bifteck-**frites**, et tout client s'en voyait automatiquement servir une généreuse portion. »

(René Barjavel, *Ravage*, 1943).

« Associé communément aux **frites**, le bifteck leur transmet son lustre national : la **frite** est nostalgique et patriote comme le bifteck. (...) La **frite** est le signe alimentaire de la "francité". »

(Roland Barthes, *Mythologies*, 1957).

Voir aussi : **BIFTECK, POMMES SOUFFLÉES & PONT-NEUF.**

FRITOT (OU FRITEAU)

Terme vieilli, dérivé du participe passé *frit*, « cuit dans un corps gras bouillant », d'abord attesté sous la forme de *friteau* au XIIe siècle puis sous sa graphie actuelle dans *Le Pâtissier royal parisien* de Carême en 1815.

S'applique à un petit beignet composé de viande hachée (volaille, ris de veau, cervelle, surtout), préalablement marinée dans de l'huile avec du jus de citron, du persil ou des fines herbes, avant d'être trempée dans de la pâte à frire et cuite en pleine friture, qu'on sert en hors-d'œuvre avec une sauce relevée.

« Elle a mis son couvert, et je jurerais qu'elle a improvisé ce dessert – banni de nos menus – parce que mon père adore tout ce qui est beignets, **friteaux** et croquants... »

(Hervé Bazin, *L'Huile sur le feu*, 1954).

FRIVOLITÉS

Voir : **ANIMELLES.**

G

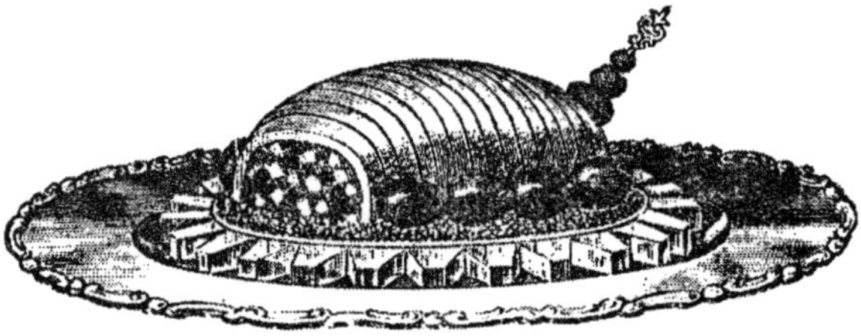

GALANTINE

Mot provenant d'une altération du vieux français *galatine,* « gelée », attesté au XIIIe siècle, d'abord orthographié *galentine* et vraisemblablement emprunté à *galatina,* issu du dialecte de Raguse (aujourd'hui Dubrovnik), port qui faisait autrefois commerce de poisson en gelée. L'acception actuelle est enregistrée dans le *Dictionnaire de l'Académie* en 1815.

Désigne au Moyen Âge un hachis de chairs diverses enveloppé dans un poisson, un agneau, un cochon de lait ou une volaille.

S'applique aujourd'hui à une espèce de pâté, fait avec un mélange de viandes blanches, de gibier, de volailles désossées, de farce de porc, de langue écarlate ou de veau, parfumé avec divers aromates, cuit longuement et enrobé de gelée.

Les galantines de porc étaient traditionnellement classées parmi les entremets, les autres dans les relevés.

« J'envoie lus en **galentine,**/Grossez lamproiez a ce mesmes,/Bars et carpes, gardons et bresmes,/Appareillez en autre guisez. »

(*Roman du comte d'Anjou,* attribué à Jehan Maillart, 1316).

« Le rôti chaud était un filet aux truffes, et le rôti froid, une **galantine** de pintade à la gelée. »

(Émile Zola, *Nana*, 1880).

Voir aussi : **BALLOTTINE & RELEVÉ.**

GALETTE

Terme dérivé de *galet*, « caillou », attesté au XIIIe siècle et appliqué par analogie de forme à un gâteau rond et plat, cuit au four, fait de pâte feuilletée ou brisée, selon les régions, et dont l'origine remonterait à l'âge de la pierre polie, époque où on le faisait cuire sur des pierres chaudes.

Désigne également, en Bretagne et en Vendée, des sortes de crêpes préparées avec une pâte à base de farine de sarrasin et diversement garnies.

« Le loup la voyant entrer, lui dit en se cachant dans le lit, sous la couverture : "Mets la **galette** et le petit pot de beurre sur la huche, et vient te coucher avec moi." »

(Charles Perrault, « Le Petit Chaperon rouge », *Contes de ma mère l'Oye*, 1697).

« Quand on s'éveille, voyons, voyons, et qu'on respire la chaude odeur du chocolat bouillant, on sait que c'est dimanche... On sait qu'il y a à dix heures, des tasses roses, fêlées, sur la table, et des **galettes** feuilletées. »

(Colette, *Le Voyage égoïste*, 1928).

Voir aussi : **GÂTEAU & GÂTEAU DES ROIS.**

GALIMAFRÉE

Vieux mot attesté dans *Le Mesnagier de Paris* composé vers 1393, issu de l'ancien français *galer*, « s'amuser, mener joyeuse vie », ou du picard *mafrer,* « manger beaucoup », qui prend un sens péjoratif à la fin du XVIIe siècle, époque où on le définit comme un mets peu appétissant et indigeste.

Curieuse évolution de sens quand on sait que la galimafrée symbolisait au Moyen Âge un plat de fête, consistant en une sorte de ragoût, dans la composition duquel entraient des restes de viandes hachées cuites, réchauffés avec un peu de bouillon, du vin, du verjus, de la moutarde et diverses épices.

« Ce n'est point aujourd'huy, ce prodigieux regorgement de mets, l'abondance des ragoûts et des **galimafrées**, la compilation extraordinaire des viandes, qui composent la bonne chère (...), c'est bien plutôt le choix exquis des viandes, la finesse de leur assaisonnement, la politesse et la propreté de leur service, leur quantité proportionnée au nombre de gens, et enfin l'ordonnance générale des choses, qui contribuent à la bonté et à l'ornement d'un repas... »

(L.S.R, *L'Art du bien traiter*, 1674).

« **Galimafrée** : ragoût composé de plusieurs restes de plusieurs viandes. Elle n'est guère en usage que parmi des goinfres... »

(Antoine Furetière, *Dictionnaire universel*, 1690).

GARBURE

Nom d'origine obscure, d'abord orthographié *carbure* par Molière, dans *Le Médecin volant* vers 1665, puis successivement *galbeure, galbure*, et enfin enregistré sous sa forme actuelle dans le *Dictionnaire portatif de cuisine* en 1767. Les uns le rattachent au mot dialectal gascon *garbo,* « gerbe », qui indique un mélange de légumes et d'aromates. D'autres y voient une filiation de l'espagnol *garbias,* « sorte de ragoût », voire de l'allemand *Ward Bürt,* la garbure ayant été prétendument introduite dans le Sud-Ouest par les Wisigoths.

Désigne une sorte de potée à base de légumes et de pain, décrite vers 1370-1380 dans *Le Viandier* de Guillaume Tirel dit Taillevent, maître queux de Charles VI.

Composée de chou coupé en lanières (ou de légumes de saison), de pain de seigle relevé d'ail, de marjolaine, de thym et de persil, cuits avec du saucisson, du lard, des cuisses dégraissées d'oie ou de canard, la garbure constituait autrefois le plat de base de l'alimentation populaire des Béarnais qui prolongeaient sa dégustation par la «goulade» (vin rouge versé aux dernières cuillerées de soupe et bu à même l'assiette).

«Je croyais refaire mon ventre d'une bonne **carbure**, et m'en voilà sevré.»

(Molière, *Le Médecin volant*, vers 1655).

«Je voudrais faire quelque chose en faveur de la cuisine française et sauver des traditions compromises par le nombre d'étrangers qui, vivant à Paris (...) montrent le même appétit devant un potage Knorr, arrosé de Viandox, que devant une loyale **garbure**, qui porte ses goûts et ses couleurs naturels, où les choux sont verts, les carottes rouges, les navets blancs, le lard rose, où les pois sont sans cristaux de soude.»

(Paul Poiret, *En habillant l'époque*, 1930).

Voir aussi : **CHABROL.**

GARNITURE

Appellation spécialisée dans le domaine de la cuisine au début du XVIIe siècle, attestée dans le *Dictionnaire de Trévoux* en 1721.

Se dit des préparations diverses qui entourent et accompagnent un plat de viande, de volaille, de gibier ou de poisson (légumes, croûtons, croustades ou petits ornements de feuilletage comme les fleurons), qu'on sert autour de la pièce principale ou dans un légumier.

« À demi penché, le bloc à la main, il indiquerait du bout de son crayon ce qu'il se permettait de conseiller. Parfaitement, Monsieur ! Notre Crème Bergère est excellente. Le Fricandeau ? C'est notre plat du jour. Madame aussi ? Nous disons donc deux Fricandeaux. **Garniture** ? Oseille ou champignons au choix. »

(Raymond Guérin, *L'Apprenti*, 1946).

GASTROLÂTRE (S)

Mot rare et archaïque, généralement employé au pluriel, issu du grec *gastêr,* « ventre », et de *latreia,* « adoration », attesté au Moyen Âge et appliqué aux personnages du *Quart Livre* de Rabelais vouant un culte à la bonne chère.

En dérivent *gastrolâtrie* et *gastrolâtrique*, termes également vieillis, que Balzac introduit respectivement dans *La Fille aux yeux d'or*, en 1835, et dans *Le Cousin Pons*, en 1847.

« Aprochans les **Gastrolâtres**, je veids qu'ilz estoient suyviz d'un grand nombre de gros varletz chargéz de corbeilles, de paniers, de balles, de potz, poches et marmites. »

(François Rabelais, *Le Quart Livre,* 1548-1552).

« C'est parfait ! C'est exquis ! s'exclamerait un Turcaret **gastrolâtre**. Marquez sur le menu : “Canards aux navets”, et il dira sans emphase : ce n'est pas mauvais. »

(Lucien Tendret, *La Table au pays de Brillat-Savarin,* 1892).

Voir aussi : GOURMAND.

GASTRONOME

Nom dérivé de gastronomie, introduit par Croze-Magnan dans *Le Gastronome à Paris* en 1803, et officialisé par *Le Dictionnaire de l'Académie* de 1835 qui le donne comme familier en dépit du zèle déployé par Brillat-Savarin pour l'imposer dans sa *Physiologie du goût* publiée en 1826.

Synonyme de gourmand et de fine gueule, le gastronome désigne l'amateur de repas raffinés, le fin connaisseur en matière de bonne chère.

« Le **gastronome** n'est ni prisonnier de la tradition, ni impressionné par la nouveauté. Avec la gastronomie, la cuisine cesse d'être collective. Chacun se targue d'exercer son jugement original et d'apporter éventuellement sa création personnelle. »

(Jean-François Revel, *Un festin en paroles*, 1978).

Voir aussi : **GOURMAND**.

GASTRONOMIE

Mot issu du grec *gastronomia,* « art de régler l'estomac », attesté en 1800 dans l'intitulé d'une brochure en vers de Joseph Berchoux : *La Gastronomie ou l'homme des champs,* mais déjà apparu isolément en 1623 dans une version des *Deipnosophistes* d'Athénée constituant la traduction du titre d'un poème d'Archestrate, contemporain de Périclès, et qui indique, depuis le début du XIXe siècle, l'art de la bonne chère, puis, par extension, l'art de la cuisine.

Ses pères fondateurs sont Grimod de la Reynière et Brillat-Savarin qui, dès l'Empire, instituèrent l'écriture gourmande et définirent les rites de cette nouvelle Église qui possède ses héros comme ses prophètes et ses lieux de pèlerinage.

« Il ne faut pas confondre le goût avec la **gastronomie**. Si le goût est ce don naturel de reconnaître et d'aimer la perfection, la **gastronomie,** au contraire, est l'ensemble des règles qui président à la culture et à l'éducation du goût. La **gastronomie** est au goût ce que la grammaire et la littérature sont au sens littéraire. »

(Pierre de Pressac, *Considérations sur la cuisine*, 1931).

« En tenant de temps en temps le vestiaire d'un trois-étoiles, je me confirme que la **gastronomie** est une mode mondaine et littéraire en plein essor. J'entends des intellectuels dans le vent discuter de la nouvelle manière de ne pas cuire les coquilles Saint-Jacques comme ils auraient hier critiqué une traduction nouvelle de l'*Hamlet* de Shakespeare. Et encore auraient-ils usé d'un vocabulaire moins hypertophié pour parler de Shakespeare. »

(Fanny Deschamps, *Croque-en-bouche*, 1976).

Voir aussi : **GASTRONOME, CASTRONOMIQUE & GOURMET.**

GASTRONOMIQUE

Adjectif dérivé de gastronomie, attesté en 1807 dans le *Journal des gourmands* et officialisé en 1823 par le *Dictionnaire Boiste*, qui qualifie un plat ou un repas réalisé selon les règles de la gastronomie.

« Comme tout et plus que tout, le système **gastronomique** avance vers la perfection à grands pas ; il devient le concurrent du Saint-Simonisme, et je veux qu'avant peu on professe à la Sorbonne le *Cuisinier françois* à la place des utopies de la doctrine. »

(Gérard de Nerval, « Fantastique », *Contes et Facéties*, 1831).

« Ce n'est pas de la cuisine raffinée, c'est mieux que cela : de la cuisine profonde. (...) Il se répand alors pour vous, sur les détails du lieu où vous êtes et sur les personnages de la maison, une espèce de lumière **gastronomique.** »

(Jules Romains, *Lucienne*, 1922).

GÂTEAU

Mot générique enregistré sous sa forme actuelle par le *Dictionnaire de l'Académie* en 1694, de *gastel,* « aliment fait de pâte » (XIIe siècle), sous-entendu « qui se gâte vite », représentant le francique *Wastil,* « nourriture », latinisé en *wastellum.* Mais Pierre Guiraud, qui voit dans *gastel* un dérivé de *gasche,* « gâteau, galette » en moyen français, suggère un rapprochement avec *vasitare,* « faire une pâte » en gallo-roman.

Désigne les apprêts de la pâtisserie proprement dite, comportant souvent un déterminatif pour en délimiter l'extension. Il s'agit en général d'une référence à la forme (gâteau monté), ou à la destination (gâteau des Rois, gâteau de mariage ou gâteau d'anniversaire), voire au principal ingrédient entrant dans la composition (gâteau au chocolat, etc.).

S'applique aussi à certains entremets salés qui rappellent par leur consistance ou leur forme les préparations sucrées (gâteau de lièvre aux truffes, gâteau de foies de volailles, gâteau de pommes de terre...).

On appelle encore « gâteau de plomb » ou « galette de plomb », une pâtisserie un peu lourde, faite de pâte brisée à la crème et aux œufs, originaire du Limousin.

« Vous le soignez, dit Monsieur Conaire. Hier des **gâteaux,** aujourd'hui des sandwichs, demain du pain sec et jeudi des pierres. »

(Samuel Beckett, *Mercier et Camier*, 1946).

« Mais les **gâteaux** étaient instruits, les tartes étaient bavardes. Il y avait dans les premiers des fadeurs de crème et dans les seconds des fraîcheurs de fruits qui en savaient long sur Combray, sur Gilberte. »

(Marcel Proust, *À l'ombre des jeunes filles en fleur*, 1921).

GÂTEAU BRETON

Voir : **BRETON**.

GÂTEAU DE FRIBOURG

Voir : **BABA**.

GÂTEAU DE PLOMB

Voir : **GÂTEAU**.

GÂTEAU DE SAVOIE (OU BISCUIT DE)

Dénomination d'un gâteau à texture légère, de forme généralement cylindrique, fait de fécule de pomme de terre, de farine, de sucre et d'œufs battus en neige, qui aurait été inventé au XIVe siècle par Jean de Belleville, et dédié au comte Amédée VI de Savoie.

Il se peut aussi, comme le suggère Nicolas de Bonnefons, valet de chambre de Louis XIV et auteur des *Délices de la campagne* (1654), que sa création ne date que du début du XVIIe siècle. L'appellation n'est d'ailleurs attestée qu'en 1728 dans le *Dictionnaire Richelet* et il faut attendre la publication des *Dons de Comus* en 1739 pour en trouver la formule.

Grimod de La Reynière, qui, en 1805, emploie indifféremment les termes de « biscuit de Savoie » et de « gâteau de Savoie », montre les améliorations que les pâtissiers du XVIIIe siècle apportèrent à la recette initiale : « Que l'on compare les biscuits de Savoie d'autrefois avec ceux que l'on fait actuellement. Les premiers sont lourds, massifs. (...) Ceux d'aujourd'hui sont légers, mousseux, et en quelque sorte aériens. On peut en manger sans risque, et ils sont encore frais au bout de trois mois... »

« Une vieille en cheveux, la raie sur le côté de la tête, passait, devant les tables, une corbeille remplie de morceaux de **gâteau de Savoie** et de pommes rouges. »

(Edmond et Jules de Goncourt, *Germinie Lacerteux*, 1865).

« Le dessert était servi. Au milieu, il y avait un **gâteau de Savoie**, en forme de temple, avec un dôme à côtes de melon, et, sur le dôme, se trouvait plantée une rose artificielle, près de laquelle se balançait un papillon en papier d'argent, au bout d'un fil de fer. »

(Emile Zola, *L'Assommoir*, 1877).

GÂTEAU DES ROIS

Nom d'un gâteau symbolique confectionné pour l'Épiphanie, connu dès le Moyen Âge, et composé d'une pâte feuilletée ou d'une pâte levée dans laquelle on glisse traditionnellement une fève ou une petite figurine de porcelaine.

Jadis, la célébration des Rois donnait lieu à un rituel très précis, immortalisé par un tableau célèbre du peintre flamand Jacob Jordaens : à la fin du repas du soir, on demandait au plus jeune des enfants de passer sous la table pour désigner les convives auxquels on devait distribuer les parts du gâteau. Celui qui découvrait la fève était proclamé roi et loué par l'assistance qui lui portait un toast en criant : « Le Roi boit ! » L'usage voulait encore que ce souverain d'un soir offrît à l'assistance un dîner de remerciement.

Cette fête connut toutefois diverses fortunes. Condamnée à la Renaissance par certains huguenots qui la considéraient comme une résurgence des saturnales païennes romaines, voire comme une pratique superstitieuse et satanique, elle fut encore proscrite sous Louis XIV par les prêtres de Saint-Germain qui réprouvaient les excès auxquels elle donnait lieu. Mais les sans-culottes ne furent pas en reste, puisque au lendemain de la Convention nationale du 2 septembre 1792, ils la décrétèrent « anticivique, puant le fanatisme et la tyrannie », la transformant en « fête de bon voisinage », rebaptisant le gâteau : « gâteau de l'Égalité » ! Comme on pouvait s'y attendre, la Restauration tira à nouveau les Rois dans la plus pure tradition...

« On avait tiré le **gâteau des Rois**. La fève était tombée à Madame Lerat, qui la mit dans le verre de Bosc. Alors ce furent des cris : "Le roi boit ! Le roi boit !" Nana profita de cet éclat de gaieté pour reprendre Fontan par le cou, en lui disant des choses dans l'oreille. »

(Emile Zola, *Nana*, 1880).

« Cachelin, désolé, voulait la faire reporter, puis il se calma à la pensée du **gâteau des Rois**, qu'il partagea avec mystère comme s'il eût enfermé un secret de premier ordre. Tout le monde fixa ses regards sur cette galette symbolique et on la fit passer, en recommandant à chacun de fermer les yeux pour prendre son morceau. Qui aurait la fève ? Un sourire niais errait sur les lèvres. »

(Guy de Maupassant, *L'Héritage*, 1884).

GAUDE (S)

Dénomination régionale employée au pluriel, appliquée à un plat à base de bouillie de farine de maïs passée au four, vraisemblablement déjà connu au XIIIe siècle, et qui constitua longtemps la nourriture ordinaire des pauvres en Franche-Comté et en Bourgogne.

Le linguiste Albert Dauzat la dit curieusement issue du Provençal *gaudo,* « jatte », mais il semble plus cohérent de la rattacher à

Walda, mot germanique qui désigne une variété de réséda dont on tire une teinture jaune.

Aujourd'hui, on appelle encore *gaudes* les bouillies faites à base de froment et de sarrasin, dans lesquelles on ajoute parfois des lardons, qu'on passe à la poêle dans du beurre et qu'on sert au dessert, avec du sucre.

« J'avoie **gaudes** et oubleez,/Gouières, tartes, flaonciaux,/Pomme d'espices, dorioles,/Crespines, bignés et ruissoles… »

(*Roman du comte d'Anjou,* attribué à Jehan Maillart, 1316).

GAUFRE

Mot dérivé de *walfre,* sans doute issu de l'ancien francique *wafla,* « rayon de miel », indiquant au XIIe siècle une « sorte de pâtisserie cuite entre deux plaques », enregistré sous la forme de *gauffre* par le *Dictionnaire de l'Académie* en 1694 et sous sa graphie actuelle en 1740.

Désigne, par analogie de forme, une pâtisserie légère et croustillante, cuite dans un moule spécial (gaufrier ou fer à gaufres) qui lui imprime l'aspect alvéolé d'un gâteau de miel.

Si, au Moyen Âge, les gaufres faisaient partie des réjouissances populaires et des petits commerces de rue, et qu'on les jouait aux dés comme les oublies, elles constituaient également la base de la nourriture paysanne.

Le diminutif *gaufrette,* appliqué à une petite gaufre et attesté au début du XVIe siècle, indique un petit biscuit alvéolé, fourré de crème pralinée ou de confiture, de nos jours fabriqué industriellement.

« **Gauffres** sont faites par quatre manières. La tierce manière, si est de **gauffres** couleisses (au fromage) et sont dictes couleisses pour ce seulement que la paste est plus clere... »

(*Le Mesnagier de Paris*, vers 1393).

« La collation vint, composée de quelques laitages, de **gaufres**, d'échaudés... »

(Jean-Jacques Rousseau, *Julie ou La Nouvelle Héloïse*, 1761).

GELÉE

Participe passé féminin substantivé issu du bas latin *gelare*, « descendre à une température qui provoque le gel », mentionné dans son acception culinaire dans *Le Mesnagier de Paris* composé vers 1393.

Se dit, par analogie de consistance avec la glace, du suc de poisson ou de viande qui se fige en refroidissant, dont la consistance et la transparence sont largement mises à profit pour la décoration des plats froids dits « en gelée » : aspic, œufs, terrines, filets de poisson, suprêmes de volaille...

S'applique, par extension, depuis le XVIIe siècle, aux jus de fruits cuits avec du sucre prenant une consistance gélatineuse après cuisson (gelée de groseilles...), puis à un entremets sucré préparé avec un fond de gélatine et parfumé avec un vin cuit.

« Damp Abbez prist la dame par dessoubs le bras et, en estraignant la main, la mène dans une salle basse ou estoit le dressouer et les tables mises, platz de divers grains couvers de **gellée** blanche, vermeille et dorée... »

(Antoine de La Sale, *Hystoyre et plaisante cronicque du Petit Jehan de Saintré*, 1486).

« Elle disait vrai du reste, en partie, et n'était pas beaucoup plus capable – ou désireuse – de dévoiler le mystère qui faisait la supériorité de ses **gelées** ou de ses crèmes, qu'une grande élégante pour ses toilettes, ou une grande cantatrice pour son chant. »

(Marcel Proust, *À l'ombre des jeunes filles en fleurs*, 1921).

Voir aussi : **ASPIC, TERRINE & SUPRÊME.**

GÉNOISE

Dénomination d'un gâteau léger, consigné dans *Le Cuisinier moderne* de Vincent La Chapelle en 1735, ainsi nommé par Auguste Jullien, qui en tenait la formule d'un pâtissier génois installé à Bordeaux.

Composée de farine, de sucre et d'œufs battus et fourrée de marmelade d'abricot, ou de chocolat, de moka, voire simplement de confiture, la génoise sert aussi de base à de nombreux gâteaux.

« Mlle Devoidy s'en fut chercher, dans la cuisine, deux **génoises** glacées de sucre rose, sur une assiette décorée d'une grenade en flammes. »

(Colette, *Gigi*, 1944).

GEORGETTE

Nom d'un apprêt de pommes de terre cuites au four, garnies d'un ragoût de queues d'écrevisses à la nantua, servi comme hors-d'œuvre et créé en 1885 par le chef du restaurant Paillard, situé en face du Vaudeville pour célébrer le triomphe de *Georgette*, comédie de Victorien Sardou.

« **Pommes Georgette** : cuire au four de moyennes pommes de terre Hollande ; les ouvrir sur le côté comme on ouvre un éclair et retirer la pulpe de l'intérieur. Garnir de queues d'écrevisses liées d'une sauce nantua. Servir très chaud. »

(Auguste Escoffier, *Le Guide culinaire*, 1903).

GERMINY

Formule appliquée à un potage à l'oseille, aux œufs et à la crème fraîche, inventée en 1869 par Adolphe Dugléré en hommage à Charles-Gabriel Le Bègue, comte de Germiny, ancien gouverneur du Crédit Foncier puis de la Banque de France et client assidu du luxueux Café Anglais qui traitait alors l'Europe entière.

« Menu d'un dîner de famille : Potage **Germiny** – Beurre de crevettes, Anchois et olives, – Cabillaud à la Hollandaise, cuissot de pré-salé à la Bretonne... »

(Stéphane Mallarmé, *La Dernière Mode*, 18 octobre 1874).

« Quand un cuisinier veut montrer son talent à quelques connaisseurs qu'il estime et dont il apprécie le jugement, il leur prépare un potage **Germiny**. À première vue, c'est un potage comme il en est tant. En fait, c'est un **Germiny**, le plus somptueux peut-être, le plus délicat des potages français. »

(Francis Amunatégui, *Le Plaisir des mets*, 1964).

GIBELOTTE

Mot issu de l'ancien français *gibelet*, lui-même diminutif de *gibier*, enregistré dans le *Dictionnaire de l'Académie* depuis 1762, primitivement appliqué à un « plat préparé avec des petits oiseaux », puis à une « fricassée de poulet » et, par extension, à un ragoût de lapin au vin blanc ou au vin rouge avec des petits lardons, des champignons, des oignons et de l'ail.

Le *Dictionnaire historique de la langue française* de 1992 signale l'ancienne locution « à la gibelotte » attestée en 1617 et appliquée à une sorte de matelote de poissons que Maupassant évoque encore dans *Bel-Ami*, en 1886.

« Un garçon venait de poser sur la table une **gibelotte** de lapin, dans un vaste plat, creux comme un saladier. Coupeau, très blagueur, en lança une bonne : – Dites donc, garçon, c'est du lapin de gouttière, ça... Il miaule encore. »

(Emile Zola, *L'Assommoir*, 1877).

« Un peu de thym dans la **gibelotte** en relève le goût, trop de thym la rend immangeable. Dans bien des cas, un changement de quantité inverse le signe, porte la chose à son contraire. »

(Jean Dubuffet, « Asphyxiante culture », *Prospectus et tous écrits suivants*, 1968).

GIGOT

Dénomination consignée vers 1370-1380 dans *Le Viandier* de Taillevent, maître queux de Charles VI, probablement empruntée à *gigue*, nom d'un ancien instrument de musique à trois cordes, par analogie de forme.

Pierre Guiraud la rattache toutefois aussi à *giguer*, « gambader, agiter les jambes », dérivé de *gibiez* qui a donné *gibecière*, « sac porté sur la cuisse », et *gigue*, mot qui désigne toujours exclusivement la cuisse des animaux de venaison.

Se dit de la cuisse d'agneau ou de mouton, autrefois dénommée « jambe de derrière », qu'on rôtit à la broche ou au four et qu'on sert avec une garniture de flageolets et son jus de cuisson, et, par extension, du pilon et du gras de la cuisse de dinde réunis et ficelés.

« Ce sont les fallacieux rosbifs et les illusoires **gigots** cuits au four des restaurants qui développent les ferments du concubinage dans l'âme ulcérée des vieux garçons. »

(Joris-Karl Huysmans, *Croquis parisiens*, 1880).

« Quel ancêtre me légua, à travers des parents si frugaux, cette sorte de religion du lapin sauté, du **gigot** à l'ail, de l'œuf mollet au vin rouge, le tout servi entre des murs de grange nappés de draps écrus où la rose rouge de juin, épinglée, resplendissait ? »

(Colette, *La Maison de Claudine*, 1922).

Voir aussi : **ANGLAISE (À L') & CUILLER (À LA).**

GIMBLETTE

Terme d'origine obscure, attesté dans le *Dictionnaire Richelet* en 1680, vraisemblablement emprunté au provençal *gimbleto* issu de *gimbla*, dialecte languedocien signifiant « tordre, plier, courber ».

Signale un petit gâteau croquant en forme de couronne ou d'étroites bandes de pâte tressées, poché à l'eau bouillante comme l'échaudé, puis trempé dans de l'œuf battu et doré au four, connu dès le Moyen Âge, mais ne se fabrique plus guère que dans la région d'Albi.

Qualifie également un petit gâteau de pain d'épice et aux amandes fabriqué à Dijon.

« Lorsque les **gimblettes** sont dorées, vous les appuyez légèrement avec une cuiller que vous trempez dans la dorure. (...) Ces **gimblettes** ainsi disposées, vous avez plus de facilité pour les faire de belle forme. »

(Antonin Carême, *Le Pâtissier royal parisien*, 1815).

Voir aussi : **ÉCHAUDÉ & PAIN D'ÉPICE.**

GLACE

Mot hérité du bas latin *glacia* indiquant, par analogie avec la transparence et le brillant de l'eau congelée, un entremets froid et fondant obtenu par la congélation d'une préparation diversement parfumée, faite avec des œufs, du lait et du sucre et introduite en France par les pâtissiers de Catherine de Médicis.

La glace ne fut vulgarisée que vers 1660 par le Sicilien Francisco Procopio, qui ouvrit bientôt le fameux Procope, rue des Fossés-Saint-Germain-des-Prés, aujourd'hui rue de l'Ancienne-Comédie. Mais ce n'est qu'un siècle plus tard qu'elles furent perfectionnées.

Se dit aussi de la « couche lisse comme un vernis dont on recouvre certains gâteaux » et enfin de la masse gélifiée obtenue par la réduction d'un fonds de cuisson qui sert à finir certaines sauces et dont la formule primitive est décrite dans *Les Secrets de la Nature et de l'Art concernant les aliments* en 1769. La demi-glace n'est naturellement qu'une réduction de moindre importance.

« Quand la **glace** apparut, ce fut un désastre. C'était une sauce, une soupe, un liquide clair flottant dans un compotier. »

(Guy de Maupassant, *L'Héritage*, 1884).

« "Je ne fais aucune objection à une **glace**, mon Albertine chérie, mais laissez-moi vous la commander, je ne sais pas moi-même si ce sera chez Poiré-Blanche, chez Rebattet, au Ritz, enfin je verrai. – Vous sortez donc ?" me dit-elle d'un air méfiant... »

(Marcel Proust, *La Prisonnière*, 1923).

Voir aussi : **PARFAIT**.

GNOCCHI

Nom d'origine incertaine, attesté dans sa forme actuelle en 1864 et vraisemblablement emprunté à l'italien *gnocchi*, pluriel de *gnocco*, « boulette de pâte ».

Désigne un apprêt à base de pommes de terre, de semoule, ou de pâte à choux, façonné en boulettes, puis poché et gratiné à four doux, et généralement servi comme hors-d'œuvre chaud ou comme petite entrée.

« Il mangeait, les bras allongés entre les épaules de ses voisins. Les garçons enlevaient les assiettes à potage, des crépinettes de lapereaux aux truffes et des **gnocchis** au parmesan circulaient. »

(Emile Zola, *Nana*, 1880).

GODARD (À LA)

Formule de la cuisine de l'Ancien Régime, de la même famille de celles dites *à la Montmorency* et *à la Régence*, donnée en hommage à Claude Godard d'Aucourt (1716-1795), gastronome averti et auteur de*Thémidore*, conte galant prodigue en « petits soupers ».

S'applique à une sauce et à une riche garniture de truffes, de crêtes de coq, de quenelles et de champignons, destinées à accompagner les relevés d'aloyau, les ris de veau et les volailles.

« Sans plus d'exorde, je vous entretiendrai de l'aloyau **à la Godard** : On le larde de lard épicé, on le ficelle avec soin. On met dans un brasier des carottes, un bouquet de fines herbes, des oignons, du bon bouillon, du vin de Madère, du poivre, du sel; on fait cuire à petit feu. Quand il est cuit, on passe les résidus, puis on les met dans une casserole avec du jus de viande, des ris de veau en tranches, des morceaux d'artichauts, des champignons, des œufs frits. »

(Charles Monselet, *La Cuisinière poétique*, 1859).

Voir aussi : **ALOYAU, MONTMORENCY & RÉGENCE.**

GODIVEAU

Mot qui apparaît d'abord sous la forme de *gaudebillaux* dans le

Gargantua de Rabelais en 1534, où il s'applique à ces fameuses « grasses tripes » qui faillirent être funestes à Gargamelle, et officialisé par le *Dictionnaire de l'Académie* en 1694.

Son étymologie demeure discutée, soit qu'on le rattache au radical *godd-*, « enflé », et à *beille,* « ventre », de l'ancien français *buille* signifiant « boyau », soit qu'on le donne comme une déformation de *gogues de veau,* nom d'une spécialité angevine à base d'herbes, de lard et de sang de porc.

Indique à l'origine un hachis de veau, de tripes de bœuf, de béatilles, de champignons, etc., qui servait à confectionner des petits pâtés, dits « pâtés de godiveau ».

Se dit, par extension, de la fine farce de volaille ou de veau servant à façonner les quenelles et à garnir les vol-au-vent.

« Deux assiettes suivaient, dont l'une était ornée/D'une langue de bœuf en ragoût, de persil couronnée;/L'autre, d'un **godiveau** tout brûlé par dehors/Dont un beurre gluant inondait tous les bords. »

(Nicolas Boileau, *Satires,* 1666).

« Une autre boutique, en face du square des Innocents, lui donnait des curiosités gourmandes, toute une ardeur de désirs inassouvis. C'était une spécialité de **godiveaux**. (...) ; et elle restait là, rêvant, se disant qu'il faudrait bien qu'elle finît par en manger un jour. »

(Emile Zola, *Le Ventre de Paris*, 1873).

GORENFLOT

Voir aussi : **SAVARIN**.

GOUGÈRE

Nom qui apparaît d'abord sous la forme de *goière* au XIIIe siècle, puis celle de *gouyère* au XVe siècle, enregistré sous son orthographe actuelle en 1739 dans *Le Nouveau Traité de la cuisine* de Menon qui le définit comme « une espèce de gâteau fait avec du fromage affiné et des œufs ».

Son étymologie demeure obscure, mais il est vraisemblable qu'il faille le rattacher à *gouge*, nom donné aux petits ciseaux qu'on utilisait pour entailler la pâte avant de la cuire.

S'applique à une pâtisserie salée en forme de boule ou de couronne originaire de Bourgogne et de Franche-Comté, faite de pâte à choux mélangée avec du comté ou du gruyère coupé en petits morceaux, puis cuite au four et qui se mange généralement tiède, en entrée.

« Item, valets et chamberières/De bon hôtels (rien ne me nuit)/Faisant tartes, flans et **gouyères**,/Et grands rallias à minuit. »

(François Villon, *Le Grand Testament*, 1462).

« Il y a beaucoup de chance que la **gougère** soit franc-comtoise, plutôt que bourguignonne, puisque depuis le XIIe siècle, la Franche-Comté fabrique les fromages qui entrent dans sa composition. »

(Edouard de Pomiane, *Radio cuisine*, 1933).

GOULASCH (OU GOULACHE)

Terme employé au masculin ou au féminin, attesté en 1893 et emprunté, par l'allemand, au hongrois *gulyás* « bouvier », mot qui désigne une sorte ragoût fait de culotte de bœuf coupée en carrés avec des oignons hachés, fortement assaisonné de paprika, de cumin, de poivre rose et mijoté pendant plusieurs heures.

« Ces trois musiciens faisaient un bruit du diable et accompagnaient fort bien le **goulasch** au paprika, les pommes de terre sautées mêlées de grains de cumin, le pain aux graines de pavot et la bière amère de Pilsen qu'on nous servit. »

(Guillaume Apollinaire, *L'Hérésiarque et Cie*, 1910).

« Je l'observais en dessous lorsque, penchée sur son cahier de notes, elle récitait les litanies de **goulasch**, de gelée de pied de veau (...), avec, entre chaque plat, un bref commentaire diététique tel que "détestable pour la ligne" ou bien "intoxiquant au possible", locution qui revenait souvent. »

(Edmonde Charles-Roux, *Oublier Palerme*, 1966).

GOULADE

Voir : CHABROT & GARBURE.

GOURMAND

Mot d'origine inconnue, d'abord attesté comme adjectif au milieu du XIVe siècle, que Furetière donne en 1690 comme équivalent de « goulu, qui mange avec avidité et avec excès ».

Le XVIIIe siècle en fait un synonyme de *friand*, terme qui s'appliquait au Moyen Âge à celui qui faisait preuve de délicatesse du goût. C'est seulement au début du XIXe siècle que *gourmand* prend son sens actuel d'amateur de repas raffinés, de fin connaisseur en matière de bonne chère, et qu'il devient synonyme de gastronome.

« Le **gourmand** gonflé, hors d'haleine dès le premier service, semblable au cygne de La Fontaine, est bientôt sans désir. Le voluptueux goûte de tous les mets : mais il en prend peu, il se ménage, il veut profiter de tout. »

(Julien Offray de La Mettrie, *L'Art de jouir*, 1751).

« Le plus plaisant, c'est qu'elles s'imaginaient elles-mêmes être de très sobres mangeuses ; et comme il n'était pas décent que des dévotes fussent **gourmandes**, qu'il faut se nourrir pour vivre, et non pas vivre pour manger ; que malgré cette maxime raisonnable et chrétienne, leur appétit glouton ne voulait rien perdre, elles avaient trouvé le secret de le laisser faire, sans tremper dans sa gloutonnerie ; et c'était le moyen de ces apparences de dédain pour les viandes, c'était par l'indolence avec laquelle elles y touchaient, qu'elles se persuadaient être sobres en se conservant le plaisir de ne pas l'être ; c'était à la faveur de cette singerie, que leur dévotion laissait innocemment le champ libre à l'intempérance. »

(Marivaux, *Le Paysan parvenu*, 1734-1735).

Voir aussi : **GASTROLÂTRE, GASTRONOME & GASTRONOMIE.**

GOURMANDISE

Dénomination d'origine inconnue, dérivée de *gourmand* avec un suffixe en *-ise*, enregistrée au début du XVe siècle et substituée à *gourmandie* et *gourmanderie*, termes archaïques en usage au siècle précédent.

D'abord synonyme de gloutonnerie, la gourmandise se dit primitivement du « vice de celui qui mange avec avidité et avec excès », sens attesté par le *Dictionnaire de Trévoux* de 1771.

C'est seulement dans l'édition de 1835 du *Dictionnaire de l'Académie* que ce mot, qui suit une évolution semblable à celle de *gourmand*, désigne, non sans réticences, l'aptitude à apprécier la bonne chère, devenant ainsi synonyme du sens primitif de *friandise* que Furetière définissait comme la « passion que l'on a pour les viandes délicates et le bon goût ».

« Le plaisir le plus général étant celui de la **gourmandise** ou même la nourriture envisagée comme besoin, ce plaisir étant la première et la dernière jouissance de l'homme, celle qui le réjouit depuis sa naissance jusqu'à sa dernière heure, il n'est pas surprenant que tous les siècles l'aient envisagée en sens factieux et que les peuples avilis, malheureux, n'y aient vu qu'une distraction au mal-être et non une voie de sagesse. »

(Charles Fourier, *Le Nouveau Monde amoureux*, avant 1837).

« L'idée me vint donc de développer sa **gourmandise** et d'essayer, par ce moyen, de faire entrer des nuances dans son esprit, de la forcer, par les dissemblances des goûts, par les gammes des saveurs, sinon à des raisonnements, du moins à des distinctions instinctives, mais qui constituaient déjà une sorte de travail matériel de la pensée. »

(Guy de Maupassant, *Berthe*, 1884).

GOURMET

Mot attesté au XVe siècle, qu'on dit généralement issu de l'ancien français *gromme*, de l'anglais *groom,* « valet », lui-même d'origine française, mais qui procède plus sûrement, selon Pierre Guiraud, de la racine *gourm-* désignant à la fois la « gorge » et le « chalumeau » au sens de « pipette ».

S'applique initialement au « valet chargé de transporter les vins », puis, par extension, au XVIe siècle, au « valet qui goûte le vin et juge s'il n'est point frelaté ».

Prend son acception moderne de « personne qui apprécie le raffinement en matière de boire » et de « spécialiste des vins » au XVIIIe siècle, avec l'élargissement discutable que Jaucourt lui confère dans l'*Encyclopédie* : « le gourmet est celui qui sait apprécier la bonne chère », sens repris par Littré en 1866, qui le donne comme synonyme de « fin gourmand ».

« J'avais entendu au lieu des mots : "Aile de poulet, très bien, un peu de champagne, mais pas trop sec", ceux-ci : "J'aimerais mieux de la glycérine. Oui, chaude, très bien." J'avais voulu voir quel était l'ascète qui s'infligeait un tel menu. Je retournai vivement la tête vers Saint-Loup pour ne pas être reconnu de l'étrange **gourmet.** »

(Marcel Proust, *Le Côté de Guermantes*, 1921).

« Etre un **gourmet**, cela représente une éducation spéciale, faite de beaucoup d'expériences heureuses, ou malheureuses. Cela représente des croisades dans le Bordelais, des expéditions en Champagne ou en Bourgogne pour y apprécier les crus classés, et exercer les facultés de son palais. »

(Paul Poiret, *En habillant l'époque*, 1930).

GRANITÉ

Diminutif de « glace granite », transcription de l'italien *granita*, « sorbet granuleux », attesté par Joseph Favre dans le *Dictionnaire universel de cuisine* en 1883.

S'applique à un sorbet fait d'un sirop à base de jus de fruits qui présente l'aspect grenu de la roche et qu'on faisait primitivement avec de la neige sucrée et parfumée.

« Dans les services, les **Granités** jouent le même rôle que les Sorbets. On les fait intervenir également dans quelques préparations culinaires. »

(Auguste Escoffier, *Le Guide culinaire*, 1903).

GRAS-DOUBLE

Mot composé de *gras* et de *double*, compris comme « deux fois gras », enregistré dans le *Dictionnaire de Cotgrave* en 1611 au sens de « membrane comestible de l'estomac du bœuf », que le *Dictionnaire de Trévoux* définit comme une « espèce de tripe » en 1752.

Se dit de la préparation constituée par les parties les plus grasses de l'estomac de bœuf (panse, bonnet, feuillet et caillette) qui entre dans la confection des tripes, et en particulier d'un plat réputé de la cuisine lyonnaise et méridionale.

« Ce n'étaient que **gras-double**, andouilles, jambonneaux et fumures. La verve n'y faillissait point ni l'appétit. »

(Laurent Tailhade, *Petit bréviaire de la gourmandise*, 1914).

Voir aussi : **TRIPES**.

GRATIN

Appellation attestée au XVIe siècle qui désigne à l'origine ce qui reste attaché au fond ou sur les parois d'un récipient dans lequel on a fait cuire une bouillie ou un autre mets, qu'on détache en grattant.

S'applique, depuis le début du XIXe siècle, au mode de préparation de certains apprêts salés, recouverts de sauce, de chapelure ou de fromage râpé, dont la cuisson se termine au four pour que se forme sur le dessus une croûte légère et dorée destinée à conserver le moelleux des ingrédients. Se dit, par extension, du plat ainsi préparé.

Le « gratin dauphinois » est un gratin fait avec des pommes de terre coupées en rondelles, de la crème fraîche, du fromage râpé, aromatisé avec de la noix de muscade râpée et cuit dans un plat en terre beurré et frotté d'ail.

« J'ai fait les choux-fleurs au **gratin** à votre intention… Les avez-vous mouillés avec du jus au lieu de bouillon ? C'est plus onctueux ! »

(Honoré de Balzac, *La Vieille Fille*, 1836).

« Et comme un aide de cuisine apportait des grands plats de fer-blanc, Hutin s'écria : – Du riz au **gratin**, c'est complet ! – Bon pour deux sous de colle, dit Flavier en se servant. »

(Emile Zola, *Au Bonheur des dames*, 1883).

GRIBICHE

Dénomination attestée à la fin du XIXe siècle, appliquée à une sauce froide relevée, sorte de mayonnaise faite de jaunes d'œufs cuits, de moutarde, d'huile, de vinaigre, d'un hachis de persil, de cerfeuil et d'estragon, de cornichons et de câpres, destinée à assaisonner tête de veau, poisson et viandes froides.

Son origine demeure inconnue, soit qu'on suggère une création fantaisiste ou un nom propre, soit qu'on la rattache, sans plus de raisons, au régionalisme normand *gribiche* signifiant « méchante femme »...

« On ne se gênait guère pour l'envoyer quérir dès qu'on avait besoin d'une recette de sauce **gribiche** ou de salade à l'ananas pour des grands dîners où on ne l'invitait pas, ne lui trouvant pas un prestige suffisant pour qu'on pût le servir à des étrangers qui venaient pour la première fois. »

(Marcel Proust, *Du côté de chez Swann*, 1913).

GUEULETON

Mot dérivé de *gueule*, du latin *gula*, « gosier », attesté au milieu du XVIIIe siècle, au sens de « bon repas », qui désigne de façon péjorative, depuis le XIXe siècle, un repas pris entre amis, où l'on mange et boit beaucoup, généralement assorti de gauloiseries.

« Ah ! nom de Dieu ! Oui, on s'en flanqua une bosse ! Quand on y est, on y est, n'est-ce pas ? et si l'on ne se paie qu'un **gueuleton** par-ci par-là, on serait joliment godiche de ne pas s'en fourrer jusqu'aux oreilles. Vrai, on voyait les bedons se gonfler à mesure. Les dames étaient grosses. Ils pétaient dans leur peau les sacrés goinfres ! »

(Emile Zola, *L'Assommoir*, 1877).

« Après ce **gueuleton** au cours duquel il ne fut parlé que d'insignifiantes chimères, les deux hommes gagnèrent le Saint-James... »

(Raymond Queneau, *Loin de Rueil*, 1944).

Voir aussi : **BOMBANCE & RIPAILLE.**

H

HACHIS

Terme dérivé de *hacher,* « couper en menues parties », enregistré dans le *Dictionnaire Estienne* en 1539, appliqué à un mets représentatif de la cuisine dite « bourgeoise », fait de viandes, de poissons, ou de légumes, hachés finement et assaisonnés ou liés par une sauce, mais qu'on utilise aussi parfois comme farce.

« Il soupa, lui tout seul, devant elle ;/Et fort dévotement il mangea deux perdrix/Avec une moitié de gigot en **hachis.** »

(Molière, *Tartuffe ou l'Imposteur*, 1664).

« Griselda le câlinait à coups de pommes au lard, haricots saucisses, ragoût et confits, des soupes bien farineuses avec de la bonne fécule, des civets, des pâtes au jus, des matelotes et des **hachis...** »

(Alain Demouzon, *La Petite Sauteuse*, 1989).

Voir aussi : **BOURGEOISE & PARMENTIER.**

HARICOT (DE MOUTON)

Dénomination dérivée de l'ancien français *harigoter* ou *haligoter*

« déchirer, mettre en lambeaux », primitivement orthographiée *hericoq* dans *Le Viandier* de Taillevent, puis *hericot* et *halicot*, appliquée, suivant l'étymologie, à un ragoût de viande de mouton coupée en morceaux avec des pommes de terre et des navets.

Le haricot de mouton n'a donc, à l'origine, rien à voir avec la légumineuse d'Amérique centrale seulement introduite en France au début XVIIe siècle sous le nom de *feve d'aricot*. Si une confusion a pu s'établir, c'est parce que cette fève entra par la suite dans la composition du plat, comme en témoigne une formule de « poitrine de mouton en Aricot » consignée en 1651 dans *Le Cuisinier françois* de La Varenne, traité révolutionnaire qui exprime les tendances d'une nouvelle cuisine en rupture avec celle du Moyen Âge et de la Renaissance.

> « Ces platées de bœuf reposant sur des lits épais de choux, ces **haricots** de mouton emplissant la petite et massive assiette, ces triangles de Brie, ces verres pleins, lui communiquaient des fringales et ces gens aux joues gonflées par d'énormes bouchées de pain (...) l'excitaient et il filait, tâchant de conserver cette impression de voracité pendant la route... »
>
> (Joris-Karl Huysmans, *À vau-l'eau*, 1882).

Voir aussi : **NAVARIN**.

HOCHEPOT

Formule composée d'un dérivé de *hocher*, du néerlandais *hutsen*, « secouer » et de *pot*, attestée sous la forme de *hoche-pot* dans *Le Viandier* de Taillevent à la fin du XIVe siècle et appliquée à une espèce de ragoût de bœuf haché avec divers légumes, cuit sans eau dans un pot, autrement dénommé *pot pourri* ou *pâté en pot*.

Son étymologie viendrait du fait que le contenu du pot exige d'être remué pour ne pas attacher, mais celle-ci pourrait aussi bien être déduite de l'ancien français *-osche,* « entaille, incision », qui a donné le verbe transitif *hocher,* « marquer d'une hoche, faire une entaille ».

Se dit aussi d'une sorte de pot-au-feu originaire des Flandres, autrement dénommée « potée d'Artois », fait avec des oreilles ou une queue de porc, de la poitrine de bœuf, de l'épaule de mouton, du lard salé et des légumes, cuits à l'étouffée.

Signale encore un apprêt spécial de la queue de bœuf et des oies grasses ou des gros canards.

« On fait des **hoche-pots** de tout ce que l'on veut. Le bouillon doit avoir beaucoup de corps gras sans être âcre ni salé. Si on le fait avec du gibier, il doit avoir un bon fumet. »

(François Marin, *Les Dons de Comus, ou les Délices de la table*, 1739).

« Je voudrais que mon nom, trop longtemps sous séquestre,/S'en allât tout fumant vers la postérité,/Dans la vapeur d'un **hochepot** ou d'un ménestre. »

(Laurent Tailhade, « Dîner champêtre », *Au pays du mufle*, 1891).

Voir aussi : **POTAGE & POT POURRI.**

HOLLANDAISE

Nom d'une sauce émulsionnée chaude, composée pour l'essentiel de jaunes d'œufs montés en sabayon au bain-marie avec du beurre clarifié, destinée à accompagner les poissons pochés au court-bouillon et les légumes cuits à l'anglaise, dont l'appellation serait un hommage implicite à la qualité des produits laitiers hollandais.

Connue depuis le XVIIIe siècle, cette sauce fut perfectionnée au début du siècle suivant par Laguipière, chef des cuisines impériales et maître d'Antonin Carême, qui eut l'idée d'y ajouter un peu de velouté ou d'allemande et de la glace de volaille.

« Le soufflé serait cuit dans un moule bien beurré placé dans l'eau bouillante et, une fois cuit, disposé sur un plat creux et entouré de parts égales de sauce **hollandaise**, sauce à la crème et sauce tomate. J'espérais que ces sauces tricolores donneraient au soufflé une apparence moins nourrissante. "Cruelle énigme", dit Picasso quand on le lui servit. »

(*Le Livre de cuisine d'Alice Toklas*, avant 1967).

HOMARD THERMIDOR

Voir : **THERMIDOR.**

HORS (-) D'ŒUVRE

Mot composé invariable qui entre dans le vocabulaire de la cuisine en 1690 dans le *Dictionnaire Furetière* pour désigner les mets chauds ou froids consommés au début d'un repas (éventuellement après le potage), et alors considérés comme suffisamment accessoires pour être au besoin supprimés sans rompre l'ordonnance du menu.

À en juger par l'énumération contenue dans *De honesta voluptate* de Platina, ouvrage composé vers 1465 et traduit en français au début du XVIe siècle, la variété des hors-d'œuvre était autrefois considérable. Aujourd'hui, ils ne désignent plus que les plats froids servis avant les entrées ou le plat principal.

« Excellente entrée en matière, madame, dit Jean à l'hôtesse. Sans mentir, si le plat de résistance est de la même lignée que les **hors-d'œuvre**... Mais, qu'est-ce que vous nous apportez là ? »

(Pierre Benoit, *Le Déjeuner de Sousceyrac*, 1931).

« J'ai droit à un **hors-d'œuvre** au choix : cinq rondelles de saucisson ou des radis ou des crevettes grises ou un ravier de céleri rémoulade. Les escargots de Bourgogne sont supplémentés. »

(Jean-Paul Sartre, *La Nausée*, 1938).

I

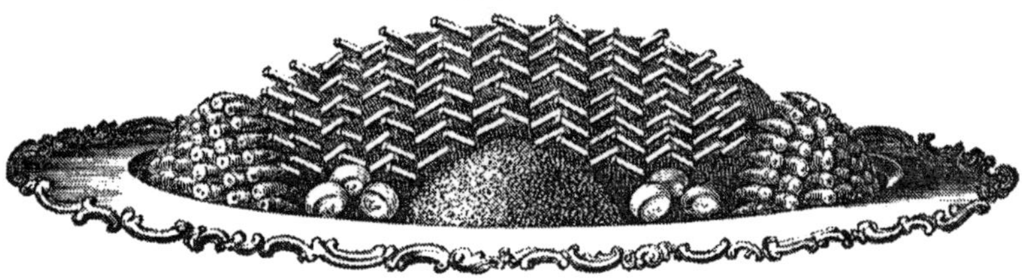

ÎLE FLOTTANTE

Nom attesté au début du XXe siècle appliqué, par analogie d'aspect avec la masse de glace flottante détachée d'un glacier polaire, à un entremets léger composé de crème anglaise sur laquelle flotte des blancs d'œufs battus généralement nappés de caramel.

« Je déjeunais chez eux tous les jeudis, rissoles, blanquette, **île flottante** ; Bonne-maman me régalait. »

(Simone de Beauvoir, *Mémoires d'une jeune fille rangée*, 1958).

« L'**île flottante** est un entremets un peu différent des "œufs à la neige" car les blancs d'œufs sont cuits au four et non dans le lait. »

(*La Cuisine de A à Z*, 1968).

IMPÉRATRICE (À L')

Appellation flatteuse propre à la cuisine de l'Empire qui indique, d'emblée, comme « à l'ambassadrice » ou « à la maréchale », un mode de préparation caractérisé par le raffinement et la richesse des ingrédients utilisés (crêtes et rognons de coq, foie gras, truffes...).

Se dit en particulier d'un apprêt sophistiqué de poularde et d'un entremets froid au riz enrichi de fruits confits, parfumé à la vanille, dans lequel on incorpore de la crème Chantilly, que les cuisiniers du Premier Empire dédièrent à l'impératrice Marie-Louise, en 1810.

« Menu d'un grand dîner : Relevés : Bécasse sous la cendre, jambon glacé à la gelée, salade **impératrice...** »

(Stéphane Mallarmé, *La Dernière Mode,* 18 novembre 1874).

« J'arrivais à me représenter avec tant de force, d'une part une pièce éblouissante et fière, de l'autre, une pièce douce et veloutée, que j'étais aussi incapable de décider laquelle aurait ma préférence, que si, pour le dessert, on m'avait donné à opter entre du riz **à l'Impératrice** et de la crème au chocolat. »

(Marcel Proust, *Du côté de chez Swann*, 1913).

IMPÉRIALE

Ellipse de « à l'impériale » que les cuisiniers du Second Empire appliquèrent à une sauce au vin blanc et à la crème, destinée à accompagner les poissons pochés garnis de crevettes, de julienne, de truffes et de laitance.

Se dit aussi d'une riche garniture également composée de truffes, de foie gras, ou encore de crêtes et de rognons de coqs.

« Les gourmands regardaient avec des yeux de convoitise ce qui restait des potages inconnus et admirables. "Turbot sauce crevette ! saumon sauce **impériale** ! filets de chevreuil sauce madère !" Le silence régnait parmi les convives. »

(Comtesse de Ségur, *L'Auberge de l'ange gardien*, 1863).

IVOIRE (OU À L'IVOIRE)

Locution appliquée, par analogie de couleur avec les défenses d'éléphant, à une sauce suprême de glace de viande blonde, ainsi qu'aux volailles pochées dans un fonds blanc, garnies de champignons blancs étuvés au beurre, de quenelles de volaille, nappées de cette sauce, dont la première formule est mentionnée dans le *Cuisinier gascon* en 1740.

« Classique avec la poularde, la **sauce ivoire** n'est pas moins bonne avec les ris de veau ou avec les œufs. »

(*Dictionnaire de l'Académie des Gastronomes*, 1962).

J

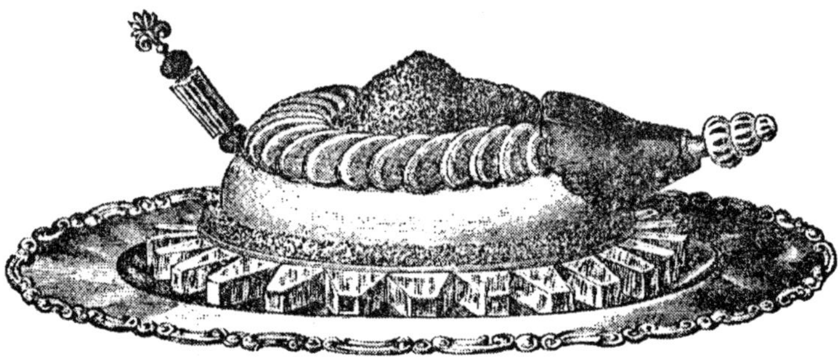

JALOUSIE

Nom d'un petit gâteau feuilleté rectangulaire généralement garni d'une crème frangipane à la vanille, dont le dessus est quadrillé de bandes de pâte dorées à l'œuf et abricotées, ainsi nommé par analogie d'aspect avec le treillis de bois qui, dans un contexte oriental, dissimulait les femmes au regard des hommes, et dont la première mention figure dans le *Manuel des Amphitryons* de Grimod de la Reynière en 1808.

« Tâchons de combiner le menu de Parrain, en tenant compte que ce dîner, pour lui, est une petite débauche. (...) Comme une glace pourrait l'incommoder, nous terminerons par des **jalousies** fourrées de marmelade d'abricots. »

(Paul Reboux, *Plats nouveaux*, 1927).

JAMBE DE BOIS (POTAGE À LA)

Voir : **POTAGE.**

JARDINIÈRE

Dénomination spécialisée en art culinaire en 1810 dans l'*Almanach des Gourmands* de Grimod de La Reynière, appliquée, par métonymie du sens premier du mot, à un mélange de légumes frais taillés en bâtonnets, composé de carottes, de navets, de petits pois, de haricots verts, etc., destiné à accompagner les viandes pochées ou braisées ainsi que les volailles rôties ou sautées.

« À la saison des légumes on s'en foutait plein le lampion... Je les présentais en "**jardinière**" avec des lardons variés... Il en ramenait des salades ! des haricots à plein panier ! De la carotte, du navet, des bottes et des bottes entières et même des petits pois... »

(Louis-Ferdinand Céline, *Mort à crédit*, 1936).

Voir aussi : **MACÉDOINE.**

JÉSUITE

Se dit d'un petit gâteau feuilleté triangulaire fourré de crème d'amande, enrobé de chocolat noir, probablement inventé au XVIIe siècle et ainsi nommé parce que sa forme et sa couleur évoquent l'ancien couvre-chef des jésuites, ordre de religieux fondé par Ignace de Loyola.

« Les **jésuites**, sont aussi préparés avec des rognures de pâte feuilletée. » (Pierre Lacam, *Mémorial historique et géographique de la pâtisserie*, 1888).

JOINVILLE (À LA)

Dénomination de divers apprêts de la grande cuisine dédiés sous le Second Empire au troisième fils de Louis-Philippe, Philippe d'Orléans, prince de Joinville.

Il s'agit en particulier d'une sauce aux crevettes ou au beurre d'écrevisses et aux truffes qu'on sert avec les filets de sole pochés, et d'un gâteau feuilleté fourré à la confiture de framboise.

« Anciennement les filets de sole **à la Joinville,** au lieu d'être disposés en turban, à même le plat, étaient dressés, toujours en turban, sur une bordure faite en farce de brochet ou d'autre poisson. »

(Prosper Montagné, *Larousse gastronomique*, 1938).

JULIENNE

Nom attesté dans *Le Dictionnaire de l'Académie* en 1798, mais déjà mentionné dans *Le Cuisinier roial et bourgeois* de Massialot en 1691, où il désigne une préparation de légumes variés coupés en fines lanières servant de garniture à un potage.

Son origine demeure obscure, soit qu'on le rattache aux prénoms Julien, Julienne, soit à Jean Julienne, nom d'un cuisinier du XVIIe siècle qui passe pour son créateur.

Indique de nos jours la manière de tailler certains légumes crus (carottes, céleri-rave, chou…), en filaments plus ou moins fins, généralement assaisonnés avec une sauce vinaigrette ou une sauce rémoulade, et servis en hors-d'œuvre.

« Elle avait aussi des paquets ficelés pour le pot-au-feu, (…) sans parler de la **julienne** fraîche, coupée très fine sur des feuilles de papier, des choux taillés en quatre, des tas de tomates et des tranches de potiron qui mettaient des étoiles rouges et des croissants d'or dans la blancheur des autres légumes lavés l'eau. »

(Émile Zola, *Le Ventre de Paris*, 1873).

« La nourriture qu'il servait était exécrable et sous des noms ronflants – **Julienne** au vieux xérès, Crêpes de crevettes en gelée, Chaud-Froid d'ortolans… »

(Georges Perec, *La Vie mode d'emploi*, 1978).

Voir aussi : **BRUNOISE & MIREPOIX.**

K

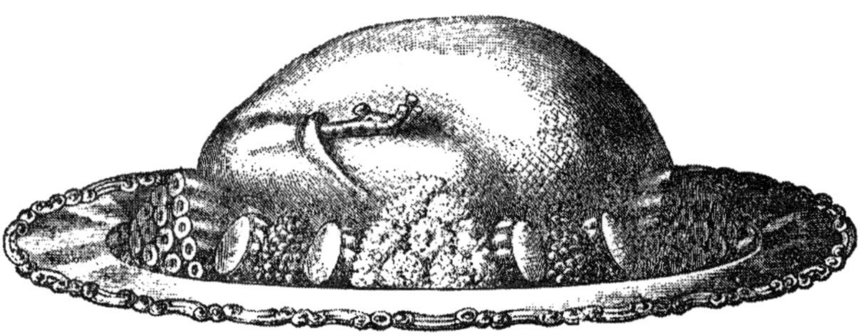

KOUGELHOPF (OU KOUGLOF)

Mot du dialecte germanique d'Alsace dérivé de *Kugel,* « boule », et de *Huph* ou de *Hefe,* « levure », d'abord enregistré sous la forme de *gouglouff* en 1827, puis celle de *kougelhopf* en 1861.

Indique une sorte de brioche originaire d'Europe centrale, faite avec de la pâte levée, des raisins secs et des amandes, cuite dans un moule rond muni d'une cheminée centrale, introduite en Lorraine par les pâtissiers de Stanislas Leczinski, ex-roi de Pologne exilé vers 1720, puis mise à la mode par Marie-Antoinette.

Dans les villages de l'Est, la tradition voulait qu'on distribuât des kouglofs les jours de mariage et de baptême. C'est à un nommé Georges, établi rue du Coq-Saint-Honoré, qu'on en doit la vulgarisation à Paris vers 1840.

« Il y eut table ouverte jusque dans les granges et sous les hangars. Ce qu'on consomma de vin, de pain, de viande, de tartes et de **kougelhopfs**, je ne puis le dire.... »

(Erckmann-Chatrian, *Le Fou Yégof,* 1861).

«Lorsque je dis que je pouvais me procurer tout ce qu'il fallait pour faire le **kougelhopf**, les visages s'illuminèrent. C'était à qui se disputerait l'honneur de faire le **kougelhopf** pour le capitaine.»

(Edouard de Pomiane, *Radio cuisine*, 1933).

Voir aussi : BABA & SAVARIN.

KOUIGN'AMANN

Gâteau breton signifiant «pain au beurre», fait à base de pâte à pain et de beurre salé, qu'on caramélise au sucre et qu'on sert de préférence tiède.

La légende en attribue la création, vers 1865, à la femme d'un boulanger de Douarnenez qui aurait eu l'idée, pour ne pas gâcher un morceau de pâte sur lequel elle aurait laissé malencontreusement fondre un morceau de beurre, d'y rajouter encore du beurre et de le faire cuire ainsi...

«- Un sac vide, ça ne tient pas debout! Comme la soupe de poisson, la blanquette était un véritable régal. À nouveau Mary y alla de son compliment. – Ah, dit madame Mével, vous voyez... Après il y a du **kouign-amann**. Le "**kouign-amann**" était ce gâteau au beurre, une spécialité locale, qui n'était bon (...) à qu'à Douarnenez.»

(Jean Failler, *Boucaille sur Douarnenez*, 1995).

KOULIBIAC (OU KOULIBIAK, OU COULIBIAC)

Appellation empruntée au russe *kouliéblaka*, transcription probable de l'allemand *Kohlgebäck*, d'abord attestée sous la forme de *koulbac* en 1855, puis sous son orthographe actuelle en 1902.

Il s'agit primitivement d'un feuilletage au chou introduit en Russie par les immigrés allemands, qui a connu par la suite diverses variantes. On le farcit avec de la viande, du poisson, des légumes, du riz, des fines herbes et des œufs durs, mais on le fait aussi en pâte feuilletée ou briochée garnie avec du saumon, de la volaille ou du gibier, des champignons et naturellement du riz, des oignons, du persil, etc., et des œufs durs. On le sert chaud, coupé en tranches épaisses.

« Lorsque Cidrolin eut décidé de commencer par du caviar frais gros grain, la conversation devint des plus amicales. Elle devint franchement cordiale lorsqu'il envisagea d'affronter ensuite un **koulibiac** de saumon. »

(Raymond Queneau, *Les Fleurs bleues*, 1965).

L

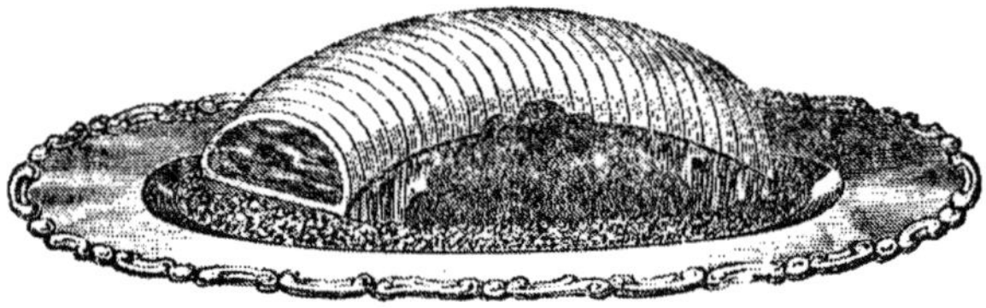

LANGUE-DE-CHAT

Nom attesté par le *Dictionnaire Littré* en 1866, donné à un petit gâteau sec, plat et allongé, par analogie de forme avec une languette arrondie comme la langue des chats, destiné à accompagner les entremets, les salades de fruits et le champagne.

« Et puis d'abord, tu n'es pas un vrai berger. Tu as tout ce qu'il te faut, du bordeaux et des **langues de chat**. Prends garde que la colère prenne ton père... »

(Jacques Audiberti, *Les Femmes du bœuf*, 1948; cité partiellement par le *Trésor de la Langue française*, 1983).

LUCULLUS

Dénomination de différents apprêts de la cuisine de l'Ancien Régime, caractérisés par le luxe de leur présentation et la richesse des ingrédients entrant dans leur composition, donnée en mémoire du général romain Lucullus dont la somptuosité et le raffinement de la table sont restés proverbiaux.

S'applique en particulier à des préparations de gibier à plume, d'œufs pochés et à un tournedos sauté, nappé de sauce Périgueux (sauce au madère additionnée de truffes en petits dés), décorés de lames de truffe, et garnis de crêtes de coq et de pointes d'asperges.

« **Caissettes de foie gras Lucullus** : prenez six jolies petites caissettes en porcelaine. Garnissez-en le fond et les parois d'une fine farce de poularde à gratin ; puis mettez-les au chaud. Pendant ce temps, faites sauter au beurre dix-huit petites escalopes de foie gras ; disposez-les dans les caissettes, saucez-les de fine demi-glace au madère, et coiffez-les d'une belle lame de truffe lustrée de glace de volaille. ».

(Edouard Nignon, *L'Heptaméron des gourmets*, 1919).

M

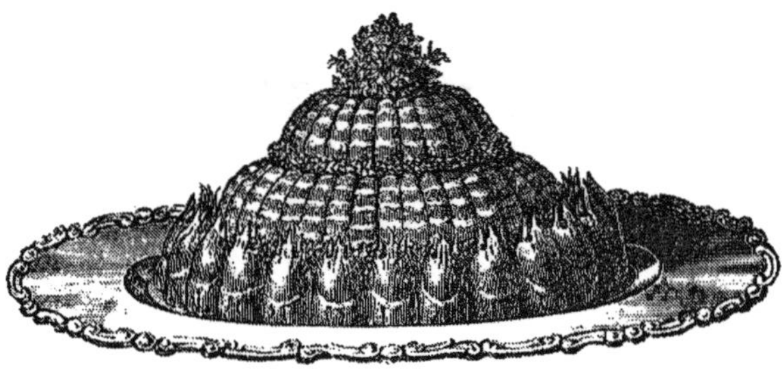

MACARON

Mot d'origine obscure, attesté dans *Le Quart Livre* de Rabelais en 1548-1552, vraisemblablement emprunté à l'italien dialectal *maccarone*, « pâte fine », qui a donné *macaroni*.

Signale un petit gâteau rond à base d'amandes, de sucre et de blancs d'œufs, dont certains historiens disent qu'il a été introduit par les pâtissiers de Catherine de Médicis. Mais c'était également un biscuit traditionnellement fabriqué dans les couvents du Moyen Âge.

Parmi les plus réputés, on cite ceux de Cormery (en forme de nombril de moine, si on en croit la légende) et ceux de Nancy qu'on appelle aussi « gâteaux des sœurs macarons », du nom des religieuses de la rue de la Hache qui contribuèrent à leur renommée après la Révolution.

« M. Hémart ne se borne pas à faire un excellent pain d'épice aux anis de céleri, au citron vert des îles, à l'anis vert naturel, à l'angélique glacée, à l'anis fin de Verdun, etc.; on trouve encore chez lui toute espèce de **macarons...** »

(Grimod de La Reynière, *Almanach des Gourmands*, 1806).

MACÉDOINE

Appellation attestée comme terme culinaire dans le *Dictionnaire de l'Académie* en 1740, donnée, par allusion plaisante à l'empire d'Alexandre dans lequel s'affrontaient des peuples d'origine différente, à un mélange de légumes chauds ou froids, détaillés en petits dés et diversement assaisonnés (beurre fondu, vinaigrette, mayonnaise, etc.).

Se dit, par extension, d'un panaché de fruits coupés en menus morceaux, puis, par métonymie, des plats de légumes ou de fruits ainsi préparés.

« Ils aimaient les pâtés, les **macédoines** ornées de guirlandes de mayonnaise, les roulés de jambon et les bœufs en gelée : ils y succombaient trop souvent, et le regrettaient, une fois leurs yeux satisfaits, à peine avaient-ils enfoncé leur fourchette dans la gelée rehaussée d'une tranche de tomate et de deux brins de persil : car ce n'était, après tout, qu'un œuf dur. »

(Georges Perec, *Les Choses*, 1965).

Voir aussi : **JARDINIÈRE**.

MADELEINE

Nom d'origine incertaine, attesté par le *Dictionnaire Bescherelle* en 1845, appliqué à un petit gâteau moelleux en forme de coquille bombée et striée sur le dessus.

Les uns y voient un baptême d'Antonin Carême et l'invention d'Avice, pâtissier du prince de Talleyrand, celui-ci ayant eu l'idée d'enfermer une composition similaire du *tôt-fait* dans un moule à aspic. Mais cette hypothèse est aussi peu convaincante que celle qui en fait la création d'une marchande du début du XIXe siècle, prénommée Madeleine, qui vendait ses pâtisseries au Palais-

Royal, puisque ce gâteau était déjà mentionné dans *Les Soupers de la Cour* de Menon en 1755. Aussi convient-il d'y voir plus sûrement de l'attribuer à une certaine Madeleine Paumier, laquelle l'aurait confectionné au château à Commercy, vers 1730, pour l'ex-souverain de Pologne, Stanislas Leczinski, qui l'introduisit à la Cour, où son gendre Louis XV établit sa renommée.

Doit-on ajouter que la célèbre madeleine d'Illiers-Bourg immortalisée sous le nom de Combray dans *A la Recherche du temps perdu* était déjà connue au Moyen Âge et qu'on a trouvé des moules dits « à madeleine » dans les fouilles de Pompéi ?

« Ma mère (...) envoya chercher un de ces gâteaux courts et dodus appelés **petites madeleines** qui semblent avoir été moulés dans la valve rainurée d'une coquille de Saint-Jacques. Et, bientôt, machinalement, accablé par la morne journée et la perspective d'un triste lendemain, je portai à mes lèvres une cuillerée de thé où j'avais laissé s'amollir un morceau de **madeleine**. Mais à l'instant même où la gorgée mêlée des miettes du gâteau toucha mon palais, je tressaillis, attentif à ce qui se passait d'extraordinaire en moi... »

(Marcel Proust, *Du côté de chez Swann*, 1913).

« Je vais préparer un bon chocolat, annonça Virginie, et j'ai des **madeleines**. – Miam-miam, dit Olivier. »

(Robert Sabatier, *David et Olivier*, 1986).

MAINTENON (OU À LA MAINTENON)

Formule de différents mets délicats, vraisemblablement dus à Monthier, ainsi baptisés en 1810 en hommage à la marquise de Maintenon (1635-1719), maîtresse puis épouse secrète de Louis XIV, qui se piquait elle-même de cuisine.

Désigne en particulier un apprêt de côtelettes d'agneau en

papillotes, un potage au pigeon, des œufs pochés et un vol-au-vent avec une garniture à base d'huîtres, de truffes et de champignons.

« Menu d'un déjeuner au bord de la mer :... Filets de sole à la Saint-Malo, côtelettes de mouton **Maintenon.** – Suprême de homard au beurre de Montpellier... »

(Stéphane Mallarmé, *La Dernière Mode,* 6 septembre 1874).

MAÎTRE D'HÔTEL (OU À LA MAÎTRE D'HÔTEL)

Dénomination d'une sauce enregistrée en 1825 dans *La Physiologie du goût* de Brillat-Savarin et placée, à l'origine, sous le patronage de l'officier de bouche qui dirigeait le service de table d'un riche particulier ou d'un restaurant.

Composée de beurre pétri avec du persil haché, du sel, du poivre et d'un filet de citron, elle est servie avec différents mets dits *à la maître d'hôtel*, en particulier avec les viandes grillées, certains poissons frits (merlans) ou certains légumes.

« Pour accompagner la selle d'agneau, servez des cœurs d'artichauts et des petites pommes de terre bouillies **maître d'hôtel.**

(*Le Livre de cuisine d'Alice Toklas*, 1981).

MAÎTRE QUEUX

Voir : **QUEUX.**

MANON (À LA)

Voir : **DARTOIS.**

MANQUÉ

Abréviation de *gâteau manqué*, au sens de *raté*, donnée à une pâtisserie mentionnée dans l'*Almanach des Gourmands* de Grimod de la Reynière en 1807.

La légende en attribue la création à Félix, célèbre pâtissier parisien du XIXe siècle, qui l'aurait inventé, par hasard, en ajoutant, in extremis, du beurre et une couche de pralin à un biscuit de Savoie n'ayant pas gonflé durant sa cuisson au four...

« Quelques jours après, la dame qui vint régler la note prodigua ses félicitations sur l'excellence de ce nouveau gâteau. – Comment l'appelez-vous ? dit-elle. Le patron et les caissières se jetèrent un coup d'œil interrogatif. – Un **gâteau manqué**, Madame ! »

(Joseph Favre, *Dictionnaire universel de cuisine*, 1883).

MARCHAND DE VIN

Nom d'une sauce à l'échalote, dérivée de la sauce bordelaise, créée au début du XIXe siècle, qui doit son nom au fait qu'elle est réduite à sec avec du vin rouge.

Se dit aussi des plats cuisinés au vin rouge, notamment de l'entrecôte et de la côte de bœuf grillées et nappées de cette sauce.

« Les vrais connaisseurs exigent que l'entrecôte soit bien prise dans le train de côtes. Après avoir été assaisonnée de sel et de poivre, on la met à cuire sur le gril et on la sert nappée de beurre **marchand de vin.** »

(Prosper Montagné, *Grandgousier*, 1935).

MARÉCHALE (À LA)

Appellation aristocratique flatteuse propre à la cuisine de

l'Ancien Régime, mentionnée dans le *Nouveau Traité de cuisine* de Menon en 1739.

Désigne, comme « à l'ambassadrice », « à l'amiral », ou « à la comtesse », un mode de préparation raffiné s'appliquant aux filets de volaille, aux escalopes et au ris de veau panés à l'anglaise, garnis de pointes d'asperges vertes au beurre, de petites pommes de terre rissolées, de lames de truffes, et généralement accompagnés d'un beurre maître d'hôtel ou d'une sauce *chateaubriand*.

« "Comment exécutez-vous les filets de volaille **à la maréchale** ? dit-il à un des chefs du *café de Paris*. – Monsieur, c'est tout bonnement une sauce liée comme la blanquette de veau..." O profanation, ô rapprochement indigne et sacrilège qui prouve bien dans quel bas-empire se trouve, à l'heure qu'il est, la cuisine moderne ! »

(*Les Petits-Paris*, 1854).

« Après le relevés, les entrées venaient de paraître : des poulardes **à la maréchale**, des filets de sole ravigote et des escalopes de foie gras... »

(Émile Zola, *Nana*, 1880).

MARENGO (OU À LA MARENGO)

Dénomination d'origine discutée, enregistrée dans le *Supplément du Dictionnaire de l'Académie* en 1836, puis entérinée par le *Dictionnaire Littré* en 1866, appliquée à une fricassée de poulet à l'huile d'olive, au vin blanc, à la tomate et à l'ail.

La légende en attribue l'invention à Dunand fils, cuisinier de Napoléon Ier (alors général Bonaparte), qui l'aurait improvisée au soir de la victoire sur les Autrichiens, le 14 juin 1800, au village de Marengo dans le Piémont, en utilisant, faute de ravitaillement, les provisions dénichées dans les fermes des environs : poulet, œufs, tomates, oignons, ail, persil, vin blanc, cognac et même écrevisses... Ce cuisinier n'étant entré au service de l'Empereur qu'en 1805, certains historiens préfèrent évoquer le nom de la petite localité algérienne Marengo, dans la circonscription de Blida, mais se pose alors le problème des écrevisses, qui font partie de la recette originale !

Il s'agit donc, plus vraisemblablement, d'une formule très ancienne, mais seulement ainsi baptisée, sous la Restauration, en hommage à l'ex-Empereur, par le patron du restaurant à l'enseigne *À la grâce de Dieu*, rue Montmartre, dont la spécialité était le veau « à la provençale ».

Se dit, par extension, du plat accommodé de cette manière, en particulier du veau, du lapin, et même du canard.

« Voici les mets que l'empereur aimait par goût : la volaille rôtie, les sautés de volaille, les poulets sautés **à la Marengo...** »

(Antonin Carême, *L'Art de la cuisine française au XIXe siècle*, 1833).

« Coppée, au fond, était impérialiste (...) je lui concédais volontiers Austerlitz, en l'honneur du soleil, et **Marengo**, en souvenir du poulet. »

(Léon Daudet, *Souvenirs des milieux littéraires, politiques, artistiques et médicaux*, 1915).

MARGUERY (OU À LA MARGUERY)

Formule d'un fameux apprêt de filets de sole pochés, garnis de crevettes et de moules, glacés au four, nappés d'une sauce au vin blanc et ornés de fleurons de feuilletage, du nom de leur créateur Jean-Nicolas Marguery (1834-1910), restaurateur parisien du Second Empire, qui avait fait son apprentissage au Rocher de Cancale, où Langlais avait inventé la « sole normande ».

« Les passants, sur le boulevard Bonne-Nouvelle, jetaient sur les déjeuneurs attardés des regards indiscrets qui ne semblaient nullement troubler leur digestion. On savait qu'ils avaient mangé cette fameuse sole **Marguery.** »

(Simon Arbellot, *Un gastronome se penche sur son passé*, 1955).

Voir aussi : **NORMANDE.**

MARINADE

Mot dérivé du verbe *mariner*, attesté en 1636 et probablement emprunté à l'italien *marinare,* « préparer des poissons ou des viandes en les faisant tremper dans de l'huile salée et aromatisée d'herbes et d'épices », enregistré par le *Dictionnaire Furetière* en 1680, que Littré signale, en 1866, comme le nom donné aux « aliments préparés pour se conserver des années entières à la mer »...

La marinade était donc à l'origine une saumure. Il s'agit à présent d'un mélange de vin et de vinaigre aromatisé (bouquet garni, rondelles de carottes, oignons, ail et épices diverses qu'on appelait autrefois « tabac de cuisine »...), dans lequel on fait mortifier les viandes ou macérer les poissons, avant de les cuire, pour les attendrir, les parfumer ou masquer leur saveur trop forte.

Alors que la marinade convient au bœuf, au mouton ou au gros gibier à poil comme le sanglier, souvent très dur, le faisandage (parfois contesté de nos jours) s'applique plutôt au gibier à plume, notamment au faisan.

« Désireux de démontrer que l'introduction en Europe de ces petits piments séchés que l'on appelle "piments oiseaux" avait correspondu à une véritable mutation dans l'art de préparer les venaisons, il n'hésita pas, lors de sa soutenance, à faire goûter aux trois vieux professeurs qui le jugeaient, des **marinades** de sa composition. »

(Georges Perec, *La Vie mode d'emploi*, 1978).

MARMELADE

Terme attesté au XVIe siècle, emprunté au portugais *marmelada,* « confiture de coing », dérivé de *marmelo,* « coing », venu du latin *melimelum,* « sorte de pomme douce », appliqué à une préparation à base de fruits entiers ou en morceaux, cuits dans du sucre, après macération de plusieurs heures, et qui se différencie de la compote en ce sens qu'elle est plus sucrée et cuite plus longuement.

« Sous la porte fermée, un ruban d'odeur plate, chaste et âgée de quatorze à quinze ans, s'insinue dans ma chambre : l'odeur de la **marmelade** de pommes. Fi, quel mortier ! Il y a, pour un corps qui tantôt se désincarne, d'autres soutiens... »

(Colette, *Prison et Paradis*, 1932).

Voir aussi : **COMPOTE.**

MARMITE (PETITE)

Se dit, par métonymie du sens premier du mot, du pot-au-feu dégraissé servi individuellement dans son récipient de cuisson, avec des croûtons frits, divers légumes et des morceaux de bœuf et d'abattis de volaille utilisés pour sa préparation.

La petite marmite, qui fait désormais partie du fonds culinaire parisien, fut mise à la mode sous le Second Empire par le célèbre restaurateur Magny, établi rue Mazet, près du carrefour de l'Odéon, où venaient George Sand, Flaubert, Banville, Sainte-Beuve, Renan et les frères Goncourt.

« En 1867, Magny invente sa **petite marmite**. Et il enchante par ses écrevisses à la bordelaise et son chateaubriand unique... »

(Jean-Paul Aron, *Le Mangeur du XIXe siècle*, 1973).

Voir aussi : **POT-AU-FEU & POTAGE.**

MARQUISE

Nom donné à diverses pâtisseries à base de chocolat, de beurre et d'œufs, inventées au XIXe siècle et vraisemblablement ainsi baptisées en raison de leur raffinement et de leur légèreté.

Désigne, en particulier, un entremets voisin de la charlotte, du parfait et encore des granités aux fruits servis avec de la crème chantilly. S'appliquait aussi, au début du siècle, à un consommé fait avec des quenelles truffées et une chiffonnade de laitue.

« La **marquise** au chocolat est un dessert bicolore pour les gourmands. On la fait aussi aux fraises, à l'ananas et au kirsch. »

(Auguste Escoffier, *Le Guide culinaire*, 1903).

MASCOTTE

Dénomination donnée en hommage au compositeur Audran pour commémorer le triomphe de son opérette *La Mascotte*, représentée à Paris en 1880.

Se dit d'une pâtisserie garnie de crème au moka et d'une garniture pour petites pièces de viandes et de volaille, composée de fonds d'artichauts sautés au beurre, de petites pommes de terre tournées en olives cuites également au beurre, et de truffes.

« La **mascotte** est un gâteau qui se prépare en fourrant une génoise ronde avec de la crème au moka agrémentée d'avelines grillées, qui sert aussi à masquer la génoise. »

(Gustave Garlin, *La Pâtisserie moderne*, 1888).

MASSEPAIN

Nom d'origine incertaine, d'abord orthographié *marcepain* (1544), puis *massepan*, d'après *masse* (1545), attesté dans sa forme actuelle par Rabelais dans *Le Tiers Livre* en 1546, emprunté soit à l'italien *marzapane*, qui indique d'abord une petite boîte à confiserie, puis, par métonymie son contenu, soit à l'espagnol *mazapan*, déformation probable de l'arabe *martabân*, de sens analogue.

Signale une variété de macarons faits à base d'amandes pilées, de sucre et de blancs d'œufs, colorés et parfumés, vraisemblablement déjà confectionnés par certains ordres de religieuses du Moyen Âge, mais dont on trouve la première recette qu'en 1555 dans le *Traité de Fardemens et de confitures* de Nostradamus.

Le massepain d'Issoudun, dit également « gâteau d'Issoudun », célébré par Balzac dans *La Rabouilleuse* en 1842, doit sa vogue parisienne à un canular. Deux ans, en effet, après la parution du roman, le bruit courut que le romancier avait ouvert une pâtisserie, au 38 bis de la rue Vivienne qui s'en faisait la spécialité...

« En disant gaiement cette triste parole, elle tirait d'une armoire une fiole contenant du cassis, une liqueur de ménage faite par elle, car elle en avait eu la recette de ces si célèbres religieuses auxquelles on doit le **gâteau d'Issoudun**, l'une des plus grandes créations de la confiturerie française. »

(Honoré de Balzac, *La Rabouilleuse*, 1842).

« On remarquait de charmants petits calvaires en pâte d'abricot, des mitres sacerdotales pralinées, des crosses épiscopales en **massepain** auxquelles la princesse avait joint (...) un chapeau de cardinal en sucre de cerises, orné de cordelières en fil de caramel. »

(Eugène Sue, *Le Juif errant*, 1845).

Voir aussi : **MACARON.**

MATEFAIM (MATE-FAIM ou MATAFAN)

Régionalisme franc-comtois, composé du verbe *mater,* « calmer », et du substantif *faim*, issu de l'espagnol *mata hambre,* « mate la faim », introduit lors de l'occupation espagnole au XVe siècle, qui apparaît sous la forme de *matafaim* dans *Le Tiers Livre* de Rabelais en 1546, puis sous sa graphie actuelle en 1560.

Désigne une crêpe sucrée très épaisse et très nourrissante, frite à la poêle, dans du beurre ou de l'huile de noix, confectionnée en Savoie, en Bourgogne, dans le Dauphiné et le Lyonnais.

« Nous arpentions l'avenue des Ternes, mangeant en guise de dîner des beignets farcis de confiture que nous appelions **matefaims.** »

(Simone de Beauvoir, *La Force de l'âge,* 1960,
cité par le *Grand Robert*, 1978).

MATELOTE

Appellation attestée par le *Dictionnaire de l'Académie* en 1694, dérivée de *matelot*, donnée à un mets généralement constitué de poissons d'eau douce (anguille et carpe, surtout) coupés en morceaux, cuisinés au vin rouge ou au vin blanc avec des oignons et des aromates, et adoucis avec de la crème.

Se dit, par extension, de ce mode de préparation appliqué à la viande ou aux abats, notamment à la cervelle.

« On m'a offert des petits verres et des fritures, et des **matelotes** pour me faire causer ! (...) Ah ! oui, on m'a tapé sur le ventre pour connaître ma recette... Il n'y a que ma femme qui la sait... et elle ne la dira pas plus que moi !... Pas vrai, Mélie ? »

(Guy de Maupassant, *Le Trou*, 1886).

« On leur servit un poulet avec les quatre membres étendus, une

matelote d'anguille dans un compotier en terre de pipe, du vin râpeux, du pain trop dur, des couteaux ébréchés. »

(Gustave Flaubert, *L'Éducation sentimentale*, 1869).

Voir aussi : **BOUILLETURE, CHAUDRÉE, & PAUCHOUSE.**

MATIGNON

Dénomination d'une fondue de légumes taillés en fins filaments ou en petits dés, puis étuvée au beurre et déglacée au madère ou au vin blanc, avec ou sans jambon cru, probablement créée au XVIIIe siècle par les cuisiniers de Jacques de Matignon qui occupait l'hôtel particulier du même nom, situé rue de Varenne.

Proche de la mirepoix, elle est utilisée comme élément complémentaire dans un braisé ou une préparation poêlée.

« Ils sont là : huîtres plates de Cancale avec **matignon** de légumes et amandes fraîches, suivies d'un turbot rôti sur les braises et achevé à la cocotte, avec le dernier animal qui manquait, le bigorneau, dont le jus rendait moins talon rouge le très fameux prince des poissons. »

(Jean-Pierre Quélin, « Vous avez dit coquillages ? », *Le Monde*, 7 août 1996).

Voir aussi : **MIREPOIX.**

MAYONNAISE

Nom d'une sauce froide faite d'une émulsion de jaune d'œuf cru, de moutarde et d'huile, mentionnée dans *Le Cuisinier impérial* de Viard en 1806, mais déjà connue au milieu du XVIIIe siècle.

Son étymologie demeure très controversée. Certains y voient une altération de l'espagnol *mahonesa* « de Port-Mahon », parce que cette sauce aurait été créée par l'officier de bouche du maréchal duc de Richelieu et servie pour la première fois à sa table le 28 juin

1756, lors de la prise de la capitale de Minorque ; pour Alexandre Dumas père, c'est un dérivé de *bayonnaise*, pour la raison qu'elle serait originaire de Bayonne. Antonin Carême, qui l'orthographie *magnonaise*, la dit issue, quant à lui, du verbe *manier*, car il convient de « manier » patiemment l'huile pour la réaliser... Mais la supposition de Prosper Montagné paraît beaucoup plus satisfaisante : il s'agirait d'une déformation populaire de *moyeunaise*, dérivant de *moyeu*, vieux mot hérité du latin *medius*, « central », qui désignait au Moyen Âge le jaune de l'œuf, celui-ci se trouvant au milieu de la coque comme le moyeu au milieu d'une roue.

Se dit, par extension, des plats froids (poissons, crustacés ou volailles) nappés de cette sauce et servis avec une garniture d'œufs durs, d'anchois, etc.

« Votre homard aujourd'hui est-il vraiment très bon, excellent ?... Tu vois, il ne pourrait pas être plus frais, cuit à l'instant, sorti de leurs viviers ; je t'assure, ça t'ouvrira l'appétit, mais seulement sans **mayonnaise**, la **mayonnaise** ce serait peut être lourd... »

(Nathalie Sarraute, *Martereau*, 1953).

« La rigueur de leur éducation exige que leurs excès soient tempérés par le souci majeur de leur entretien. De celui-ci on leur inculqua, jadis, la conscience. Elles se pourlèchent de **mayonnaise**, verte, comme il se doit, s'y retrouvent, y trouvent leur compte. Des hommes les regardent et se rappellent qu'elles font leur bonheur. »

(Marguerite Duras, *Moderato cantabile*, 1958).

MÉDAILLON

Appellation introduite dans le vocabulaire de la cuisine au début du XXe siècle par Auguste Escoffier, chef illustre du Carlton Hotel de Londres entre 1898 et 1921.

S'applique, par analogie de forme avec le bijou circulaire et ovale, aux petites pièces de boucherie (en particulier au tournedos et aux noisettes d'agneau), aux filets de volaille, de poisson ou crustacé, auxquels on a imprimé cet aspect.

Se dit aussi, par extension, des escalopes de foie gras apprêtées à chaud ou à froid.

« Bon gré, mal gré, il s'assied, il s'assied à sa table de pitchpin pour expédier, après son **médaillon** et ses frites, une salade de cœurs de palmiers et sa confiture de goyaves. – En voulez-vous ? Une merveille ! »

(Maurice Martin du Gard, *Les Mémorables*, 1919).

Voir aussi : **TOURNEDOS**.

MELBA

Nom d'un entremets créé vers 1892 par Auguste Escoffier, alors chef du Savoy de Londres, donné en hommage à la cantatrice Nellie Melba lorsqu'elle vint chanter le *Lohengrin* de Richard Wagner à Covent Garden.

Il s'agit à l'origine d'une pêche légèrement pochée, nappée d'un coulis de framboise ou de groseille, dressée sur un lit de glace à la vanille sculpté en forme de cygne... Mais la préparation s'applique aussi à d'autres fruits frais comme les poires, les brugnons, les grosses fraises... Aujourd'hui, on y ajoute parfois de la crème chantilly et des amandes effilées grillées.

« En douce, ça devait faire un drôle de mélange dans son estomac, ces alcools variés, ces bols de café trop fort, ces aliments absorbés goulûment au hasard de ce qui se présentait... épinards, tarte aux pommes, aubergines marinées, crème au chocolat, petits pois à la française, caviar, cuisse de dinde, **pêche Melba**, pommes chips, meringues... »

(Raymond Guérin, *L'Apprenti*, 1946).

« [Isabelle] a déjà posé trois profiteroles, deux banana-splits sur la table et, comme par hasard, la **pêche Melba** du costaud vindicatif lui échappe des mains. Le fruit, la chantilly, le sirop, le chocolat chaud aspergent sa chemise, se répandent sur son pantalon, ses chaussures... »
(Didier Daeninckx, « La Repentie », *Le Monde*, 3 août 1996).

MENDIANTS

Voir : **QUATRE-MENDIANTS**.

MENU

Dérivé de l'adjectif substantivé *menu* (XIVe siècle), qualifiant à l'origine les « foies et gésiers de volaille dont on fait des fricassées », puis utilisé dans la locution *par le menu* signifiant « en détail », spécialisé au sens de « liste détaillée des mets dont se compose un repas » par le *Dictionnaire de l'Académie* en 1718.

S'applique, par métonymie, à partir du milieu du XIXe siècle, à la carte des restaurants indiquant la nature et le prix des plats proposés.

Se dit enfin, par extension, du repas lui-même. Mais les menus se sont désormais considérablement simplifiés. À la fin du siècle dernier, un repas d'importance pouvait encore comporter deux potages, suivis de relevés, d'entrées, puis d'un rôti accompagné de plusieurs légumes et d'une salade, suivi d'un plat froid, et pour finir des entremets chauds ou froids, des fruits, des petits fours et du fromage...

« Mme Paul Verlaine, alors jeune mariée, conviait les amis du poète à des dîners où la gaieté faisait le plus fort du **menu**. Ce fut d'ailleurs après une de ces disettes-parties que, pour avoir vu Villiers de L'Isle-Adam sommeiller sous un de ces "estimables vertébrés" pendant au bout d'une ficelle, Charles Cros composa le fameux monologue du hareng saur. »

(Léon-Paul Fargue, *Déjeuners de soleil*, 1942).

« Passe-moi le **menu**. Drôle de liste ! Et à chaque repas, ça changeait. Quels compliqués ces cuistots avec leurs noms à la gomme ! Tu parles d'une imagination ! Mocassins Crécy à la Romaine, Croquettes argentines, Canapés du Périgord au kirsch. (...) De vrais rébus ! »

(Raymond Guérin, *L'Apprenti*, 1946).

MERINGUE

Mot qui désigne une petite pâtisserie légère et fondante obtenue par cuisson à four doux de blancs d'œufs battus en neige et sucrés, mentionnée dans *Le Cuisinier Roial et Bourgeois* de Massialot en 1691, mais seulement entérinée en 1935 par le *Dictionnaire de l'Académie*.

Son origine demeure incertaine ; soit qu'on le rattache à Mehringhen, nom de l'ancien village suisse du duché de Saxe-Cobourg, où elle fut prétendument créée par un nommé Gasparini, à la fin du XVIIe siècle ; soit qu'on y voie un emprunt au polonais *marzynka*, la meringue ayant été introduite en France vers 1720, par un officier de bouche attaché à la cour de l'ex-souverain de Pologne, Stanislas Leczinski.

Il se pourrait aussi que ce mot fût issu du bas latin *meringa*, corruption de *merenda*, signifiant « goûter » et indiquant le moment où on dégustait cette pâtisserie avec des entremets glacés.

« Le soir, après le thé, on fait servir, entre les **meringues**, et autres petits-fours, un grand gâteau de plomb que l'on coupe en mouillettes. »

(*Journal des Dames et des Modes*, 1827).

« Un mot de Gabriele Rachilde. Elle appelle une **meringue** un gâteau à la coque. »

(Jules Renard, *Journal*, 30 mars 1892).

MERVEILLES

Nom le plus souvent employé au pluriel, attesté dans *Le Cuisinier roial et bourgeois* de François Massialot en 1691au sens d'« étonnant, admirable ».

S'applique à des petits beignets de tradition ancienne, faits de pâte frite pouvant avoir toutes les formes possibles (losanges, carrés, triangles, personnages, animaux, étoiles...), qu'on sert chauds ou froids saupoudrés de sucre glace, dressés en buisson.

Dans le Sud-Ouest, où on les consommait autrefois pendant la période du Mardi gras, on les appelait aussi *bunyettes*.

« La collation vint, composée de quelques laitages, de gaufres, d'échaudés, de **merveilles** et d'autres mets du goût des enfants et des femmes. »

(Jean-Jacques Rousseau, *Julie ou La Nouvelle Héloïse*, 1761).

METS

Mot du langage soutenu, enregistré en ancien français sous la forme de *mes* au XIIe siècle, puis dans sa graphie actuelle au milieu du XIVe siècle, issu du latin populaire *missum*, participe passé de *mittere*, « mettre », substantivé au sens de « ce qui est mis sur la table ».

Se dit des aliments préparés qui entrent dans la composition d'un repas, généralement plus raffinés que ceux indiqués par le synonyme *plat*.

« Je ne connais rien qui chatouille aussi voluptueusement mon estomac et ma tête que les vapeurs de ces **mets** savoureux, qui viennent caresser le cerveau, le préparent à recevoir les impressions de la luxure... »

(D.A.F. de Sade, *La Nouvelle Justine*, 1797).

« L'excellence des **mets** et des vins doit avoir pour but de hâter la digestion et d'accélérer le désir du repas suivant plutôt que de le retarder. »

(Charles Fourier, *Le Nouveau Monde amoureux*, avant 1837).

Voir aussi : **PLAT.**

MEUNIÈRE (OU À LA MEUNIÈRE)

Réfection, d'après *meule*, de l'ancien français *mounier* issu du latin *molinum*, « moulin », utilisée dans le domaine de la cuisine à la fin de XIXe siècle.

Indique un mode d'apprêt de certains poissons (entiers ou en filets), légèrement poudrés de farine – d'où la formule – avant d'être poêlés au beurre, et servis arrosés de quelques gouttes de citron et saupoudrés de persil haché.

Signale, par extension, des laitances, des cervelles, des cuisses de grenouilles, etc., ainsi préparées.

« Madame, lui dit le président, permettez-moi de vous dire que je n'ai jamais dégusté des ris de veau pareils ! Vous êtes géniale ! Vous les faites **à la meunière**, n'est-ce pas ? Mais, cette sauce dont ils sont nappés ? Au xérès ? Je m'en doutais ! Avec des raisins muscat secs ! Prodigieux ! Et cet arrière-goût enchanteur ? Un peu d'orange ? Je vous aime. »

(San Antonio, *Laissez pousser les asperges*, 1985).

MEURETTE (EN)

Régionalisme d'origine inconnue, composé du dérivé de l'ancien français *muire,* « eau salée » (c'est-à-dire « saumure »), et du suffixe *-ette*, attesté en Bourgogne sous la forme de *murrette* au XVe siècle et enregistré sous son orthographe actuelle à la fin du XVIe siècle.

Désigne une sauce faite de vin rouge, de lardons, de petits oignons, d'ail, d'échalote, liée avec du beurre manié (beurre frais écrasé avec de la farine), aromatisée avec un bouquet garni et du marc, destinée à accompagner les œufs pochés, la cervelle, les escargots, etc.

S'applique également, par métonymie, à la matelote de poissons d'eau douce réalisée avec cette sauce.

> « Léa, à chaque plat, manifesta sa reconnaissance pour tous les soins qu'elle avait mis à lui faire plaisir : œufs **en meurette**, navarin... »
>
> (Régine Deforges, *101, Avenue Henri-Martin*, 1983).

Voir aussi : **BOURGUIGNON.**

MILLEFEUILLE (OU MILLE-FEUILLE)

Mot composé de *mille* et de *feuille*, attesté en 1907 et donné métaphoriquement à un gâteau créé à la fin du XIXe siècle.

Il s'agit de couches superposées de pâte feuilletée séparées par de la crème pâtissière (ou de la confiture), dont le dessus est saupoudré de sucre glace et qui évoque un ensemble de feuillets.

> « J'apportais les **mille-feuilles** qu'elle aimait, et les crémeux éclairs de chez Flammang. »
>
> (Colette, *L'Étoile Vesper*, 1946).

> « Le **millefeuille**/Près d'Argenteuille/Prend uneu teint'indéfinis-

sable/Mais à Montceau-les-Mines/C'est la farine/Qui lui donne la couleur sable. »

(Jacques Roubaud, *L'Enlèvement d'Hortense*, 1987).

Voir aussi : **MERINGUE.**

MIRABEAU (À LA)

Dénomination d'une formule de viandes de boucherie grillées, garnies de filets d'anchois, d'olives, de feuilles d'estragon et de beurre d'anchois, probablement inventée par l'officier de bouche Villeroux et dédiée au marquis de Mirabeau (1749-1791).

« Bien des gens qui ne liront jamais *Atala* ou *Les Mémoires d'outre-tombe*, qui ne connaissent même pas de vue un quidam ayant fréquenté les *Lettres à Sophie*, ont pour le chateaubriand **à la Mirabeau** une tendresse légitime. »

(Laurent Tailhade, *Petit bréviaire de la gourmandise*, 1914).

MIREPOIX

Nom d'origine et de datation incertaines, mentionné dans *L'Art de la cuisine française* d'Antonin Carême en 1833, signalant une fondue de légumes divers (carottes, oignons, céleri...) coupés en dés, parfois additionnée de jambon ou de lard de poitrine, destinée à corser le jus d'une viande, d'un poisson ou d'un crustacé, et vraisemblablement inventée au XVIIIe siècle par le cuisinier du duc Gaston-Charles-Pierre de Mirepoix, ambassadeur de Louis XV et Maréchal de France (1699-1757).

« Préparez et étalez la **mirepoix** sur un plateau de cuisson bénite. Posé l'abbé paré dessus. L'arroser de 10 litres de bouillon dans lequel a miroité de la monnaie du pape et 20 litres de madère. Placer un papier bible beurré sur le bon abbé bardé et le faire cuire dans un four à diablotins préalablement surchauffé, en l'arrosant souvent pour maintenir une humilité suffisante. »

(« Abbé au camail à l'étouffée », *La Cuisine utopique, Encyclopédie « Miam-Miam »*, 1989).

Voir aussi : **BRUNOISE & MATIGNON.**

MIRLITON

Appellation enregistrée par le *Dictionnaire Bescherelle* en 1845 donnée, par analogie de forme avec le flûtiau, instrument de musique du XVIIIe siècle, à une sorte de feuilleté à la crème saupoudré de sucre et originaire de Rouen.

« Vous souvient-il que c'est là l'endroit de notre première entrevue ? *On* vous a apporté des **mirlitons**, le sucre en poudre faisant une moustache blanche à votre joli bec. Vous étiez charmante à donner envie de vous croquer comme les gâteaux. »

(Gustave Flaubert, « Lettre à Amélie Bosquet », 26 octobre 1863).

MIROTON

Mot d'étymologie inconnue, parfois déformé en *mironton*, que la légende rattache au refrain « mironton, mironton, mirontaine » de *Malbrough s'en va-t-en guerre*, chanson populaire créée en 1709, appliqué à une sorte de ragoût composé de tranches de viande de bœuf déjà cuites, réchauffées lentement dans une sauce aux oignons.

Comme cette formule est déjà mentionnée dans *Le Cuisinier royal et bourgeois* de Massialot en 1691, il est plus vraisemblable d'y voir un dérivé de *miroter*, issu du latin *mirare* au sens de « voir », parce que ce plat exige d'être surveillé.

« Le **bœuf miroton** est l'apanage des concierges : il mijote dans la loge pendant des heures entières et son parfum embaume tout l'escalier et monte en ondes appétissantes jusqu'au huitième étage. »

(Honoré de Balzac, *Le Cousin Pons*, 1847).

« Non seulement l'industrie offrait aux consommateurs des viandes au goût de bœuf, de veau, de chevreuil (...), mais encore des firmes spécialisées, à l'avant-garde de la gastronomie, produisaient des viandes extraordinaires qui (...) rappelaient par leur fumet les préparations les plus fameuses de la cuisine traditionnelle, depuis le simple **bœuf miroton** jusqu'au lièvre à la Royale. »

(René Barjavel, *Ravage*, 1943).

MODE (À LA)

Appellation vieillie, ellipse d'« à la mode de chez nous », utilisée pour désigner différents plats préparés selon la recette en usage et enregistrée en 1651 dans *Le Cuisinier françois* de La Varenne, traité révolutionnaire qui exprime les tendances d'une nouvelle cuisine en rupture avec celle du Moyen Âge et de la Renaissance.

Qualifie désormais un ragoût de bœuf braisé aux carottes et aux petits oignons, autrement dénommé « bœuf mode ».

« Dans cette extrémité, puis-je, moyennant une pièce de 40 sous donnée à ta cuisinière, l'avoir lundi de grand matin pour faire du **bœuf à la mode** pour huit jours... »

(Honoré de Balzac, « Lettre à Laure de Surville », mars 1848).

« Rue de Valois régnait, sous un beau balcon, ce vieux restaurant célèbre, *Au Bœuf à la mode*. Le balcon est là, le bœuf bien lardé, l'excellente **mode** de sa sauce, de ses carottes, de son lard, de son pied de veau, ont disparu. »

(Colette, *Le Fanal bleu*, 1940).

MOKA

Terme enregistré dans le vocabulaire de la pâtisserie en 1879, qui indiquait à l'origine une variété de café provenant des collines du Yémen, qu'on exportait de Moka sur la mer Rouge.

Indique, par extension, un gâteau composé d'abaisses de génoise ou de biscuit Joconde (à base d'amande), de couches alternées de crème au beurre et de ganache au chocolat ou au café.

« Rue de la Chaussée-d'Antin, ils avaient acheté un gâteau, un **moka** ; et ils le mangèrent dans le lit, parce qu'il ne faisait pas chaud et que ça ne valait pas la peine d'allumer le feu. »

(Émile Zola, *Nana*, 1880).

« Anne Desbaresdes prendra un peu de glace au **moka** afin qu'on la laisse en paix. »

(Marguerite Duras, *Moderato cantabile*, 1958).

MONT-BLANC

Mot composé, enregistré en 1863, donné à un entremets froid fait de purée de marrons et recouvert de crème Chantilly, par analogie d'aspect avec la cime neigeuse du massif alpin du même nom.

« Vinrent les crèmes fouettées, glacées, prises, tournées. Puis les pâtisseries, babas, **mont-blanc**, saint-honoré, talmouses… »

(Comtesse de Ségur, *L'Auberge de l'ange gardien*, 1863).

MONTGLAS (À LA)

Appellation d'une riche garniture de la cuisine de l'Ancien Régime dans laquelle figurent généralement du foie gras et des truffes liés avec une sauce suprême, destinée à remplir les timbales, les croustades ou les bouchées, et dédiée au marquis de Montglas, diplomate français du XVIIe siècle.

« Menu d'un grand dîner de famille : Entrées : Poulardes à l'Écossaise, Grenadins de veau à la maréchale, Timbales de ravioles **à la Montglas**... »
(Stéphane Mallarmé, *La Dernière Mode*, 1er novembre 1874).

Voir aussi : **SUPRÊME**.

MONTMORENCY (À LA)

Locution appliquée à différents mets salés et sucrés de la grande cuisine, qu'on dit parfois dédiés à un des membres de la famille Montmorency, mais plus vraisemblablement ainsi nommés parce qu'ils comportent des cerises aigrelettes originaires de Montmorency, ville du Val-d'Oise autrefois réputée pour l'excellence de sa production.

Signale en particulier une poularde mentionnée dans *La Cuisine bourgeoise* de Menon en 1739, puis un apprêt de canetons poêlés, ainsi que des tartes, des crèmes, des mousses, des glaces et enfin un gâteau meringué garni de cerises au sirop et décoré de cerises confites.

« Le blason des **Montmorency** évoque le souvenir des excellentes poulardes aux cerises, qui survécurent à tous les régimes. »
(Charles Monselet, *Gastronomie, récits de table*, 1874).

MORNAY (OU À LA MORNAY)

Appellation de divers apprêts, en particulier de poissons et de coquillages, nappés d'une sauce imaginée à la fin du XIXe siècle par Voiron, chef du restaurant Durand place de la Madeleine, et probablement dédiée à un cuisinier de l'époque portant ce nom.

Il s'agit d'une béchamel dans laquelle on ajoute hors du feu du gruyère râpé et un jaune d'œuf et que l'on fait gratiner.

«Ris de veau princesse : escaloper finement 4 ris de veau que vous aurez auparavant fait dégorger dans une eau légèrement citronnée. Mettre à four moyen pendant 40'en arrosant fréquemment. Ajouter hors du feu 1 dl de crème double. Envoyer à part une saucière de **sauce Mornay.**»
(Georges Perec, *81 fiches-cuisine à l'usage des débutants*, 1980).

MOUCLADE

Régionalisme de l'Ouest, attesté au XIIIe siècle, composé de *moucle*, variante dialectale de *moule*, et du suffixe *-ade*.

Désigne une sorte de «ragoût de moules» de bouchot au vin blanc arrosé d'une crème au curry, originaire du Poitou- Charente.

«Vous aimez la **mouclade**? – Qu'est-ce que c'est? – Des moules à la crème... Un plat d'ici. Malgré lui, Maigret essayait d'identifier un goût de... de... de quoi voyons? Une légère pointe... à peine de fumet... Du curry! triompha-t-il. Je parie tout ce qu'on voudra qu'il y a du curry.»
(Georges Simenon, *La Maison du juge*, 1942).

MOUSSE

Terme d'origine incertaine qui indique, par analogie d'aspect avec l'amas de bulles à la surface d'un liquide, une «préparation légère et vaporeuse», en particulier une «crème fouettée à laquelle on mêle du chocolat», dont la première mention figure dans *Les Soupers de la Cour* de Menon en 1755.

Signale, par extension, des apprêts de foie gras, de volaille, de poisson, de crustacés ou de légumes, ainsi que des entremets aux fruits ou des gâteaux qui n'ont d'autre prétention que d'indiquer qu'ils sont légers.

«Qu'est-ce que c'est que cette chose si jolie de ton que nous mangeons? demanda Ski. – Cela s'appelle de la **mousse** à la fraise, dit Mme Verdurin. Mais c'est ra-vis-sant. Il faudrait déboucher des bouteilles de château-margaux, de château-laffite, de porto.»

(Marcel Proust, *Sodome et Gomorrhe*, 1921-1922).

MOUSSELINE

Expression métaphorique, développée à partir du sens du mot entendu comme «toile de coton transparente», attestée dans le vocabulaire culinaire en 1712, primitivement appliquée à une fine pâte mêlée de citron.

Désigne, par extension, diverses préparations caractérisées par leur délicatesse : farce à quenelles, omelette, purée, sauce à base de hollandaise, etc., additionnées d'une quantité plus ou moins grande de crème fouettée.

«Même pour une ou deux personnes on apportait toujours un poulet, rôti ou poché, entier; on redonnait des légumes; toute grillade était d'autorité servie avec une béarnaise, les asperges avec deux sauces, beurre fondu et **mousseline.**»

(Marcel Boulestin, *À Londres, naguère...*, 1946).

«Sur la page de gauche, encadré de fleurons modern style et d'ornements en guirlande, est donnée une recette de **mousseline** aux fraises.»

(Georges Perec, *La Vie mode d'emploi*, 1978).

N

NANTAIS

Adjectif substantivé dérivé de Nantes, chef-lieu de Loire-Atlantique, enregistré dans le *Mémorial historique et géographique de la pâtisserie* de Pierre Lacam en 1888.

Qualifie un petit gâteau de pâte sablée aux amandes pilées aromatisé au kirsch, ou aux fruits confits ou aux raisins secs, parfumé au rhum.

> « À Nantes, le **nantais** est le gâteau des rois. »
>
> (Pierre Lacam, *Mémorial historique et géographique de la pâtisserie*, 1888).

NANTUA (À LA)

Locution qui signifie « à la mode de Nantua », tirée du nom de la sous-préfecture de l'Ain réputée pour sa gastronomie, appliquée à différents apprêts de la haute cuisine comportant une garniture de queues d'écrevisses et le plus souvent de lames de truffes.

Se dit notamment d'une sauce à la crème enrichie de beurre

d'écrevisses flambée au cognac, destinée à napper les queues d'écrevisses sautées et certains poissons comme la barbue, la sole ou le saumon.

« Et le maigre, le maigre, cet éperon de génie ? (...) Peut-être que, sans lui, la barbue attendrait encore la sauce mousseline, peut-être les écrevisses **à la Nantua** n'auraient-elles pas atteint le degré culminant de leur perfection. »

(Laurent Tailhade, *Petit bréviaire de la gourmandise*, 1914).

NAVARIN

Mot d'origine incertaine appliqué en 1866 à un ragoût de mouton préparé avec divers légumes printaniers, en particulier des navets, qu'on associe tantôt au nom propre Navarre, tantôt à Navarin, lieu d'une célèbre bataille de la guerre d'indépendance grecque livrée dans la baie du Péloponnèse en 1827, parce que le quartier-maître cuisinier de l'amiral de Rigny aurait, au lendemain de la victoire, amélioré le « rata » servi aux soldats en utilisant des légumes rappelant par leurs couleurs la bigarrure des uniformes...

En réalité, ce mode de préparation est antérieur à sa dénomination et il s'agit vraisemblablement d'une déformation plaisante du mot navet.

Se dit, par extension, des plats de volaille, de poissons ou de crustacés garnis de ce légume.

« Quand est-ce que tu vas comprendre qu'il y a d'autres femmes, des millions d'autres femmes, des vraies, des gentilles, qui nourrissent, des roboratives ? Voilà ce qu'il te faudrait, une femme roborative, comme ce **navarin.** »

(Erik Orsenna, *L'Exposition coloniale*, 1988).

Voir aussi : **HARICOT DE MOUTON & RAGOÛT.**

NÈGRE EN CHEMISE

Nom composé aujourd'hui vieilli, enregistré dans le vocabulaire de la pâtisserie en 1932, l'année suivant immédiatement l'Exposition coloniale, qui indique, par analogie de couleur, un entremets glacé au chocolat noir enrobé de crème Chantilly.

« Au moment de servir le **nègre en chemise**, ajoutez le lait à la crème et commencez à la fouetter (...) ; quand celle-ci devient mousseuse, ajoutez le sucre glace et achevez la crème Chantilly. Démoulez ensuite le chocolat et napper le gâteau entièrement avec la poche à douille remplie de chantilly. »

(*La Cuisine de A à Z*, 1968)

Voir aussi : **TÊTE DE NÈGRE.**

NEIGE (À LA)

Expression donnée, par analogie de couleur et de consistance, à une sorte de sorbet mentionné dans le *Dictionnaire Richelet* en 1680.

S'applique, par extension, à un entremets composé de crème anglaise et de blancs d'œufs battus (« montés en neige »), pochés à l'eau bouillante ou dans du lait et arrosés de caramel fondu, attesté dans le *Dictionnaire de l'Académie* en 1798.

« Il renvoya même les truffes, et le précepteur, qui s'en délectait, dit avec bassesse : Cela ne vaut pas les œufs **à la neige** de Madame votre grand'mère ! »

(Gustave Flaubert, *L'Éducation sentimentale*, 1869).

« Les Anglais à leur tour invitent les femmes, et les **œufs à la neige** tournent, tournent, tournent, les œufs **à la neige** tournent comme les sauces. »

(Guy de Maupassant, *Nos Anglais*, 1885).

NONNETTE

Diminutif de *nonne,* « religieuse », du bas latin *nonna,* « nourrice », enregistré comme terme de pâtisserie par le *Dictionnaire Boiste* en 1803.

Désigne un petit pain d'épice moelleux, de forme ronde, glacé de sucre et fourré de confiture de pomme et d'orange, très en faveur au XVIIIe siècle, et ainsi dénommé parce qu'il était confectionné à l'origine dans les couvents de religieuses.

D'abord spécialité de Reims, la nonnette n'est adoptée à Dijon que vers le milieu du XIXe siècle, alors qu'elle est confectionnée à Paris vers 1807.

« Monsieur Corcellet ne dédaigne point les friandises, pour peu qu'elles arrivent de loin. Ainsi le pain d'épice, les **nonnettes**, les gâteaux d'amandes de Pithiviers. »

(Grimod de La Reynière, *Almanach des Gourmands*, 1806).

Voir aussi : **PAIN D'ÉPICE.**

NORMANDE (OU À LA NORMANDE)

Locution spécialisée en gastronomie au début du XIXe siècle qui désigne différentes préparations de viande, de poisson ou de volaille dans lesquels se retrouvent diversement combinés du beurre, de la crème fraîche, du cidre et du calvados.

Indique en particulier un apprêt classique de sole dont l'invention est attribuée à un cuisinier de l'auberge de La Couronne à Rouen, vers 1837, et mis à la mode à Paris par Langlais, chef du célèbre Rocher de Cancale, rue Montorgueil.

Dans cette formule, probablement inspirée par la recette de « ragoût de matelote normande » d'Antonin Carême, figurant dans

L'Art de la cuisine française au XIXe siècle, la sole est cuite au four, nappée d'une sauce dite normande (au fumet de poisson et à la crème) et servie avec une garniture d'huîtres pochées, de moules, de queues de crevettes, d'écrevisses, de goujons panés à l'anglaise et frits, de champignons, de lames de truffe et de croûtons taillés en losange, frits au beurre.

« Et l'odeur de la soupe lui ayant donné faim, Maigret alla s'attabler dans un restaurant célèbre pour ses soles **normandes** et ses tripes à la mode de Caen. »

(Georges Simenon, *Les Nouvelles Enquêtes de Maigret*, 1944).

« Gaspar, lui, savait tout, que c'était au théâtre qu'avait lieu le spectacle et qu'il fallait dîner à côté, à "La Couronne", où l'on mangeait la sole **normande...** »

(Paul Vialar, *La mort est un commencement*, *Risques et périls*, 1948).

NORVÉGIENNE (OMELETTE)

Appellation fantaisiste appliquée à un entremets, autrement dénommé « omelette suédoise » et « omelette surprise », dont l'originalité consiste à combiner le chaud et le froid (d'où la référence à la Norvège ou à la Suède), traditionnellement fait d'une crème glacée recouverte de meringue, posée sur une abaisse de génoise, passée au four très vif et généralement flambé.

Si ce dessert spectaculaire est indirectement dû au physicien américain Rumford, à l'origine de la découverte du principe de l'inconductibilité du blanc d'œuf battu en 1804, il est mis au point sous le Second Empire par un nommé Balzac, chef du Grand Hôtel, boulevard des Capucines, qui émerveille ainsi une délégation chinoise venue à Paris pour l'Exposition universelle de 1867.

Perfectionnée par Jean Giroix, chef à l'Hôtel de Paris à Monte-Carlo, l'omelette norvégienne est remise en vogue en 1895.

« Quant à l'omelette **norvégienne**, c'est une omelette soufflée qui contient de la glace. Cet entremets est aussi délicieux qu'il est original et raffiné. »

(Marcelle Auclair, « Menus de grandes et de petites circonstances », *La Cuisine considérée comme un des beaux-arts*, 1951).

O

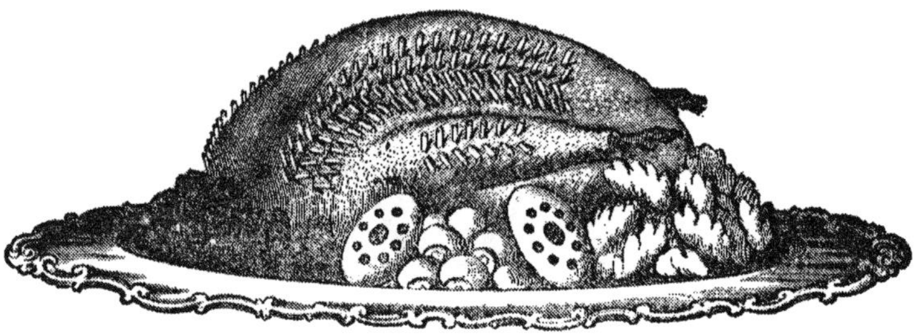

ŒUFS À LA NEIGE

Voir : **NEIGE.**

OISEAU-SANS-TÊTE

Voir : **PAUPIETTE.**

OMELETTE

Mot d'origine obscure que certains auteurs affirment hérité du latin *ova mellita,* « œufs mêlés », répandu par les parlers gallo-romains, d'où dérive *œuf molette,* enregistré au XVIe siècle, mais qui provient plus vraisemblablement d'une altération d'*amelette,* de l'ancien français *alumelle,* consigné dans *Le Mesnagier de Paris* au XIVe siècle, issu de *lemelle,* qui a donné *lamelle,* « petite lame », et s'expliquerait par l'analogie de forme entre ce petit outil plat et ce mets caractérisé par sa minceur. Orthographié *homelaicte* par Rabelais dans le *Pantagruel* en 1532, puis *aumelette* par Olivier de Serres dans le

Théâtre d'agriculture et mesnage des champs en 1600, ce mot est attesté sous sa graphie actuelle par le *Dictionnaire de l'Académie* en 1694.

S'applique à une préparation salée ou sucrée, faite d'œufs battus, cuite à la poêle dans un corps gras, servie nature ou diversement garnie, remontant à l'antiquité romaine, et très appréciée au Moyen Âge où on la connaissait sous le nom d'*arboulastre d'œufs*.

L'« omelette soufflée », ainsi qualifiée parce qu'elle gonfle à la cuisson, est répertoriée en 1798. Il s'agit d'un dessert diversement parfumé, à base de jaunes d'œufs, de sucre, de blancs d'œufs battus en neige, cuit à four doux, dont la recette initiale est consignée dans *L'Art du cuisinier* de Beauvilliers en 1814.

« Il a découvert que l'**omelette** était beaucoup plus délicate quand on ne battait pas le blanc et le jaune ensemble avec la brutalité que les cuisinières mettent à cette opération. On devait, selon lui, faire arriver le blanc à l'état de mousse, y introduire par degrés le jaune, et ne pas se servir d'une poêle, mais d'un *cagnard* en porcelaine ou de faïence. »

(Honoré de Balzac, *La Rabouilleuse*, 1842).

« Au moment où d'habitude on a encore une heure à vivre avant la détente du repas, on savait que, dans quelques secondes, on allait voir arriver des endives précoces, une **omelette** de faveur, un bifteck immérité. »

(Marcel Proust, *Du côté de chez Swann*, 1917).

Voir aussi : **BRAYAUDE & CÉLESTINE (À LA).**

OMELETTE NORVÉGIENNE

Voir : **NORVÉGIENNE.**

OREILLE D'ÂNE

Voir : **RAVIOLE.**

OREILLER DE LA BELLE AURORE

Appellation d'un mets sophistiqué créé par Brillat-Savarin sous la Restauration en hommage à sa mère, Claudine-Aurore Récamier, dite la Belle Aurore, fin cordon-bleu dont les paroles ultimes furent : « Allez, je vous prie, vérifier s'il reste un peu d'entremets à la cuisine... »

Il s'agit d'un gros pâté carré, composé pour l'essentiel avec du foie de veau, des perdreaux rouges, du râble de lièvre, du poulet, du canard, des filets de porc, des ris de veau, des champignons, des truffes..., le tout croûté, glacé d'un aspic, modelé en forme d'oreiller (d'où son nom), et servi avec sauce périgourdine.

« La volupté contenue dans un **oreiller de la Belle Aurore** n'est pas racontable. Quand sur un plat d'argent l'oreiller fait son entrée dans la salle à manger, festonné d'un bel ourlet rond, tout doré, rebondi à craquer, les privilégiés sont pris d'une griserie émotive violente. »

(Fanny Deschamps, *Croque-en-bouche*, 1976).

« Je me fais vieux et je dois redoubler dans deux matières : le Yorkshire pudding et l'**oreiller de la Belle Aurore**. Si on réussit ces deux plats, on sait cuisiner. Tout le reste c'est de la popote de grand-mère... »

(Manuel Vázquez Montalbán, *Les Recettes de Carvalho*, 1996).

Voir aussi : **PÂTÉ**.

ORLOFF

Nom d'un apprêt de filet de veau (voire de selle), nappé de sauce Mornay et glacé au four, inventé au début du XIXe siècle par le chef Léonor Cheval et dédié au prince Orloff, ambassadeur de Nicolas Ier, grand habitué du célèbre restaurant Tortini, boulevard des Italiens.

« Et je n'ai pas parlé de la selle de veau **Orloff**, qu'on découpe et qu'on reconstitue en intercalant entre chaque tranche une demi-cuillerée de soubise et une lame de truffe et qui s'oppose si vigoureusement à l'honnête poitrine de veau farcie. »

(Francis Amunatégui, *Le Plaisir des mets*, Paris, 1964).

Voir aussi : **MORNAY**.

OUBLIE

Terme vieilli, attesté au XIIe siècle sous la forme d'*oublie*, issu du latin ecclésiastique *hostia oblata*, l'« hostie offerte », dérivé de *oublier*, *oubli*, de l'ancien français *oublée*, « hostie ».

Indique primitivement l'hostie non consacrée, puis, par extension, une pâtisserie légère roulée en cylindre, préparée comme le pain de l'autel, coloriée et primitivement ornée de signes religieux, que les *oublyeurs* ou *oublieux* du Moyen Âge, qui formaient alors une corporation distincte de celle des pâtissiers, jouaient aux dés ou vendaient à la criée dans les rues et devant certaines églises.

« Pour faire **oublyes** farcees vous prendrez du cerfeuil et le pourbouillez et le hachez bien deslye. Et vous le broyiez avec du sucre puis le frisez en beurre et en sain de porc. Et y metez ung peu de sel. Et prendrez vos **oublyes** quand seront frictes. »

(*Livre fort excellent de Cuisine,* 1542).

« Le jour de la Pentecôte on plaçait les gens à la voûte des églises, et au moment où l'on entonnait le *Veni Creator*, ils faisaient descendre des étoupes enflammées, et jetaient des feuilles de chêne et des nieules, qui ressemblaient à ce qu'on nomme des **oublies**. »

(Pierre Vinçard, *Le Banquet des sept gourmands*, 1853).

P

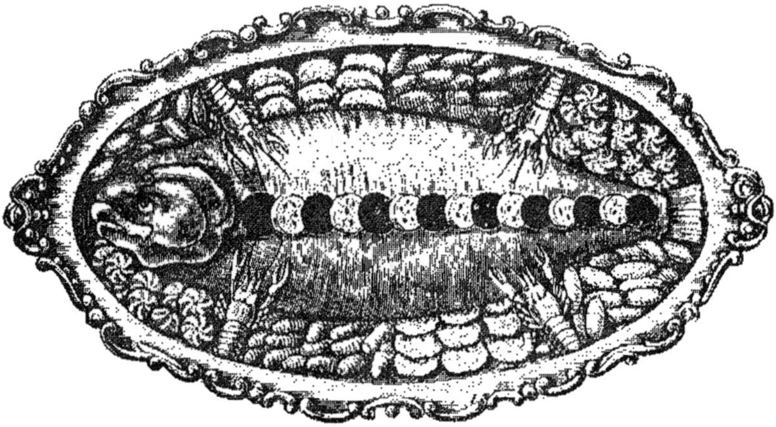

PAILLASSON (DE POMMES DE TERRE)

Voir : **DARPHIN.**

PAILLE (POMMES)

Voir : **FRITES**

PAIN D'ÉPICE (S)

Mot attesté au XIVe siècle, officialisé par le *Dictionnaire de l'Académie* en 1694, appliqué à un gâteau confectionné avec de la farine de seigle, du miel, divers aromates (anis, badiane, cannelle, écorce d'orange ou de citron, etc.), parfois des fruits confits, le plus souvent glacé de sucre et diversement moulés, auquel on donne la forme de petits sujets dans certaines régions.

Originaire d'Asie, le pain d'épice est importé en Europe au Xe siècle et rapporté de Flandre par Philippe II le Hardi, duc de Bourgogne et époux de Marguerite de Flandre, puis introduit à Paris par Philippe le Bon, au milieu du XVe siècle.

Parmi les meilleurs, on cite celui de Reims et celui de Dijon, fabriqué industriellement dès le XVIIIe siècle.

« Sur le bord de l'herbe, il y avait une voiture chargée de **pain d'épice** et de pastilles de menthe, et une marchande de coco vendait à boire sur une table dans le sillon. »

(Edmond et Jules de Goncourt, *Germinie Lacerteux*, 1865).

« J'ai, sans le savoir, poussé ma promenade sur cette avenue mondaine, et je me suis arrêté stupidement devant une boutique en plein air où sont des **pains d'épice** et des carafes de coco bouchées par un citron. »

(Anatole France, *Le Crime de Sylvestre Bonnard*, 1881).

Voir aussi : **GIMBLETTE & NONNETTE.**

PAIN DE GÊNES

Gros gâteau en pâte à biscuit à la poudre d'amandes et aromatisé au rhum, inventé par un nommé Fauvel, chef pâtissier de chez Chiboust, qui le baptisa ainsi en souvenir du siège de Gênes soutenu par Masséna en 1800, parce que les assiégés n'avaient eu, avant de se rendre, que du riz à l'eau et des amandes pour subsister...

« Mais on aura faim tout à l'heure. Les filles vont aller à la pâtisserie. Camille et Berthe, allez chercher des brioches et du **pain de Gênes.** Apportez en même temps une bouteille de vermouth pour Paul. »

(Georges Simenon, *Oncle Charles s'est enfermé*, 1942).

PAIN PERDU

Se dit d'un entremets connu depuis la fin du XIVe siècle, qui tire son nom du fait qu'il est confectionné avec des tranches de pain rassis, trempées dans du lait sucré vanillé et des œufs battus, puis simplement poêlées et servies saupoudrées de sucre ou garni de confiture.

Le pain perdu ressemble sensiblement à la « soupe dorée », spécialité d'Anjou et de Touraine consignée vers 1370-1380 dans *Le Viandier* de Taillevent, maître queux de Charles VI.

« Ensuyt le nombre et les noms des preux et vaillans cuisiniers, lesquelz, comme dedans le cheval de Troye, entrèrent dedans la truye : Saulpicquet, (...) **Paimperdu...** »

(François Rabelais, *Le Quart Livre*, 1552).

PALETS DE DAME

Appellation enregistrée dans le vocabulaire de la pâtisserie à la fin du XVIIe siècle, qualifiant des petits fours secs glacés, ronds et plats, parfumés à la vanille et au zeste de citron ou d'orange, souvent garnis de raisins de Corinthe, ainsi nommés parce que leur forme rappelle les disques en pierre plate et ronde du jeu de palet. Par confusion sémantique, on écrit parfois aussi : « palais de dames ».

« Les **palets de dame** les plus connus sont les palets légèrement alcoolisés au rhum et farcis de petits raisins de Corinthe. »

(Philippe Berkenbaum et Frédéric Mahoux, *Biscuits*, 1994).

PALMIER

Nom attesté par le *Larousse gastronomique* de 1938, appliqué, par analogie de forme avec le feuillage du palmier, à une roulade de feuilletage détaillée en tranches et saupoudrée de sucre, spécifique de la pâtisserie parisienne et probablement créée au lendemain de l'Exposition coloniale de 1931.

« Le **palmier**, dit aussi *feuilles de palmier*, est une pâtisserie très simple, mais légère et plaisante. »

(*Dictionnaire de l'Académie des gastronomes*, 1962).

PANNEQUET

Altération de *pancake*, mot anglais composé de *pan*, « poêle », et de *cake*, « gâteau », enregistrée dans le *Manuel des Amphitryons* de Grimod de la Reynière en 1808.

Indique une crêpe fourrée pliée en quatre ou roulée autour d'une préparation sucrée (crème pâtissière, marmelade, confiture), saupoudrée de sucre et glacée au four, ainsi qu'une crêpe roulée autour d'une préparation salée (légumes, champignons, viande, poisson, fruits de mer, fromage...), liée avec une sauce (sauce blanche, Mornay, Nantua...), recouverte de fromage râpé, puis gratinée au four et servie en entrée.

« On recouvre quelquefois les **pannequets** avec un enduit de confiture, mais ceci masque leur goût, et c'est une recherche que nous ne saurions approuver. »

(Alexandre Dumas père, *Le Grand Dictionnaire de cuisine*, 1873).

PARFAIT

Adjectif substantivé spécialisé en pâtisserie au milieu du XIXe siècle, exprimant l'idée d'excellence, qualifiant, à l'origine, un entremets glacé très onctueux et plus riche qu'une glace, enrichi à la crème fraîche et aromatisé au café.

Indique aujourd'hui les glaces diversement parfumées au moka ou aux fruits et moulées en forme de pain ou de bombe.

« Puis l'on offrit, pour finir, un **parfait** au cassis qu'accompagnait un Sigalas-Rabaud blanc qui aurait fait faillir Curnonsky. »

(Georges Perec, *La Disparition*, 1969).

Voir aussi : **BOMBE & GLACE.**

PARIS-BREST

Nom d'un gâteau inventé à la fin du XIXe siècle par un pâtissier parisien à l'occasion de la première course cycliste Paris-Brest, composé de pâte à choux semée d'amandes effilées, fourré intérieurement de crème pralinée et saupoudré de sucre glace, dont la forme circulaire évoque une roue de vélo.

Mais tandis que certains auteurs prétendent qu'il fut en réalité créé par un nommé Louis Durand, en 1909, les Bretons émigrés dans la capitale affirment, quant à eux, qu'il s'agit d'une pâtisserie mise au point par les Bretons qui la consommaient, dit-on, sur la ligne de chemin de fer reliant les deux villes…

« L'autre jour, nous mangions un **Paris-Brest**. C'était l'anniversaire de Benjamin. Juste treize ans, une asperge. Le gâteau était monté mystérieusement, comme toujours, par le vieux monte-plats datant de l'époque Ozer-Ming. Éclairé de bougies pour faire symphonie et lampions, il avait surgi des entrailles du sous-sol… »

(Jean Vautrin, *La Vie ripolin*, 1986).

PARMENTIER

Dénomination attestée par le *Dictionnaire Boiste* en 1812, donnée en hommage à Antoine-Augustin Parmentier (1737-1813), introducteur de la pomme de terre en France.

Désigne un plat traditionnel de purée à base de ce tubercule garni de hachis de bœuf cuit, puis gratiné au four.

Se dit, par extension, d'un potage caractérisé par la présence de pommes de terre et lié à la crème fraîche ou au lait.

« Le déjeuner sur place présentait donc un double avantage puisque nul client n'apparaissait asteurre, Gridoux pouvait casser la graine en toute tranquillité. Cette graine était en général une assiette de **hachis parmentier** fumant. »

(Raymond Queneau, *Zazie dans le métro*, 1959).

PASCALINE (D'AGNEAU)

Formule consignée dans *L'Art de la cuisine française* d'Antonin Carême en 1833, appliquée à un apprêt sophistiqué d'agneau entier qu'on servait rituellement jusqu'à la fin de l'Ancien Régime aux dîners de la Cour le jour de Pâques, en souvenir des agapes des premiers chrétiens.

« Au Café de la Paix, Ambroise Thomas se délectait de **Pascalines d'Agneau** de Bordeaux. Acteurs, actrices de l'Opéra se donnaient rendez-vous aux tables de l'opulente maison. »

(Edouard Nignon, *Éloge de la cuisine française*, 1926).

PÂTÉ

Mot dérivé de *pâte*, attesté à la fin du XIIe siècle, d'abord appliqué à une « pâtisserie qui renferme des viandes et du poisson », constituée d'un fond, d'un tour et d'un couvercle généralement en pâte feuilletée, cuite au four et servie chaude, en entrée.

Signale par extension, à partir du XVIe siècle, la charcuterie enveloppée dans une croûte, puis le hachis de viande ou de poisson cuit dans une terrine, que l'on consomme froid, en hors-d'œuvre.

« Mais où avez-vous pris, s'il vous plaît, qu'il n'y eût pas de thon mariné en tout temps, et à présent plus que jamais ? Ce n'est pas au magasin de Provence qu'il faut aller ; il faut dire tout simplement à un célèbre pâtissier de vous faire un **pâté** de thon au gras, et il vous le fera. »

(D.A.F. de Sade, *Lettre à Madame de Sade, La Bastille*, 3 novembre 1787).

« Gilles [de Rais] mangeait des **pâtés** de bœuf et des **pâtés** de saumon et de brême (...) des boissons affolantes qui fouettaient la luxure des propos et faisait piaffer les convives, à la fin du repas... »

(Joris-Karl Huysmans, *Là-bas*, 1891).

PÂTISSERIE

Terme générique dérivé du verbe *pâtisser*, « pétrir la pâte », attesté sous la forme de *pastiserie* au début du XIVe siècle et officialisé sous sa graphie actuelle par le *Dictionnaire de l'Académie* en 1740.

Recouvre primitivement la préparation et la cuisson de la pâte (sucrée ou salée) destinée à la confection des gâteaux ou des pâtés.

Indique, par métonymie, les produits salés ou sucrés confectionnés avec une pâte faite de farine, d'œufs, de beurre, de sucre et d'aromates, garnis de viande, de poisson, de crème ou de fruits, etc., puis cuits au four.

Depuis le XIXe siècle, le mot désigne de façon plus restrictive les préparations de pâtes sucrées et devient synonyme de gâteau.

« En général, la cuisine est fort bonne à Baden ; les truites de la Mourgue sont dignes de leur réputation. On y mange le gibier frais non faisandé. (...) La **pâtisserie** est médiocre, les puddings se font admirablement. »

(Gérard de Nerval, *Lorely*, 1852).

« L'amour doit se déguster comme un mets délicat, car l'amour est une friandise. Près du divan qui accueille les amoureux, il devrait toujours y avoir des glaces, des fruits, de fines **pâtisseries**... »

(Curnonsky, *La Table et l'amour*, 1950).

PAUCHOUSE (OU PÔCHOUSE)

Régionalisme d'étymologie incertaine, attesté au début du XXe siècle, déformation probable du mot *pêche*, qu'on rattache également à *poche,* au sens de « petit sac », dans lequel le *pôcheur* met le produit de sa pêche.

Qualifie une sorte de bouillabaisse de poissons d'eau douce (anguille, brochet, perche, tanche, carpe, truite, goujon) au vin blanc, condimentée d'ail et servie sur des croûtons aillés, remontant au moins au XVIe siècle et originaire de Verdun-sur-le-Doubs, en Saône-et-Loire.

« La **pôchouse** arrive sur la table. Embaumée au vin de Lugny, farcie de petits lardons, de petits oignons, de petits croûtons, quelle belle prose ! Une élégie la remplacerait désavantageusement. »

(Fanny Deschamps, *Croque-en-bouche*, 1976).

PAUPIETTE

Emprunt probable à l'italien *polpetta* « tranche de viande garnie d'une farce et roulée » qui apparaît d'abord sous les formes de *poupiette* et *popiette*, puis sous sa graphie actuelle en 1742.

S'applique à une préparation probablement importée par les

cuisiniers de Marie de Médicis, composée d'une fine tranche de viande (le plus souvent de veau) garnie d'une farce, bardée de lard, roulée en forme de bouchon et ficelée, puis braisée à court mouillement.

Autrement dénommée « alouette-sans-tête », la paupiette se sert en général avec une garniture de légumes.

« Les **paupiettes** sont appréciées comme un mets fort délicat dans de nombreux pays, mais elles appartiennent plutôt, en raison de leurs aromates et de leur braisage, à la cuisine méridionale ou orientale. »
(Académie des gastronomes & Académie culinaire de France, *Cuisine française*, 1971).

PAUVRE HOMME (OU À LA PAUVRE HOMME)

Nom donné à divers apprêts de viande de desserte servis avec une sauce faite d'un roux (primitivement à base de chapelure blonde), déglacé au vinaigre, réduit et mouillé de bouillon de bœuf dégraissé, auquel on ajoute échalotes ou oignons hachés et persil ciselé, dont la première mention figure en 1739 dans *Les Dons de Comus* de François Marin, maître d'hôtel du maréchal de Soubise.

« Il y aura quatre sauces : piquante, au **pauvre homme**, au bleu céleste et à la nichon. »
(Marcel Rouff, *La Vie et la Passion de Dodin-Bouffant*, 1924).

« D'habitude, il se délectait du pot-au-feu et il s'aperçut à peine qu'il était en train d'en manger, arrosé de **sauce pauvre homme.** »
(Georges Simenon, *Maigret et Monsieur Charles*, 1972).

PETIT-FOUR

Voir : **FOUR.**

PET-DE-NONNE

Appellation enregistrée par le *Dictionnaire de Trévoux* en 1747, qui indique métaphoriquement une « sorte de beignet soufflé, fort enflé » connu au Moyen Âge sous les noms de « beignet d'Espaigne », « beignet venteux » et « soupir-de-nonne », que le XVIIIe siècle appelait encore « pet de putain »...

La légende lui donne pour créatrice involontaire une jeune nonne prénommée Agnès, de l'abbaye de Marmoutier, près de Vouvray, en Touraine, laquelle l'aurait découvert par hasard, un jour de la Saint-Martin, en laissant tomber malencontreusement une boule de pâte dans de la graisse bouillante.

Qualifie un petit beignet en pâte à choux qui se présente sous la forme d'une boulette gonflée et dorée, qu'on sert chaud, poudré de sucre, avec un coulis de fruits.

« MME GASTÈRE. – A déjeuner, toi, tu as des petites barquettes d'écrevisses. M. GASTÈRE. – Ah oui, ça me revient. MME GASTÈRE. – Un poulet à la gelée. M GASTÈRE. – C'est ça ! Avec une salade de légumes à la mayonnaise. MME GASTÈRE. – Et puis des **pets-de-nonne**, des fruits, du café. »

(Henri Lavedan, *Monsieur Gastère*, 1927).

PIÈCE MONTÉE

Mot composé synonyme de « gâteau monté », élaboré à partir de la notion de construction ou d'ouvrage contenue dans le syntagme « pièce de pâtisserie », enregistré par le *Dictionnaire de l'Académie* en 1694, puis consigné dans l'*Almanach des gourmands* de Grimod de la Reynière, en 1807.

Qualifie une pièce de pâtisserie volumineuse et spectaculaire, mise au point par Antonin Carême au début du XIXe siècle, faite de plusieurs éléments superposés reposant sur un socle et faisant appel au nougat, aux choux diversement fourrés, au sucre filé, aux dragées, etc., surmontés de petits sujets allégoriques en pâte d'amande, toujours de rigueur dans les repas d'apparat, de mariage et de baptême.

Au Moyen Âge, on l'utilisait en cuisine : il n'était pas rare qu'on apportât ainsi sur les tables seigneuriales des cygnes et des paons rôtis, présentés « en bellevue », entièrement reconstitués avec la tête, le bec, les pattes et les plumes, faisant la roue.

« Il apporta lui-même, au dessert, une **pièce montée** qui fit pousser des cris. À la base, d'abord, c'était un carré de carton bleu figurant un temple, avec portiques, colonnades et statuettes de stuc tout autour, dans des niches constellées d'étoiles en papier doré... »

(Gustave Flaubert, *Madame Bovary*, 1857).

« Quand un pâtissier va livrer en ville une **pièce montée**... un grand gâteau de noces ou d'anniversaire... il met la **pièce montée** dans un panier... il met le panier sur sa tête... il s'en va là où il doit aller... il s'en revient la course faite le panier à la main et ceux qui le voient passer disent voilà un pâtissier parce qu'un pâtissier c'est quelqu'un... »

(Jacques Prévert, « La crosse en l'air » [1936], *Paroles*, 1949).

PIPERADE (OU PIPÉRADE)

Terme du dialecte basque, dérivé de *piper* au sens de « poivron doux », attesté par le *Dictionnaire du béarnais et du gascon modernes* de Simin Palay en 1932.

S'applique à un apprêt très ancien, constitué d'une brouillade d'œufs liée avec une fondue de tomates, de poivrons et de tranches de jambon de Bayonne poêlées, cuisinée à la graisse d'oie ou de porc, ou à l'huile d'olive, typique de la cuisine basque et béarnaise.

« Je fis servir une vraie **pipérade** à un souper pour Sacha Guitry et sa troupe. On la prépare généralement incorrectement, soit comme une omelette, soit comme des œufs brouillés aux piments et tomates. Dans la vraie **pipérade** les œufs, ajoutés un à un au mélange cuit de légumes, ne doivent pas être reconnus. »

(Marcel Boulestin, *À Londres, naguère...*, 1946).

PISSALADIÈRE

Emprunt au régionalisme niçois *pissaladiera*, issu de l'ancien provençal *peis*, « poisson », et du participe passé *salar*, « salé », composé de *pissala* « purée de petits poissons broyés et salés », et de *sal* « sel », enregistré par le *Larousse gastronomique* en 1938.

Se dit primitivement d'une tourte à l'oignon badigeonnée avant cuisson avec du *pissala*, qui remonte vraisemblablement au XVIe siècle.

Indique, par extension, une tarte en pâte à pain garnie d'oignons étuvés à l'huile d'olive, de filets d'anchois et d'olives noires, et comparable à la *pizza* napolitaine, qu'on sert en hors-d'œuvre.

« Va manger des pâtes chez Guy (...), des raviolis à la blette chez la Bicon, au fin fond de la *Promenade des Anglais*. N'oublie pas de goûter à la **pissaladière** au marché... »

(Guillaume Apollinaire, « Lettre à André Rouveyre », 1918).

PITHIVIERS

Formule attestée depuis le XVIIe siècle appliquée à une galette feuilletée de forme ronde, fourrée de crème d'amandes, originaire de Pithiviers, dans le Loiret.

Désigne, par extension, une pièce de pâtisserie salée, garnie de foies de volaille, de ris de veau, de rognons etc.

« Je mis, chaque jour que j'en avais le loisir, à faire de la pâtisserie à tour de bras : tartes, mokas, savarins, brioches, **pithiviers**, etc., sans compter toutes les espèces de pâtés. »

(*Trois agendas d'Adrienne Monnier*, 1960).

PLAT

Adjectif substantivé, issu du latin populaire *platus* qui qualifiait au XIVe siècle la « pièce de vaisselle à fond plat ».

Se dit, par métonymie, à partir du XVIe siècle, du contenu des plats (entrée, rôti, entremets...) servis au cours d'un repas.

Le mot entre également dans l'expression « plat du jour » spécialisée dans le domaine de la restauration depuis 1877.

« Je vous ai prévenus qu'on ne se nourrissait ici que de chair humaine; il n'est aucun des **plats** que vous voyez qui n'en soit. Les répugnances sont des absurdités : elles ne naissent que du défaut d'habitude; toutes les viandes sont faites pour sustenter l'homme... »

(D.A.F. de Sade, *Juliette ou la suite de Justine*, 1796).

« À la vue d'une spécialité nouvelle accommodée de façon inconnue, Schahnidjar charmé prit le **plat** à deux mains pour en flairer voluptueusement les étranges émanations... »

(Raymond Roussel, *Impressions d'Afrique*, 1910).

Voir aussi : **METS**.

PLOMBIÈRES

Appellation d'un entremets glacé à base de crème anglaise au lait d'amandes, mêlée de crème fouettée, nappé de marmelade d'abricots et additionné de morceaux de fruits confits, tirée de Plombières-les-Bains, station thermale des Vosges, parce qu'il y aurait été imaginé le 21 juillet 1858 par un traiteur local en l'honneur de la rencontre historique de Napoléon III et de Cavour, chef du gouvernement italien.

Le fait que la plombières se trouve déjà mentionnée dans *Le Cuisinier royal* de Viard en 1828, puis dans *La Comédie humaine*, suffit cependant à prouver qu'il s'agit d'une création plus ancienne, remontant en toute vraisemblance à la Restauration, époque marquée par l'apogée du glacier Tortini et le triomphe des bombes glacées.

«À la fin du souper on servit des glaces dites **plombières**. Tout le monde sait que ces sortes de glaces contiennent de petits fruits confits, très délicats, placés à la surface de la glace qui se sert dans un petit verre, sans y affecter la forme pyramidale.»

(Honoré de Balzac, *Splendeurs et Misères des courtisanes*, 1839-1847).

POGNE

Régionalisme attesté en 1807, dérivé du provençal *pougna* ou *pugna*, qui désignait autrefois la poignée de pâte prélevée lors de la préparation du pain domestique pour confectionner un dessert.

Signale une sorte de galette parfumée à la vanille ou au zeste de citron, en forme de poule entourée de poussins, ainsi qu'une brioche en couronne, parfois parfumée à la fleur d'oranger, servie avec de la gelée de groseille, propre à la Drôme et au Dauphiné.

« La **pogne**, gâteau régional dont Crest s'est fait une spécialité, se prépare et se mange en principe à Pâques. »

(*Guide gourmand de la France*, 1970).

POLENTA

Emprunt à l'italien *polenta,* « bouillie de farine de maïs ou d'orge », attesté au XVIe siècle, puis francisé sous les formes isolées de *poulainte* en 1797 et *polinta* en 1800, puis enregistré sous son orthographe actuelle en 1807.

Désigne une bouillie de farine de maïs (ou de châtaignes, en Corse) dont on fait des galettes épaisses destinées à accompagner les viandes en ragoût ou le poisson, mais qui se prête aussi à la préparation de beignets, de croquettes, etc.

« Accroupie sur le seuil, une fille de treize ou quatorze ans, en haillons, les cheveux courts rongés par la pelade, répétait sans cesse, en les chantonnant, ces mots d'affamée : *La **polenta** molla, la **polenta** molla.* »

(Guillaume Apollinaire, « La Favorite », *Le Poète assassiné*, 1916).

« Le thé était fait et la **polenta** cuisait sur un feu magnifique quand la jeune femme s'éveilla. »

(Jean Giono, *Le Hussard sur le toit*, 1951).

POMMES SOUFFLÉES

Les « pommes soufflées » (gonflées et dorées comme des beignets) passent pour avoir été inventées et baptisées de manière accidentelle par Collinet, chef du Pavillon Henri-IV de Saint-Germain-en-Laye, lors du banquet offert le 15 avril 1837 pour l'inauguration de la ligne de chemin de fer Paris-Saint-Germain, présidé par Louis-Philippe et la reine Amélie. En raison du retard subi par le train qui avait du mal à grimper la côte du Pecq, Collinet aurait ordonné de retirer de leur bain d'huile bouillante des pommes de terre frites et de les déposer sur une serviette pour qu'elles puissent s'égoutter et refroidir en attendant d'y être plongées à nouveau au moment de servir le filet de bœuf rôti auquel elles devaient servir d'accompagnement. C'est alors qu'il s'aperçut avec stupéfaction que les frites se transformaient en petits ballons délicieusement croustillants qui bénéficièrent de la faveur de l'assemblée : on venait de déguster, sans le savoir, un plat nouveau...

Les pommes soufflées constituent une garniture de choix pour de nombreux plats.

« Le phénomène des **pommes soufflées** s'explique parce que, au cours de la première cuisson, la pulpe des tranches a conservé une certaine humidité et qu'à son brusque contact à haute température de bain de graisse, cette humidité se résout en vapeur qui provoque le soulèvement des deux croûtes, c'est-à-dire le "soufflage". »

(Académie des gastronomes & Académie culinaire de France, *Cuisine française*, 1971).

POMPADOUR (OU À LA POMPADOUR)

Nom vieilli donné à différents plats sucrés et salés, dédiés de façon posthume à la marquise de Pompadour par quelques grands chefs du Second Empire et du début de la IIIe République, nostalgiques des fastes de la monarchie.

S'applique en particulier à des filets de sole aux truffes et aux champignons, à des tendrons d'agneau, à des asperges servies avec une sauce préparée au bain-marie, à base de beurre, de farine, de jaunes d'œufs, de maïs et de verjus.

« Il y a trente manière d'accommoder les asperges ; permettez-moi de vous recommander seulement aujourd'hui, madame, comme entremets des plus distingués, les asperges **à la Pompadour.** »

(Charles Monselet, « Lettres à Emilie », *La Cuisinière poétique*, 1859).

« Le menu, arrêté dès la veille, fut pourtant remarquable : un potage crème d'asperges, puis des petites timbales **à la Pompadour...** »

(Émile Zola, *Pot-Bouille*, 1882).

PONT-NEUF

Dénomination d'abord appliquée à des pommes de terre frites connues depuis le règne de Louis XV, époque à laquelle d'Agenson permit à certains « frituriers » (par ailleurs indicateurs de police) de s'installer dans les demi-lunes surmontant le Pont-Neuf, construit en aval de l'île de la Cité entre 1578 et 1607.

Se dit aussi de tartelettes en pâte feuilletée garnies de crème frangipane et de purée de marrons, typiques de la pâtisserie parisienne.

« Le vrai signe de l'hiver, c'est la poêle du marchand de marrons sur son brasier rouge. (...) Mais mille fois plus décisif encore est le chant des **pommes pont-neuf** qui, dans une mer de graisse bouillante, crépitent et frémissent, se dorant peu à peu dans la fournaise... »

(Théodore de Banville, *Feuilles volantes*, 1879-1880).

Voir aussi : **FRITES.**

POT-AU-FEU

Expression invariable attestée dans le *Dictionnaire de l'Académie* depuis 1798, qui vient du fait qu'elle indique « la viande destinée à être mise dans le pot ».

Désigne un potage connu au XIIe siècle sous l'appellation de *pot-a-fu*, composé de bœuf bouilli longuement, et à tout petit feu, avec des légumes (carottes, navets, poireaux, céleri, etc.), des aromates (ail, girofle, thym, laurier), auxquels on ajoute parfois des abattis de volaille et un os à moelle, et servi avec le bouillon de cuisson.

Indique, par extension, la viande avec laquelle on prépare ce mets (gîte, macreuse, plat-de-côtes).

« Et il embaume, s'écria Durtal, humant l'odeur du pétulant **pot-au-feu** qu'éperonnait une pointe de céleri affilée au parfum des autres légumes. »

(Joris-Karl Huysmans, *Là-bas*, 1891).

« Les viandes en sauce (et même ils se méfièrent longtemps des **pot-au-feu**) ne les attiraient pas. »

(Georges Perec, *Les Choses*, 1965).

Voir aussi : **BOUILLI & POTAGE.**

POT-POURRI (OU POT POURRI)

Appellation enregistrée au XVIe siècle, composée de *pot* et de *pourri*, traduction de l'espagnol *olla podrida,* « mélange de viandes et de légumes cuits ensemble », donnée à un ancien ragoût que l'on faisait cuire très longtemps et que l'on servait à même le pot, sur la table, et autrement dénommé *hochepot.*

« L'issue de table fut apporté un **pot pourri**... il estoit plain de pastiseries, tarteries, gelées, fruicts de toutes sortes »

(François Rabelais, *Gargantua*, 1534).

Voir aussi : **HOCHEPOT.**

POTAGE

Mot dérivé de *pot*, attesté au XIIIe siècle au sens de « aliments cuits dans le pot », qui désignait à l'origine le plat complet préparé avec de la viande ou des légumes, ou un mélange des deux, qu'on appellerait aujourd'hui une potée, et qui constituait l'essentiel du repas ordinaire.

Ce n'est qu'au XVIIIe siècle que le potage est considéré comme un aliment liquide et qu'il prend son sens actuel de bouillon gras ou maigre, probablement sous l'influence de paronymes comme *potable* et *potion*, issus du latin *potare,* « boire ». De fait, on dit : boire un potage et manger une soupe.

D'après leur composition, les potages sont classés en deux catégories : les potages clairs (bouillons et consommés) qui se servent nature, et les potages liés (crèmes, purées et veloutés).

Le *potage à la jambe de bois*, créé dit-on par le maréchal duc de Lesdiguières, connétable d'Henri IV et de Louis XIII, est un potage fait avec du jarret de bœuf dont on a coupé les deux bouts en laissant le gros os.

« Je fus de retour à la maison au moment qu'on allait se mettre à table. Malepeste, le succulent petit dîner ! Voilà ce qu'on appelle du **potage**, sans parler d'un petit rôt d'une finesse, d'une cuisson si parfaite... »

(Marivaux, *Le Paysan parvenu*, 1734-1735).

« Après le **potage** la servante apporta une poule au pot, magnificence qui fit dilater les paupières des convives, de telle façon qu'elles semblaient prêtes à se fendre. »

(Alexandre Dumas, *Les Trois Mousquetaires*, 1844).

Voir aussi : **BOUILLON, CONSOMMÉ, CRÈME, PURÉE & VELOUTÉ.**

POTÉE

Nom dérivé de *pot*, attesté au XIIe siècle et officialisé par le *Dictionnaire de l'Académie* depuis 1694 qui s'applique à une soupe paysanne au choux, primitivement préparée dans un pot de terre, composé de porc frais salé bouilli accompagné de lard et de divers légumes, mais qui comporte quelques variantes suivant les régions.

« Le tiers de la France tient dans ces trois plats : la **potée** d'Auvergne, la bouillabaisse de ma Provence et le cassoulet de Gascogne. »

(Austin de Croze, *Les Plats régionaux de France*, 1928).

« Puis on avait parlé de la cuisine provinciale, du cassoulet, de la **potée** lorraine, des tripes à la mode de Caen, de la bouillabaisse. – Au fond, c'est de la nécessité que la plupart de ces recettes sont nées. Si le réfrigérateurs avaient existé dès le Moyen Âge… »

(Georges Simenon, *Maigret et le tueur*, 1969).

POULE AU POT

Se dit d'un pot-au-feu d'origine béarnaise préparé avec du bœuf, de la poule farcie et des légumes, connu dès le Moyen Âge, mais dont la tradition dominicale, prétendument prescrite par le bon Roy Henry, semble bien avoir été inventée a posteriori pour les besoins du rétablissement de la monarchie durant le règne de Louis XVIII…

Si les Bordelais la garnissent d'une farce composée de tranches fines de jambon, de mie de pain et d'œufs, Curnonsky, prince des gastronomes, conseille quant à lui de relever son bouillon de savantes épices afin de lui conférer des vertus revigorantes.

« Le plus beau mot de ce roi patriote, Henri IV : je voudrais que le plus pauvre paysan de mon royaume pût du moins avoir la **poule-au-pot** le dimanche. »

(Stendhal, *Racine et Shakespeare*, 1823-1825).

« Malheureux paysans français à qui les soldats du roi Henri faisaient la guerre pour n'avoir pu payer la taille, et ne paraissaient pas près de jouir de la célèbre **poule au pot...** »

(Gérard de Nerval, *La Main enchantée*, 1832).

POULETTE (À LA)

Se dit de différents plats accommodés avec une sauce consignée dès 1739 dans *Les Dons de Comus*, qui tire son nom du fait qu'à l'origine elle accompagnait la fricassée de poulet.

La sauce poulette est réalisée avec des jaunes d'œufs, du fonds blanc de veau ou de volaille additionnés d'un jus de citron et de persil. De nos jours, on s'en sert surtout pour napper des pieds de mouton, des escargots et des champignons. Lorsqu'on l'utilise pour accommoder du poisson ou des moules, on l'apprête au fumet de poisson, mais dans son *Art du cuisinier* publié en 1816, Antoine Beauvilliers la recommandait aussi pour les écrevisses.

« On lui servit devant la boutique, sur le trottoir, un pied de mouton **poulette**, une salade et des asperges. »

(Guy de Maupassant, *Promenade*, 1884).

« A peine le temps des lapereaux au zéphir et des poussins à la follette était-il terminé qu'il voyait paraître sur sa table bénie les truffes à la Maréchale, les bécasses **à la poulette** et les bécasseaux au Pontife. »

(Marcel Rouff, *La Vie et la Passion de Dodin-Bouffant*, 1924).

POUPELIN

Régionalisme attesté au XIVe siècle, dérivé de *popelin* « petit enfant » signifiant aussi *tétin*.

Se dit, par analogie, d'une pâtisserie légère façonnée en forme de sein, faite avec de la fleur de farine pétrie avec du lait, des jaunes d'œufs, du beurre, que l'on trempe toute chaude encore dans du beurre fondu, originaire d'Anjou et très en faveur au Moyen Âge.

« Puys luy enfournait en gueule : Esclanches à l'aillade (...), gelée, Hippocras rouge et vermeil, **poupelins**, macarons... »

(François Rabelais, *Le Quart Livre*, 1552).

« Et dans ces vers de Chapelain/Je dépose un fragment, moins lourd, de **poupelin**. »

(Edmond Rostand, *Cyrano de Bergerac*, 1897).

POUPETON

Diminutif formé sur *pupa*, « poupée », appliqué, par analogie de forme, à une roulade de viande de boucherie, de volaille ou de gibier à plume, consignée dans *Le Cuisinier français* de François-Pierre de La Varenne, en 1651.

Se dit, par extension, depuis la fin du XVIIIe siècle, d'un ragoût fait de viande hachée recouverte de tranches de veau.

« Les hors-d'œuvre seront : un de perdreaux aux fines herbes à la broche, avec essence de jambon, un **poupeton** de tourterelles... »

(Marcel Rouff, *La Vie et la Passion de Dodin-Bouffant*, 1924).

PRINCESSE (À LA)

Appellation enregistrée dans *Le Cuisinier moderne* de Vincent de La Chapelle en 1735, qui s'explique par la richesse des éléments entrant dans la composition des mets auxquels elle s'applique.

Il s'agit d'une entrée faite avec une noix de veau coupée en tranches minces, nappée d'une sauce blanche aromatisée de glace de volaille, de noix de muscade, de persil et de citron ainsi que d'une garniture composée d'asperges vertes et de lames de truffes étuvées au beurre, sur fonds d'artichauts, destinée à accompagner les filets de volaille et les côtelettes d'agneau.

Désigne enfin une pâtisserie mentionnée dans le *Nouveau Traité de la cuisine* de Menon en 1739.

« Menu d'un grand dîner : Potages, purée de perdreaux chasseur, orge perlée **à la princesse**... »

(Stéphane Mallarmé, *La Dernière Mode*, 18 novembre 1874).

PROFITEROLE (S)

Terme construit d'après *profit*, au sens de « gratification » avec le diminutif *-erole*, spécialisé dans le vocabulaire culinaire dans le *Dictionnaire Estienne* en 1549.

S'applique d'abord à une « pâte cuite sous la cendre », puis à un « petit évidé farci de béatilles et cuit en potage », sens attesté par le *Dictionnaire Furetière* en 1690.

Indique, par extension, depuis le XIXe siècle, des petites boules en pâte à choux diversement garnies de purée de légumes, de poisson, de crème fromage, etc., ou fourrées de crème pâtissière, Chantilly ou glacée et servant alors à confectionner les croquembouches et le saint-honoré.

Signale en particulier, depuis 1935, les petits choux garnis de glace à la vanille, nappés de chocolat amer et bouillant.

« Dites-moi si la petite demoiselle aime les pigeons aux petits pois et les **profiteroles**. »

(Anatole France, *Le Crime de Sylvestre Bonnard*, 1881).

«… et comme dessert? – Une charlotte aux fraises avec un coulis de Framboises ou bien des **profiteroles** au chocolat. – Je dois rêver, dit Léa. Je croyais que les repas étaient réglementés dans les restaurants. – Pas tous, mademoiselle, pas tous.»

(Régine Deforges, *La Bicyclette bleue*, 1980).

PUDDING (OU POUDING)

Emprunt à l'anglais en 1678, enregistré sous la forme de «pouding» par le *Dictionnaire de l'Académie* en 1762, puis sous sa graphie actuelle par le *Bescherelle* en 1846.

Désigne un gâteau à base de farine, d'œufs, de graisse de bœuf et de raisins secs, souvent parfumé avec une eau-de-vie, que les Anglais préparent traditionnellement pour Noël (et longtemps avant), introduit à Paris en 1815 par le général Wellington qui en faisait confectionner par ses cuisiniers, pour ses troupes, chez le célèbre traiteur Chevet.

«On servit. Elle fit asseoir Amazan à côté d'elle, et lui fit manger des **poudings** de toute espèce, ayant su de lui que les Gangarides ne se nourrissaient de rien qui eût reçu des dieux le don céleste de la vie.»

(Voltaire, *La Princesse de Babylone*, 1768).

«Nous n'avions ni boudin noir, ni boudin blanc, ni dinde aux marrons, mais les marrons seulement, bouillis et rôtis, et le chef-d'œuvre de Sido, un **pudding** blanc, clouté de trois espèces de raisins – Smyrne, Malaga, Corinthe –, truffé de melon confit, de cédrat en lamelles, d'oranges en petits dés.»

(Colette, *De ma fenêtre*, 1942).

PUITS D'AMOUR

Expression métaphorique à connotation érotique, consignée

dans *Le Cuisinier moderne* de Vincent de La Chapelle en 1735, désignant une sorte de pâtisserie feuilletée évidée à l'intérieur, dont le centre est garni, après cuisson, de confiture ou de crème pâtissière caramélisée, remise à la mode en 1843, à la faveur du succès remporté par l'opéra-comique du même nom.

« Sur d'immenses plateaux d'argent (un mètre de diamètre) les serveurs promènent les merveilles du palais de Dame Tartine : tartes sablées aux fruits rouges, millefeuilles, pithiviers, gâteaux au chocolat, amandines, flans au citron et à l'orange, choux au praliné, **puits d'amour**. »

(Fanny Deschamps, *Croque-en-bouche*, 1976).

PURÉE

Participe passé substantivé féminin, dérivé de l'ancien français *purer*, « purifier, cribler, passer », attesté au XIIIe siècle, désignant une bouillie plus ou moins épaisse de légumes cuits puis écrasés.

Indique aujourd'hui, dans un sens absolu, la purée de pommes de terre, et, par extension, ce type de préparation appliqué aux fruits, utilisé pour confectionner les glaces et les coulis.

« Je voudrais donc qu'il fût servi d'abord un bon potage, qui ne fût pas toujours la soupe au pain, mais bien nos **purées** de plantes légumineuses... »

(Antonin Carême, *L'Art de la cuisine française au XIXe siècle*, 1833).

« Criton qui faisait office de maître d'hôtel, servit des gelées, des coulis et des **purées** douze fois passées au tamis. Nous ne vîmes point venir le rôti. »

(Anatole France, *La Rôtisserie de la Reine Pédauque*, 1921).

Voir aussi : COULIS.

Q

QUATRE-MENDIANTS

Dénomination toujours employée au pluriel, attestée en 1640 et officialisée par le *Dictionnaire de l'Académie* en 1694.

Se dit d'un dessert qui se servait traditionnellement à Noël, composé d'un assortiment de quatre fruits secs : amandes, figues, noisettes et raisins de Malaga, par analogie de couleur avec la robe des quatre grands ordres mendiants (Dominicains, Franciscains, Carmes et Augustins) fondés au XIIIe siècle.

« "Au rendez-vous des mariniers", quai d'Anjou, la carte n'est qu'orale : "Aujourd'hui il y a des beefsteaks, des petits pois et comme dessert des fraises des bois et des **mendiants**." Voilà. »

(Jean Galtier-Boissière, « Le bien-manger », 1925).

QUATRE-QUARTS

Nom attesté en 1893, appliqué à un gâteau domestique pour la raison qu'il comprend quatre ingrédients principaux à poids égal (œufs, farine, beurre, sucre), travaillés ensemble dans une terrine.

« Lili, Zaza, Bébelle confectionnaient des cakes, des **quatre-quarts**, des sablés, des brioches pour le thé “après-midi”... »

(Simone de Beauvoir, *Mémoires d'une jeune fille rangée*, 1958).

Voir aussi : **TÔT-FAIT.**

QUENELLE

Emprunt à l'allemand *knödel,* « boule de pâte », hérité de l'anglo-saxon *knyll,* « piler, broyer », enregistré par le *Dictionnaire des alimens* en 1750 et officialisé par le *Dictionnaire de l'Académie* en 1694.

Indique une préparation composée de mie de pain mouillée, de graisse de veau et de chair de volaille ou de viande blanche ou de poisson (surtout du brochet) : le tout est broyé au mortier et modelé en forme de boulettes ou de saucisses qu'on fait pocher à l'eau et qu'on sert nappées de sauce blanche ou de sauce nantua. On l'utilise aussi pour garnir les vol-au-vent et les timbales.

« Une bonne façon d'échapper à la censure de ma mère, c'était de commander à l'hôtel Béchard quelque tendre aloyau aux olives, ou, chez Fabregas le pâtissier, un vol-au-vent de **quenelles**... »

(André Gide, *Si le grain ne meurt*, 1924).

« Toute l'année était prévue d'avance, comme une saison théâtrale. Celui-ci offrait des **quenelles** de brochet et le gigot d'agneau purée de châtaignes. Celui-là promettait le turbot poché et le râble de lièvre. »

(Léon-Paul Fargue, *Dîners de lune*, 1952).

Voir aussi : **GODIVEAU, TIMBALE & VOL-AU-VENT.**

QUEUX

Mot archaïque attesté au XIIe siècle, issu du latin *coquus*, « cuisinier », qui ne s'utilise plus guère que de façon plaisante dans le syntagme maître queux.

Signale à l'origine celui qui dirigeait la cambuse sur les bateaux, puis, par extension, le cuisinier faisant preuve de maîtrise. Furetière, qui signale déjà ce mot comme vieilli en 1690, précise que le queux avait alors pour fonction particulière, à la Cour, de « faire les ragoûts, entrées et entremets ».

« Ce n'est qu'un petit en-cas aux flambeaux, et, si mon **maître queux** ne s'est point enivré en mon absence, vous verrez que le drôle sait réveiller l'appétit paresseux. »

(George Sand, *Les Beaux Messieurs de Bois-Doré*, 1857).

« Le **queux**, connaissant les goûts du seigneur, s'empressa de lui apporter le ragoût convoité. Le duc se régale, broie les os, lèche ses douas, vide des pintes. Il s'épanouit. Il sourit. – Tout cela est délicieux, déclare-t-il, mais rien ne vaut un petit enfant de cinq ans rôti à la broche. »

(Raymond Queneau, *Les Fleurs bleues*, 1965).

QUICHE

Adaptation de l'alsacien *küche*, de l'allemand *Kuchen*, « gâteau », attestée en 1807 et officialisée par le *Dictionnaire Littré* en 1869.

S'applique à une tarte d'origine lorraine, garnie de lardons mélangés avec des œufs, du lait, de la crème, qu'on sert comme entrée chaude, et qui aurait été inventée au XVIe siècle sous Henri III.

Se dit, par extension, de toutes les tartes salées garnies aux champignons, aux fruits de mer, etc.

« – Devine ce que je t'ai préparé ? – Des **quiches** ! Ce n'était pas très difficile à deviner, étant donné que toute la maison en était parfumée. »

(Georges Simenon, *Chez les Flamands*, 1932).

R

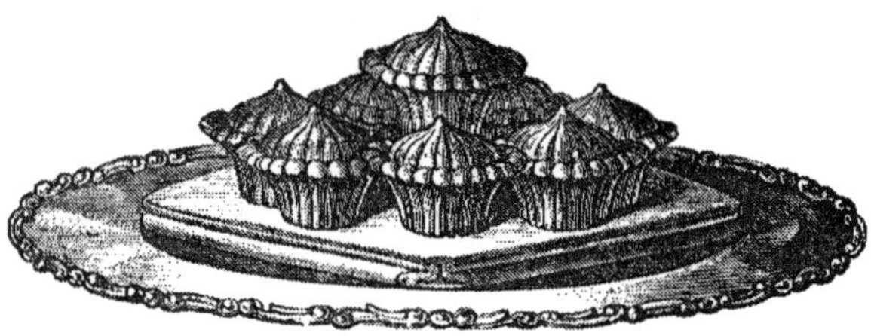

RACLETTE

Diminutif de *racle*, attesté dans le vocabulaire culinaire en 1896, dérivé du verbe *racler* signifiant « gratter pour enlever ce qui adhère », donné par métonymie à une sorte de fondue d'origine valaisanne, préparée avec du fromage spécial à pâte pressée, que l'on grille devant les braises d'un feu de bois et qu'on « racle » au fur et à mesure qu'il ramollit pour le consommer chaud avec des pommes de terre, généralement en robe des champs.

Voir aussi : **FONDUE.**

« Dans le canton du Valais la **raclette** remplace la fondue. Les sociologues expliquent ce phénomène par la différence des races. Mais moi qui suis Batave, je m'assimile la fondue et la **raclette** avec la même volupté. »
(Balthasar, « La fondue et la raclette », *Almanach de Cocagne*, 1921).

RAGOÛT

Substantif dérivé du verbe *ragoûter*, « mettre en appétit », attesté dans l'*Histoire comique de Francion* de Charles Sorel en

1623 et donné à l'origine à un assaisonnement propre à « à flatter le goût »,

Se dit, par extension, depuis 1665, du « mets préparé en sauce avec diverses épices », en particulier des préparations à base de viande, de volaille, de gibier, de poisson ou de légumes, coupés en morceaux et longuement mijotés avec une garniture aromatique, après avoir été rissolés dans un corps gras.

« De vingt **ragoûts** l'apprêt délicieux charme le nez et les yeux. »

(Voltaire, *La Pucelle d'Orléans*, 1762).

« Cette carte est incompréhensible. "**Ragoût** de mouton ça veut dire quoi ? – C'est un martyr de la bergerie et ses amis du potager. – Je vais prendre ça. – Et moules marinières ? – Demoiselles des rochers à voile et à vapeur." »

(Claire Bretécher, « Poèmes en prose »,
Docteur Ventouse Bobologue, 1986).

RAMEQUIN

Mot d'origine incertaine, attesté par le *Dictionnaire Richelet* en 1680, emprunté au néerlandais *Rammeken,* « pain grillé », diminutif probable de l'allemand *Rham,* « crème ».

Désigne à l'origine une formule de pain grillé garni « de chair, de rognon, de fromage, d'oignon ou d'ail et de crème », répertoriée dans *Le Cuisinier françois* de La Varenne en 1651.

Indique, par extension, une petite entrée de crème au fromage cuite dans un moule, consignée en 1739 dans *Les Dons de Comus* de François Marin, maître d'hôtel du maréchal de Soubise.

Depuis le milieu du XXe siècle, signale exclusivement, par métonymie, les petits récipients de porcelaine à feu employés pour la cuisson au four ou au bain-marie de certains mets servis individuellement en entrées chaudes (œufs en cocotte à la crème, petits soufflés au fromage ou aux fruits de mer, etc.), ou en hors-d'œuvre froids (œufs à la gelée, etc.), voire en dessert (flans au caramel...).

« Les quiches et les **ramequins**, les omelettes aux pointes d'asperges ou au thon (...), occupaient dès sept heures du matin la table de Dodin-Bouffant. »

(Marcel Rouff, *La Vie et la Passion de Dodin-Bouffant*, 1924).

RATATOUILLE

Mot d'origine obscure, probablement dérivé du provençal *ratatoulho* ou formé sur le verbe *touiller*, issu du latin *tudiculare*, « piler, broyer, triturer », enregistré dans le vocabulaire culinaire en 1778 au sens aujourd'hui archaïque de « ragoût », ou de « mets grossièrement cuisiné », abrégé familièrement en *rata* au début du XIXe siècle.

Se dit, par extension, depuis le XXe siècle, d'un ragoût méridional, d'origine niçoise, fait avec des légumes coupés en morceaux (oignons, courgettes, tomates, poivrons, aubergines, ail), revenus à l'huile d'olive, cuits longuement avec divers aromates, et destinés à accompagner les rôtis, les volailles et les poissons sautés, ainsi que l'omelette et les œufs brouillés.

« Tu vois, rien ne change. (...) Seulement, continua-t-il épanoui, la cuisine est un peu meilleure que rue d'Enfer... Vous en ai-je fait manger, des **ratatouilles** ! »

(Émile Zola, *L'Œuvre*, 1886).

« Ma mère était pas cuisinière, elle faisait tout de même une **ratatouille...** »

(Louis-Ferdinand Céline, *Mort à crédit*, 1936).

RAVIGOTE (OU À LA RAVIGOTE)

Dérivé du radical du verbe *ravigo (t) ter,* « réconforter », donné en 1720 à des sauces très relevées ayant la réputation de *revigorer*.

Il s'agit d'une vinaigrette additionnée de moutarde et de jaunes d'œufs cuits écrasés, de fines herbes, de câpres, de cornichons et d'oignons hachés, ainsi que d'une sauce blanche à l'échalote hachée, mouillée au vin blanc et au vinaigre, à laquelle on ajoute, hors du feu, du cerfeuil, de l'estragon et de la ciboulette hachés.

« Il fallait bien que j'en profite, après ça serait la disette !... ça recommencerait les **ravigotes** !... »

(Louis-Ferdinand Céline, *Mort à crédit*, 1936).

« Adèle sait maintenant ce qu'est la tête de veau **ravigote** ; du gras bordé de suif, et la **ravigote** censée relever le goût et l'humeur n'arrange rien. »

(Marie-Louise Audiberti, *La Dent d'Adèle*, 1978).

RAVIOLE

Régionalisme emprunté à l'italien *ravioli*, attesté sous la forme de *raviolle* dans *Le Mesnagier de Paris* composé vers 1393, appliqué à une spécialité du Sud-Est, en particulier du Dauphiné.

Il s'agit de petits carrés de pâte farcis d'une préparation d'herbes, de comté, de fromage blanc et d'œuf, cuits à l'eau bouillante comme les raviolis, et autrement dénommés : oreilles d'âne.

« La **raviole** devint une spécialité de la région de Romans, où, au XIXe siècle, on louait des "ravioleuses" à la journée pour les fêtes. »

(*Inventaire du patrimoine culinaire de la France*, *Rhônes-Alpes*, 1995).

RAVIOLI

Nom d'étymologie incertaine, enregistré par le *Dictionnaire Boiste* en 1834, emprunté à l'italien *raviolo,* « pâte farcie de viande » (XIIIe siècle), qui renvoie à l'action de replier la pâte autour de la farce (*ravuolgere*).

Désigne des petits carrés en pâte à nouille renfermant diverses farces à la viande, cuits à l'eau bouillante et généralement servis nappés de sauce tomate et de fromage râpé.

Certains auteurs rapprochent toutefois ce mot de *rabiole* signifiant « de peu de valeur », parce que à l'origine on confectionnait les raviolis sur les bateaux avec les restes des provisions.

« On servait du root beer, du sprite et du mountain dew. On mangeait des **raviolis** nouvelle cuisine, aux huîtres, ou aux brocolis. »

(Jacques Roubaud, *L'Enlèvement d'Hortense*, 1987).

RÉGENCE (À LA)

Appellation aristocratique flatteuse qui indique, comme « à l'amiral », « à la comtesse » ou « à la maréchale », de riches garnitures propres à la cuisine de l'Ancien Régime.

Il s'agit d'éléments raffinés (escalope de foie gras, truffe, crêtes de coq) destinées à accompagner certains poissons, les ris de veau entiers et les volailles braisés.

« Menu d'un grand dîner de famille : (...) Relevé : Truite **à la Régence**, Filet de bœuf à la Godard. »

(Stéphane Mallarmé, *La Dernière Mode,* 1er novembre 1874).

REINE (À LA)

Dénomination donnée à différents mets délicats et élégants de la cuisine de l'Ancien Régime, faits à base de volaille en purée ou en salpicon, avec des ris de veau, des champignons, liés d'une sauce suprême, réalisés à l'origine en l'honneur Marguerite de Valois, dite la « reine Margot » (1553-1615).

Les plus célèbres sont la fameuse « bouchée à la reine » et le « potage à la reine » qu'on servait tous les jeudis à la table royale, mentionné dans *Les Dons de Comus* de François Marin en 1739.

« Premier service : à l'entrée de table, on servira trente bassins dans lesquels il n'y aura que des potages, hachis et panades ; (...) qu'on les serve alternativement, mettant au bout d'un côté un bon potage de santé, et, de l'autre côté, un potage **à la reine** fait de quelques hachis de perdrix ou faisans. »

(Nicolas de Bonnefons, « Menus de carnaval sous Louis XIV », *Les Délices de la campagne*, 1652).

« Viens, viens, insistait Zénaïde en vantant les bonnes choses qu'il y aurait à déjeuner. Tu mangeras une purée de marrons, je ne te dis que ça, et il y aura sept bouchées **à la reine**. – Sept petites bouchées, s'écria Oriane. Alors c'est que nous serons au moins huit ! »

(Marcel Proust, *Le Côté de Guermantes*, 1921).

Voir aussi : **BOUCHÉE.**

RELEVÉ

Adjectif substantivé aujourd'hui archaïque, ellipse de « relevé de potage » ou de « plat de relevé », attesté dans le vocabulaire culinaire au XVIIe siècle.

Indique le mets servi entre le potage et l'entrée, constitué en général de grosses pièces de poisson, de gibier, de boucherie ou de volaille, tels le bar ou le turbot, le chevreuil ou le faisan, l'aloyau, le gigot ou le rôti, l'oie ou la poularde.

« Les **relevés** et les entrées s'en allèrent et se promenèrent ainsi lentement, sans que le rire perlé des dames devînt plus aigu. »

(Émile Zola, *La Curée*, 1872).

« Enfin, après une grosse pièce de poisson (darne de saumon ou esturgeon rôti), Raymond Roussel prend un sorbet au champagne. Le **relevé** est un plat en sauce, souvent assez simple (bourguignon, par exemple), suivi d'un rôti (gigot) ou de gibier (faisan, rôti, perdrix). »

(François Caradec, *Vie de Raymond Roussel*, 1972).

Voir aussi : **ENTRÉE & SERVICE.**

RELIGIEUSE

Nom d'origine obscure, spécialisé en pâtisserie au début du XXe siècle, appliqué à un gâteau individuel monté de deux choux superposés fourrés de crème pâtissière (ou au café ou au chocolat), glacés au fondant et décorés de crème au beurre.

On appelle aussi religieuse une grosse pièce de pâtisserie faite en pâte à choux et en pâte sucrée, garnie de crème chiboust et glacée.

« On sortit les gâteaux ; il y avait (...) une **religieuse**, un éclair au café et un éclair au chocolat, une autre **religieuse** (au chocolat, la première étant au café), une tarte aux fraises couverte et étouffée de chantilly et une construction multicolore indistincte de composition et de section... »

(Jacques Roubaud, *La Belle Hortense*, 1985).

« Mais en général, le dimanche, après le camembert – que l'on entame – chacun a droit à sa pâtisserie préférée achetée au retour de la messe, un mille-feuille pour papa, une **religieuse** pour mon frère.

(Bernard Alexandre, *Le Horsain*, 1988).

RÉMOULADE

Mot qui apparaît sous les formes successives de *ramolade* (1693), *remolade* (1740), *rémolade* (1762), et sous sa graphie actuelle dans *Le Dictionnaire de l'Académie* de 1835.

Son origine demeure obscure; soit qu'on le rattache au picard *ramolas* signifiant « radis noir », « raifort », avec adjonction du suffixe *-ade* fréquent en cuisine (carbonnade, capilotade, salade...); soit qu'on invoque *remouler* « écraser à la meule » ou « écraser dans un mortier ». C'est la thèse de Pierre Guiraud qui remarque très justement que la sorte de mayonnaise ainsi désignée ne comporte ni radis, ni raifort.

La rémoulade est en effet une sauce froide piquante, émulsionnée d'huile et de moutarde, additionnée d'aromates et de fines herbes (cerfeuil, persil, estragon), servant à assaisonner les viandes froides, les poissons, les crustacés et certains légumes crus comme le céleri.

> « On a mangé du homard froid **rémoulade** et bu du vin blanc, et on a dit mille folies et mille choses sérieuses aussi, et on est parti tous les trois dans votre auto à travers le pays des marais salants... »
>
> (Paul Bourget, Gérard d'Houville, Henri Duvernois, Pierre Benoit, *Le Roman des quatre*, 1923).

REPAS

Terme attesté au XIIe siècle, dérivé de l'ancien français *past* « nourriture », mentionné en 1534 dans le *Gargantua* de Rabelais au sens de « succession de mets accompagnés de boissons que l'on prend à certaines heures » et appliqué au déjeuner, au dîner ainsi qu'au souper dont les heures ont varié au cours des siècles.

Entre également dans différents syntagmes qui en précisent la nature commme : « repas en tête à tête », « repas de famille », « repas officiel », etc.

« – Mon permis ? Quel permis ? – Votre permis de Sécurité sociale. – A quel sujet ? – (...) – Monsieur sait très bien qu'il n'est pas possible de servir sans un permis de la Sécurité sociale un **repas** de plus trois mille calories... »

(Raymond Queneau, *Les Fleurs bleues*, 1965).

« Commence alors sans transition la partie "souper" de ce **repas** ininterrompu. D'abord deux potages : un potage clair à garniture de petits légumes sur lesquels Roussel ne tolère pas la moindre trace de coup de couteau (les légumes ne doivent pas paraître épluchés mais presque "polis") ; et un potage lié. Après l'entrée de poisson, une entrée chaude avec garniture (omelette, rognons, cervelle), un plat froid (souvent un foie gras qui arrive de Biarritz dans des pots de grès), une petite salade composée, et pour finir, deux ou trois entremets. Chaque **repas** se compose ainsi de seize à vingt-deux services ! »

(François Caradec, *Vie de Raymond Roussel*, 1972).

RESTAURANT

Participe présent substantivé de *restaurer*, « redonner des forces par la nourriture », attesté dans son sens actuel par le *Dictionnaire de Trévoux* en 1771, mais qualifiant littéralement, à l'origine, l'aliment qui restaure, qui fortifie, en particulier le bouillon reconstituant fait de jus de viande concentré.

Indique depuis 1765 l'établissement où on se restaure. Cette date marque en effet l'ouverture, dans l'ancienne rue des Poulies, près du croisement de la rue du Louvre et de la rue de Rivoli, d'un restaurant populaire, proche des bouillons qu'Alexandre Duval ouvrira un siècle plus tard, qui avait pour enseigne : « Boulanger débite des restaurants divins» et où un nommé Boulanger servait des bouillons, des œufs et des volailles au gros sel, les ragoûts étant alors exclusivement réservés à la corporation des traiteurs.

Si ce genre d'établissement se multiplia rapidement, comme en témoigne une lettre de Diderot à Sophie Volland de 1767, on peut cependant considérer que le premier vrai restaurant, du moins tel qu'on l'entend aujourd'hui, ne s'ouvrit qu'en 1783. Il s'agit de celui de Beauvilliers, ancien attaché aux Extraordinaires des Maisons royales, installé sous les arcades du Palais-Royal et qui demeura pendant quinze ans le meilleur établissement parisien. Curieusement, c'est la Révolution française qui favorisa l'essor des restaurateurs, beaucoup de cuisiniers de maisons aristocratiques et de fermiers généraux se trouvant soudain privés d'emploi après la vague d'exil.

Jusqu'au début du XIXe siècle, on parlait également de *restaurât*, établissement que Balzac, dans *Les Illusions perdues*, présente comme intermédiaire entre le bouchon provincial et la guinguette parisienne : «Paris est un gouffre étrange; on y trouve à dîner pour dix-huit sous et le plus simple *restaurât* coûte cinquante francs...»

« Si j'ai pris du goût pour les **restaurants**? Vraiment, oui, un goût infini. On y sert bien un peu chèrement, mais à l'heure qu'on veut. La belle hôtesse ne vient jamais causer de ses pratiques. (...) On mange seul, chacun a son petit cabinet où son attention se promène; elle vient voir par elle-même s'il ne vous manque rien. Cela est à merveille et il me semble que tout le monde s'en loue.»

(Denis Diderot, «Lettre à Sophie Volland», 8 septembre 1767).

«Chez elle, Louise cuisine parce qu'il le faut bien; c'est la dernière corvée après que le travail est fini. Mais le **restaurant** ressemble à un conte de fées. On n'y calme pas seulement sa faim, on y apaise les gourmandises d'une année. »

(Eugène Dabit, *L'Hôtel du Nord*, 1929).

Voir aussi : **BOUILLON**.

RICHE (À LA)

Se dit de différentes préparations sophistiquées inventées vers 1860 par Louis Bignon, chef cuisinier du Café Riche, situé boulevard des Italiens, et sans conteste l'un des plus grands restaurateurs du XIXe siècle.

S'applique notamment à un apprêt de sole et de bécasse ainsi qu'à une sauce fameuse, sorte de sauce normande au beurre de homard relevée de cayenne et aromatisée au cognac.

« Mais sa sauce, qui n'est ni la sauce au fumet, ni la sauce au blanc, ni la sauce Robert, ni la sauce au velouté, ni la sauce à la Béchamel (...), ni ceci, ni cela, mais qui est tout simplement la sauce du Café **Riche** et le secret de son cuisinier »

(Alfred Delvau, *Les Plaisirs de Paris*, 1867).

RICHELIEU (À LA)

Locution appliquée à différentes préparations dédiées au maréchal duc de Richelieu par un cuisinier du XVIIIe siècle.

Qualifie en particulier une garniture composée de tomates rissolées dans du beurre, de laitues braisées, de champignons farcis et de pommes parisiennes (pommes noisettes roulées dans de la glace viande), destinée à accompagner les grosses pièces de boucherie.

Se dit aussi d'un entremets à base de blancs d'œufs battus en neige, d'amandes pilées, de frangipane, glacé au fondant.

« Je n'ai pas une grande idée de cet homme, disait le comte de M... en parlant d'un candidat qui venait d'attraper une place ; il n'a jamais mangé de boudin **à la Richelieu**, et ne connaît pas les côtelettes à la Soubise. »

(Brillat-Savarin, *Physiologie du goût*, 1826).

« Si nous mangions, je suppose, un turban de lapin **à la Richelieu** et un pudding à la d'Orléans ? – Oh ! pas d'Orléans ! s'écria Cisy, lequel était légitimiste et crut faire un mot. »

(Gustave Flaubert, *L'Éducation sentimentale*, 1869).

RILLAUD (OU RILLOT)

Régionalisme de l'Ouest attesté par les dictionnaires généraux au début du XXe siècle, dérivé de l'ancien français *rille*, « bande de lard », ou de *rillé*, forme dialectale de *reille*, « planchette », qui désignait au XVIe siècle un morceau de porc de forme allongée, cuit dans sa graisse.

Se dit d'une spécialité charcutière d'Anjou, faite de gros dés de poitrine de porc frais (à laquelle on laissait jadis la couenne), macérés au gros sel et cuits au saindoux, que l'on peut consommer froide, accompagnée de salade, de cornichons et de moutarde, ou chaude, comme viande, avec des légumes.

« Mme Rezeau ne mangera plus de **rillots** (...). Arrière-grand-mère sans le savoir, elle a la bouche ouverte sur des dents d'or, sur de vieilles canines aux pointes usées, émouvantes d'impuissance et d'inutilité. »

(Hervé Bazin, *Cri de la chouette*, 1972)

RILLETTES

Terme toujours employé au pluriel, dérivé de *rille* ou *rillé*, attesté chez Balzac en 1836 et officialisé par *Le Dictionnaire de l'Académie* en 1878.

Désigne primitivement un mélange de viande de porc hachée et de graisse de porc, cuit plusieurs heures en marmite, qui se sert froid, dont les plus célèbres demeurent celles de Tours et du Mans.

Se dit, par extension, de ce type de préparation appliqué à l'oie, au canard, ou au thon.

« Les **rillettes d'oie** : vous apprêtez des tartines de l'épaisseur d'un doigt, vous les rôtissez sans les noircir et les arrosez modérément de vieux vin rouge et de quelques cuillerées de consommé ; puis vous enduisez d'une couche de graisserons ces tartines, vous les recouvrez avec un mélange très léger de moutarde et de beurre ; vous y ajoutez du poivre et de la muscade, selon votre goût et vous replacez ces tartines sur le gril, le temps de les réchauffer en dessous seulement. Vous les servez enfin sur une assiette chaude, après les avoir baignées d'un généreux cognac que vous allumez ; vos tartines flambent, telles qu'un pouding ou qu'une omelette soufflée, et c'est divin. »

(Joris-Karl Huysmans, recette rapportée dans *L'Art du bien manger* d'Edmond Richardin, 1904).

« Je me souviens d'avoir pendant la guerre dû casser la croûte à proximité d'une dizaine de morts et l'ami de l'un d'eux piochait dans une boîte avec son couteau en disant : "Ça c'est de la **rillette** ! Ce pauvre Albert, tiens, il était du Mans, il les adorait." »

(Hervé Bazin, *Cri de la chouette*, 1972).

Voir aussi : **RILLAUDS**.

RILLON (S)

Régionalisme de Touraine, dérivé de *rille* ou *rillé*, comme *rillaud* et *rillettes*, tout d'abord attesté au singulier par le *Dictionnaire Cotgrave* en 1611, puis au pluriel par Balzac en 1836.

S'applique à une spécialité tourangelle, à laquelle l'auteur de *La Comédie humaine* consacre une page entière dans *Le Lys dans la vallée*, constituée de morceaux de poitrine ou d'épaule de porc cuits pendant plusieurs heures dans du saindoux, puis terminés au vin blanc et colorés au caramel.

« Les célèbres rillettes et **rillons** de Tours formaient l'élément principal du repas que nous faisions au milieu de la journée, entre le déjeuner du matin et le dîner... »

(Honoré Balzac, *Le Lys dans la vallée*, 1836).

« Mon père vivait quatre mois au moins en Périgord, s'occupant de ses métairies, plantant des arbres fruitiers, confectionnant des pâtés, des confits et des **rillons** que je préférais à toute autre nourriture. »

(Marcel Boulestin, *À Londres, naguère...*, 1946).

RIPAILLE

Mot populaire dérivé de *ripailler*, vieux verbe signifiant familièrement « faire la bombe », de l'ancien français *riper*, « gratter », sans doute par rapprochement sémantique avec *rapace* ou *rapiat*, issus du latin *rapere*, « saisir, ravir ».

Attesté à la fin du XVIe siècle au sens de « repas où l'on mange beaucoup et où l'on boit avec excès », il est défini comme « grande chère » et « desbauche » par Furetière, en 1690.

Désigne par métonymie les plaisirs de la table, mais ne s'emploie plus guère que dans la locution péjorative *faire ripaille*, « mener joyeuse vie ».

« On construisit trois pavillons : un pour le corps de Whitman; l'autre pour faire le barbacue [*sic*] (**ripaille** populaire où l'on rôtit un bœuf et un mouton); le troisième pour les boissons. »

(Guillaume Apollinaire, *Anecdotiques*, 1913).

« Les bourgeoises **ripailles**, “compulsatoires à beuverie”, ainsi que les nomme Rabelais, manquaient un peu de raffinement ; le choix des nourritures, les propos des convives, exhalaient un fumet de nos tripières et de grosse gaieté. »

(Laurent Tailhade, *Petit bréviaire de la gourmandise*, 1914).

Voir aussi : **AGAPES, BANQUET, BOMBANCE, FESTIN, GUEULETON.**

RISOTTO

Diminutif de *riso,* « riz », emprunté à l'italien du Nord et lui-même dérivé du sanskrit, mentionné dans le *Journal* de Stendhal le 28 août 1818 et enregistré dans la *Gastronomie pratique* d'Ali-Bab en 1907.

Signale un plat fait de riz doré dans un corps gras avec de l'oignon haché, mouillé au vin blanc, cuit à la poêle et auquel on ajoute parfois des champignons et du fromage râpé et qu'on sert en général comme garniture de viande (en particulier du veau).

« Quant au saladier de **risotto** qui encombrait le réfrigérateur, il cessa d'encombrer ainsi que les six yaourts aux fruits, les quatre tranches de jambon de Parme, le demi-melon, un fond de crème fraîche nettement surette, un reliquat de salade de pommes de terre aux anchois… »

(Noëlle Châtelet, *Histoires de bouches,* 1986).

RISSOLE

Mot attesté au XIIIe siècle, provenant de l'altération de *roissolle,* « sorte de pâtisserie frite », hérité du latin populaire *russeola,* « préparation rougeâtre », consigné dans *Les Dons de Comus* de Marin en 1739.

S'applique à un petit chausson de pâte feuilletée ou brisée, farci de viande, de poisson ou de légumes hachés finement, puis frit à l'huile et qui prend par conséquent une teinte tirant sur le rouge. Mais on appelle aussi rissole un petit beignet parfumé à la fleur d'oranger qui se consomme saupoudré de sucre fin.

« Pour issue de table, choses froides, comme fruictages, laictages et doulceurs : **rissoles**, petits choux tout chauds, petits gâteaux baveux... »
(Pierre Belon, *L'Histoire de la nature des oyseaux*, 1555).

« L'oreille de Parisien est un petit ouvrage de pâtisserie fait de bœuf fort épicé, enveloppé d'une paste légère en forme d'oreille, qu'on appelle autrement **rissole.** »
(Antoine Furetière, *Dictionnaire universel*, 1690).

ROBERT (OU À LA ROBERT)

Dénomination d'une sauce piquante à base d'oignons hachés, de vin blanc, de vinaigre et de moutarde, destinée aux viandes grillées et créée par un certain Robert qui garde son mystère.

Il paraît en effet peu crédible de l'attribuer au saucier de la Régence Robert Vinot, ou à cet autre Robert au service du prince Murat sous le Premier Empire, car cette formule est déjà mentionnée vers 1370-1380 dans *Le Viandier* de Taillevent.

« Robert, cestuy feut inventeur de la **saulse Robert,** tant salubre et nécessaire aux Connilz roustiz, Canars, Porc frays, Œufz pochez, Merluz sallez et mille aultres viandes... »
(François Rabelais, *Gargantua*, 1534).

ROGATONS

Mot issu du latin médiéval *rogatum,* « demande », attesté au sens de « mets commun ou mets réchauffé » par *Le Dictionnaire de l'Académie* en 1740, mais qui a pris rapidement le sens péjoratif de restes d'un repas, notamment dans le syntagme « porteur de rogatons ».

« Elle en était réduite aux **rogatons**. (...) Le triage a lieu dans la cave. Dès neuf heures, les assiettes s'étalent, parées, à trois et cinq sous, morceaux de viande, filets de gibier, têtes ou queues de poisson, légumes, charcuterie, jusqu'à du dessert, des gâteaux à peine entamés et des bonbons presque entiers. »

(Émile Zola, *Le Ventre de Paris*, 1873).

« Jean Folantain, assis devant une table encombrée d'assiettes où se figeaient des **rogatons**, et des bouteilles vides dont le cul estampillait d'un cachet bleu la nappe, fit la moue, ne doutant pas qu'il allait manger un désolant fromage. »

(Joris-Karl Huysmans, *À vau-l'eau*, 1882).

Voir aussi : **ARLEQUINS & BIJOUX.**

ROMSTECK (OU RUMSTECK)

Francisation de l'anglais *rump-steak*, composé de *rump*, « croupe », et de *steak*, « tranche à rôtir », attesté successivement sous les formes de : *romesteck* (1816), *rumsteck* (1875) et *romskeck*, en 1880.

Désigne un morceau d'aloyau situé en arrière du faux-filet, braisé, grillé ou poêlé comme le bifteck, le chateaubriand ou l'entrecôte.

« Comme elle attachait une importance extrême à la qualité intrinsèque des matériaux qui devaient entrer dans la fabrication de son œuvre, elle allait elle-même aux Halles se faire donner les plus beaux carrés de **romsteck**, de jarret de bœuf, de pied de veau, comme Michel-Ange passant huit mois dans les montagnes de Carrare à choisir les blocs de marbre les plus parfaits... »

(Marcel Proust, *À l'ombre des jeunes filles en fleurs*, 1921).

Voir aussi : **ALOYAU, BIFTECK & CHATEAUBRIAND.**

ROSBIF (OU ROASTBEEF)

Mot adapté de l'anglais *roast-beef* (ou *roastbeef*), formé de *roast*, « rôti » et *beef*, « viande de bœuf », qui apparaît d'abord sous la forme de *ros de bif* en 1698, puis sous sa graphie actuelle en 1727, laquelle est officialisée par *Le Dictionnaire de l'Académie* en 1798.

Signale à l'origine l'ensemble du train arrière du mouton et de l'agneau, depuis les dernières côtes jusqu'aux deux gigots, qu'on servait rôti.

Se dit, par extension, du morceau de bœuf rôti ou à rôtir, généralement prélevé dans l'aloyau.

« Il m'emmena de force (...) dîner à *London-Tavern*. Il nous fit boire du vin de Porto, manger du **roastbeef** et du plum pudding à en crever. »
(René de Chateaubriand, *Mémoires d'outre-tombe*, 1848).

« Pris d'une fringale à voir s'empifrer les autres, il mangea un **rosbif** aux pommes et s'engouffra deux pintes d'ale, excité par ce goût de vacherie musquée que dégage cette fine et pâle bière. »
(Joris-Karl Huysmans, *À rebours*, 1884).

ROSSINI

Désignation d'une préparation à base de foie gras, dédiée sous le Second Empire, par le chef du Café Anglais, au célèbre compositeur du *Barbier de Séville*, alors directeur du Théâtre-Italien à Paris.

Indique en particulier un apprêt de tournedos, inventé par le musicien et réalisé par Adolphe Dugléré, qui devint un grand classique de la gastronomie du Second Empire et des années 1920.

Il s'agit d'une tranche de filet paré en médaillon, grillée ou poêlée, avec du foie gras et des rondelles de truffes, puis nappée d'une sauce Périgueux (sauce au madère additionnée de truffes en petits dés).

Pierre Lacam, pâtissier-glacier du prince Charles III de Monaco, raconte que Rossini avait aussi une façon toute personnelle de préparer les macaronis : une fois cuits, il les garnissait de foie gras avec une seringue, puis les remettait sur le feu avec force beurre, gruyère et parmesan...

« Et **Rossini**, Giacomo Rossini (...) que serait-il aujourd'hui, s'il n'avait eu l'idée, ô combien géniale, d'associer la truffe et le foie gras au **tournedos** ? »

(Laurent Tailhade, *Petit bréviaire de la gourmandise*, 1914).

« Du **tournedos Rossini** au filet de sole sauce Mornay, en passant par la blanquette de veau et le bœuf bourguignon, il eut droit à une vraie culture, que complétaient, par intermittence, le couscous de Yasmina et l'épaule d'agneau à la Montálban. Déjeuners et dîners royaux. Des siècles de gastronomie dressés contre la barbarie hamburger. »

(Daniel Pennac, « Des chrétiens et des Maures »,
Le Monde, 13 juillet 1996).

Voir aussi : **TOURNEDOS.**

RÔTI

Participe passé substantivé du verbe rôtir, attesté sous la forme de *rosti* dans *Le Mesnagier de Paris* composé vers 1393, puis enregistré sous sa graphie actuelle par *Le Dictionnaire de l'Académie* en 1740.

S'applique primitivement aux pièces de viande cuites à la broche ou au four, ainsi qu'à la partie du repas où on les servait.

Se dit désormais exclusivement du morceau de viande de boucherie bardé, ficelé et enduit de matière grasse avant d'être saisi à feu vif dans un four préchauffé.

« C'était toujours la crainte de manquer, c'étaient toujours le luxe et la misère se prenant aux cheveux. Les gens chez qui il dînait, à propos de leur **rôti**, faisaient des confidences humiliantes pour eux, et nauséabondes pour ceux qui les entendaient. »

(Stendhal, *Le Rouge et le Noir*, 1830).

« Jamais de **rôti**, dans cette baraque ! Ça ne tient pas au corps leur bouilli et leur poisson ! Du reste, le poisson était généralement méprisé, car la bassine restait pleine. »

(Émile Zola, *Au Bonheur des dames*, 1883).

RÔTIE

Expression archaïque dérivée du verbe rôtir, attestée sous la forme de *rostie* au XIIIe siècle, puis sous sa orthographe actuelle au XVIe siècle.

Désignait les tranches de pain rôties et diversement garnies (jambon, lard, anchois, épinards, etc.), qu'on appelait aussi, sous les règnes de François Ier à Henri IV, *toustées* ou *tostées*, de *torrere* « griller, rôtir », dont on a tiré *toast* qui prévaut depuis la fin du XIXe siècle.

« – Voyons, Fagerolles, répondez-moi... Est-ce deux **rôties** que vous désirez ? – Certainement, madame, deux **rôties**... Je l'adore la bouillabaisse. D'ailleurs vous la faites si bonne ! Une merveille... »

(Émile Zola, *L'Œuvre*, 1886).

« Les soirs d'hiver, le vin jeune bouillait à pleins pots, et dans son écume rose dansaient la rouelle de citron et l'épave de cannelle, pêle-mêle avec les dix grains de poivre et les radeaux de **rôties** naufragées. »

(Colette, « Ma Bourgogne pauvre », *En pays connu*, avant 1954).

Voir aussi : **TOAST**.

ROUILLE

Nom issu de l'ancien provençal *roilha*, attesté au XXe siècle et appliqué par analogie de couleur, à une sauce froide de la cuisine méridionale.

Il s'agit d'un mélange d'ail, de mie de pain imbibée de bouillon, de piment rouge, pilé au mortier et monté avec de l'huile d'olive comme une mayonnaise, qu'on sert traditionnellement avec les poissons bouillis, la bouillabaisse et la soupe de poisson.

« Certains amateurs font accompagner l'aigo-sau par la **rouille**, sauce énergique au parfum *sui generis* qui vient s'ajouter à la bonté de tous ces plats éminemment méridionaux ».

(Jean-Baptiste Reboul, *La Cuisinière provençale*, 1895).

« Naturellement, ce soir-là, la bouillabaisse était escortée de sa **rouille**, sauce au piment, à l'œuf, à l'ail. »

(Charles Maurras, préface à *Gourmandugi* de Maurice Brun, 1949).

ROUX

Adjectif substantivé, issu du latin *russus*, « rouge, fauve », enregistré comme terme culinaire par le *Dictionnaire Richelet* en 1680.

Indique une sauce célèbre mais démodée, dont la création est attribuée à Pierre-François de La Varenne au milieu du XVIIe siècle.

Fait d'un mélange de farine et de beurre, le roux est aujourd'hui destiné, en fonction du degré et la durée de cuisson, à confectionner des sauces blanches, brunes ou blondes.

« Pour qu'un repas soit de la dernière perfection, et que tout le monde puisse trouver ce qu'il souhaite selon son goût, il faut qu'il y ait toute sortes de ragoûts, potages, entrées et entremets, aux **roux**, aux blonds, aux blancs... »

(François Massialot, *Le Nouveau Cuisinier royal*, 1712).

« Le docteur avait trouvé le moyen d'empêcher l'âcreté des **roux** ; mais ce secret, que par malheur il restreignait à sa cuisine, a été perdu. »

(Honoré de Balzac, *La Rabouilleuse*, 1842).

Voir aussi : SAUCE.

ROYALE (À LA)

Sont ainsi qualifiées différentes préparations caractérisées par la délicatesse et la richesse des ingrédients entrant dans leur composition.

Indique en particulier un célèbre apprêt de lièvre consigné dans *Les Soupers de la Cour* de Menon en 1755, dont l'invention, qui remonterait au XVIe siècle, est revendiquée par les Poitevins et les Périgourdins. Il s'agit d'une purée onctueuse de chairs désossées, mélangée avec une farce de porc, de veau, de truffes et de foie gras, mouillée au vin blanc sec et aromatisée de gousses d'ail et d'échalotes, cuite à petit feu très longtemps.

« Laquelle d'entre vous se doute, lectrices, en savourant l'authentique "**lièvre à la royale**", fondant, chaud à la bouche, que soixante, – vous lisez bien soixante – gousses d'ail ont coopéré à sa perfection ? Un **lièvre à la royale** réussi n'a pas le goût d'ail. Sacrifiées à une gloire collective, réduites à une consomption sans seconde, les soixante gousses d'ail, méconnaissables, sont pourtant présentes, indiscernables, cariatides qui soutiennent une flore légère et grimpante d'épices potagères... »

(Colette, *Prison et Paradis*, 1932).

« Il sait parfaitement que la côte de porc à la bière, le lapin aux herbes, le poulet chargé au croupion d'un obus de fromage blanc, le steak tartare, splendide comme une confiture de viande, le lièvre **à la royale** sont ici merveilleux.. »

(Léon-Paul Fargue, *Dîners de lune*, 1952).

S

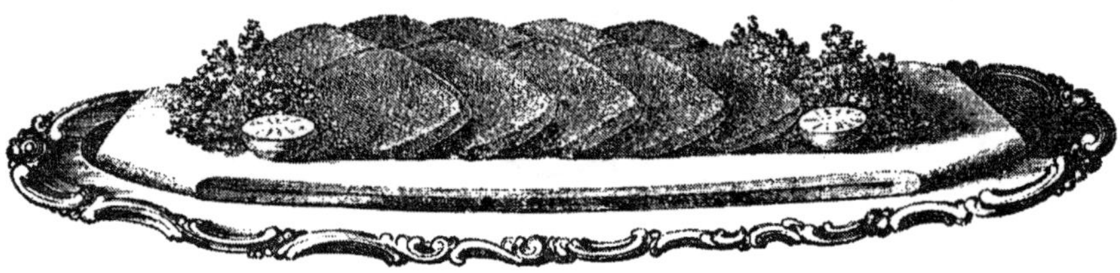

SABAYON (OU ZABAYON)

Mot emprunté à l'italien *zabaglione* ou *zabaione*, probablement issu du latin de Dalmatie *sabaya*, « sorte de bière », attesté sous la forme de *sabaillon* par le *Dictionnaire Boiste* en 1803, puis diversement orthographié et enregistré sous sa graphie actuelle par le *Dictionnaire Bécherelle* en 1845.

S'applique à une crème mousseuse composée de jaunes d'œufs, de sucre, de vin blanc (de champagne ou tout autre alcool), parfumée au citron ou à la vanille, puis fouettée au bain-marie pour l'épaissir, qu'on sert en entremets, légèrement tiède.

Qualifie, par extension, une espèce de sauce mousseline utilisée comme accompagnement de certains poissons ou crustacés.

« J'y savourai aussi [en Italie] les ravioli et le **sabaione** que les gastronomes français auraient dû adopter. »

(Grimod de La Reynière, *Journal des Gourmands et des Belles ou l'Epicurien français*, 1807).

« Je n'y puis rien : toutes les fois que j'ai entamé, entame, entamerai un **zabayon**, j'ai pensé, pense et penserai à la brûlante peau somptueuse de Jane. »

(Jean-Louis Vaudoyer, *Éloge de la gourmandise*, 1926).

SABLÉ

Appellation donnée à un petit gâteau sec et rond d'origine normande, fait en pâte sablée friable comme du sable, créé à Lisieux en 1852 et mentionné par le *Dictionnaire Littré* en 1870.

Si cette pâtisserie fut longtemps identifiée à la ville de Sablé-sur-Sarthe, sans doute en raison de l'homonymie parfaite, c'est seulement en 1923 qu'elle y fut réalisée par un certain Etienne qui, pour la différencier des autres, la baptisa : « sablé de Sablé ».

« Voilà le gâteau à la mode. Vous n'avez pas de **sablés**, vous n'êtes pas assortis : voilà ce que disent ces dames revenant de Trouville et de Houlgate. Il y a trente ans, l'on ne trouvait des **sablés** que chez Dugay, faubourg Poissonnière, dans tout Paris. Aujourd'hui tout le monde en vend. » (Pierre Lacam, *Mémorial historique et géographique de la pâtisserie*, 1888).

« Je vous en ferai manger, moi, de la galette normande, de la vraie, et des **sablés**, je ne vous dis que ça. »

(Marcel Proust, *Sodome et Gomorrhe*, 1921-1922).

SAINT-GERMAIN

Dénomination de différentes préparations dédiées par un cuisinier du XVIIIe siècle au comte de Saint-Germain, ministre de la guerre sous Louis XVI.

Se dit, en particulier, d'un potage à base de petits pois frais ou « cassés », légèrement additionné de lait et de sucre, présenté sur des croûtons.

« MME GASTÈRE. – Un petit potage **Saint-Germain** ? M. GASTÈRE. – Est-ce qu'on n'avait pas parlé d'une bisque ? MME GASTÈRE. – Tu as déjà des écrevisses, voyons ! »

(Henri Lavedan, *Monsieur Gastère*, 1927).

« Tout à coup, le gong du restaurant retentit. Le dîner était servi : Potage **Saint-Germain**... Je vous ferai grâce du reste. »

(Austin de Croze, *La Psychologie de la table*, 1928).

SAINT-HONORÉ

Nom d'un gâteau léger attesté en 1863, inventé au milieu du XIXe siècle par Auguste Jullien alors qu'il travaillait à la pâtisserie Chiboust, située rue Saint-Honoré, mais qu'on dit également dédié à saint Honoré, patron des boulangers et des pâtissiers.

Confectionné à l'origine avec de la pâte à brioche, le saint-honoré se fait aujourd'hui avec un fond de pâte brisée ornée d'une couronne en pâte à choux, garnie elle-même de petits choux glacés, dont le centre est rempli de crème chantilly ou de crème pâtissière diversement aromatisée.

« [Cadine] avait surtout une vive tendresse pour la boulangerie Taboureau, où toute une vitrine était réservée à la pâtisserie ; elle suivait la rue Turbigo, revenait dix fois, pour passer devant les gâteaux aux amandes, les **saint-honoré**, les savarins, les tartes aux fruits... »

(Émile Zola, *Le Ventre de Paris*, 1873).

SAINTE-MENEHOULD (À LA)

Locution attestée depuis le XVe siècle signalant une spécialité de la ville de Sainte-Menehould, dans la Marne. Il s'agit d'une préparation de pieds de porc (ou de veau, de queue de bœuf ou de mouton) cuits longuement dans un court-bouillon aromatisé, puis enduits de beurre fondu et enfin roulés dans la panure avant d'être grillés et servis avec de la moutarde, une sauce béarnaise ou une sauce choron.

Si les pieds à la Sainte-Menouhould faisaient les délices de Charles VII, ils furent néfastes à Louis XVI. C'est en effet parce qu'il s'était arrêté pour en déguster, tandis qu'il tentait de fuir la France, que le roi fut reconnu et dénoncé par le maître de poste Drouet...

« Carte de Véry en 1814 : on y voit des huîtres, des olives, du melon et, bien sûr, le pied de cochon à la **Sainte-Menehould...** »

(Jean-Paul Aron, *Le Mangeur du XIXe siècle*, 1973).

SALADE

Terme emprunté au provençal *salada,* « mets salé », formé du radical *sal,* « sel », attesté au début du XVe siècle.

S'applique d'abord au mélange composé de plantes herbacées assaisonné avec une vinaigrette, qu'on sert traditionnellement après les plats de viande et de légumes, puis, par métonymie, à la plante potagère ainsi utilisée.

Se dit, par extension, des mets froids préparés avec divers ingrédients (légumes, viande, poisson), cuits ou crus, mélangés ou non, accommodés de façon semblable, ainsi que des fruits coupés en morceaux, aromatisés de sucre et de sirop ou de liqueur.

« PÈRE UBU : Eh ! En voilà assez, je suppose. Y en a-t-il encore ? – MÈRE UBU continuant : Bombe, **salade**, fruits, dessert, bouillis, topinambours, choux-fleurs à la *merdre...* »

(Alfred Jarry, *Ubu roi*, 1902).

« La chicorée frisée est parfois rébarbative : l'extrémité de sa feuille mâchée et remâchée donne l'impression d'une feuille de chardon qui ne piquerait pas. (...) **Salade** à la Proust, dit Maurice Sachs. »

(Violette Leduc, *La Bâtarde*, 1964).

SALAMBÔ

Nom d'un petit gâteau fait de pâte à choux, fourré de crème pâtissière parfumée au kirsch, dont le dessus est glacé au fondant vert ou au caramel, inventé par un pâtissier parisien et ainsi baptisé en 1890 pour célébrer le succès de l'opéra d'Ernest Reyer, tiré du *Salammbô* de Flaubert.

« Je serai dans une demi-heure rue Dauphine, au 16, c'est un restaurant qui ne paie pas de mine mais où les trois sœurs Raymond mitonnent un **salambô** caramélisé incomparable. »

(Régine Deforges, *101, avenue Henri-Martin*, 1983).

SALMIGONDIS

Mot vieilli et d'origine incertaine, formé du radical *sal,* « sel », avec le suffixe *-gondin*, probablement issu de l'ancien verbe *coudir,* « accommoder », hérité du latin *condire,* « assaisonner », enregistré sous la forme de *salmigondin* dans *Le Quart Livre* de Rabelais en 1552 puis sous sa graphie actuelle en 1627.

Désigne une sorte de ragoût composé de restes de viandes cuites et, d'ordinaire, rôties, réchauffées dans une marmite avec une sauce au vin rouge et un bouquet garni.

« Adoncques, soubs la conduicte de Manduce, chantant ne sçay quelz Dithyrambes, Craepalocomes, Epaenons, offrirent à leur Dieu, ouvrans leurs corbeilles et marmites : (...) Pastez d'assiette, Grasses souppes de prime, souppes, Chous cabutz à la mouelle de bœuf, Hoschepotz, **Salmigondins...** »

(François Rabelais, *Le Quart Livre*, 1552).

« Bats les bas, vieux cochon, dit la servante au duc qui voulait mêler anatomie et gastronomie. La prochaine fois, je vous renverse le plat sur la tête. Et ce sera un **salmigondis.** »

(Raymond Queneau, *Les Fleurs bleues*, 1965).

SALMIS

Abréviation de *salmigondis*, primitivement orthographiée *salmi* par *Le Dictionnaire de l'Académie* de 1718, enregistrée sous sa forme actuelle par Marin dans *Les Dons de Comus* en 1739.

Désigne un ragoût de gibier qui remonte au début du XVIIIe siècle, réalisé avec de la bécasse, du canard sauvage, du faisan, des perdreaux, etc., cuits aux deux tiers, à la broche ou au four, avant d'être découpés et sautés avec des champignons, puis nappés d'une sauce spéciale confectionnée avec la carcasse et un fonds de cuisson déglacé au vin blanc.

« Il y eut des rougets grillés, un **salmis** de bécasses et des écrevisses. Comme vin on servit tout le temps de la tisane de champagne frappée, du bordeaux blanc et du bordeaux rouge. »

(Émile Zola, *Fécondité*, 1899).

« J'ai faim de barbe/Voici mon festin servi/Mon aliment mon **salmis**/De vagues de vents de fourmis/Je mange jusque mort s'ensuit/Le ragoût gris de la barbe. »

(Jean Dubuffet, *À la fleur de barbe*, 1960).

Voir aussi : **SALMIGONDIS.**

SALPICON

Désignation formée du radical *sal*, « sel », et du suffixe *-picon* (de *picar*, « hacher »), empruntée à l'espagnol *salpicón*, « plat froid de viande hachée avec piment, sel, huile, oignon », attestée dans *Le Nouveau Cuisinier royal* de François Massialot en 1712.

S'applique à un mélange d'ingrédients très variés (viandes, abats, volailles, jambon, légumes, foie gras, truffes...), coupés en dés et liés par une sauce, qui sert à garnir les barquettes, les bouchées, les vol-au-vent, etc., ou à accompagner certaines viandes.

Signale, par extension, les diverses préparations faites avec des fruits cuits au sirop qu'on utilise pour garnir certains gâteaux et entremets.

« Pourtant nous lui mijotions, non sans amour, un plat qu'il adorait : un aloyau aux oignons confits, un turbot au court-bouillon, du quasi, du boudin au raifort, un **salpicon.** »

(Georges Perec, *La Disparition*, 1969).

SANDWICH

Emprunt à l'anglais, tiré du nom de John Montagu, comte de Sandwich (1718-1792), attesté par *Le Moniteur universel* du 2 février 1802, d'abord enregistré comme nom féminin par le *Dictionnaire Littré* en 1870, puis entériné au masculin par *Le Dictionnaire de l'Académie* de 1935 qui stipule de l'orthographier *sandwichs*, au pluriel.

C'est en effet le cuisinier de cet aristocrate anglais qui imagina ce fameux « en-cas » confectionné à l'origine avec des morceaux de bœuf finement coupés, puis insérés entre deux tranches de pain, afin de permettre à son maître de se sustenter sans quitter sa table de jeu !

Désigne, par extension, ce type de mets préparé avec des aliments froids (jambon, langue écarlate, rosbif, poulet, foie gras, fromage ou toute autre garniture).

« Ainsi, sur des plats d'argent, s'élevaient en pyramides les **sandwiches** de laitance de carpe au beurre d'anchois, émincée de thon mariné et de truffes du Périgord... »

(Eugène Sue, *Le Juif errant*, 1845).

« ... après avoir fermé à clef la porte de sa chambre, il coupa dans le sens de la longueur un pain d'un kilo. Dans l'interminable **sandwich** ainsi obtenu, il introduisit un repas complet : à l'extrémité de droite, des filets de hareng, deux œufs durs et des olives dénoyautées; au milieu, des boulettes aux tomates et à l'ail confectionnées en secret le matin; (...) enfin, à l'extrémité de gauche, de la confiture de roses et du nougat au sésame.»

(Albert Cohen, *Les Valeureux*, 1969).

SAUCE

Terme issu du latin populaire *salsa,* «chose salée», utilisé à l'origine pour désigner métaphoriquement l'eau de mer, puis introduit dans le vocabulaire culinaire au XIIe sous la forme de *sausse*, puis celle de *sauce* (1240), graphie entérinée par *Le Dictionnaire de l'Académie* en 1762.

S'applique à la préparation plus ou moins liquide qui assaisonne ou accompagne certains mets, qu'on incorpore au dernier moment ou qu'on sert à part, destinée à accroître ou nuancer la saveur, ou à en masquer l'essence comme en témoigne le vieux proverbe : «La sauce vaut mieux que le poisson»...

Si, conformément à son étymologie, ce terme générique sous-entend un condiment salé, il désigne aussi de nombreuses préparations sucrées comme la sauce au chocolat ou au caramel.

Étant donné la diversité des sauces (le *Larousse du XIXe siècle* en dénombre soixante), ce mot est employé dans de nombreux syntagmes qui en précisent la nature : sauce piquante, sauce béarnaise, sauce maître d'hôtel, sauce blanche, etc.

La sauce blanche, faite de beurre et de farine mélangés, remonte au XIIIe siècle et sert de base à des variantes telles l'aurore, la bâtarde ou la Soubise. Mais les sauces médiévales étaient le plus souvent fortes, piquantes ou aigres douces, en tout cas infiniment moins raffinées que la Soubise, la mirepoix, la duxelle ou la mayonnaise inventées au XVIIe et au XVIIIe siècle.

Il faut attendre Antonin Carême, au début du XIXe siècle, pour voir systématisées les fameuses quatre « sauces mères », ou « grandes sauces » (l'allemande, la béchamel, l'espagnole et le velouté), qui ont donné naissance à une multitude d'autres.

« Il m'a fait un discours de cette science de gueule avec une gravité et contenance magistrale, comme s'il m'eust parlé de quelque grand poinct de théologie. Il m'a déchiffré (...) la police de ses **sauces**, premièrement en général, et puis particularisant les qualitez des ingrediens et leurs effects. »
(Montaigne, *Essais*, 1560).

« Dîner chez Mme Trefusis. (...) Colette parla tout à son aise, et fort éblouissante de verve, surtout de verve culinaire... Elle analysa ce qu'on nous servit, elle lut les plats eux-mêmes, ce fut son expression. Il y avait ceci, il y avait cela avec de la moelle écrasée dans la **sauce**, dans l'oignon, du vin de Champagne, etc. »
(*Journal de l'abbé Mugnier*, 17 novembre 1928).

SAUCISSE

Mot attesté au XIIIe siècle, hérité du latin *salsicius*, dérivé de *salsus*, « salé », appliqué à la préparation charcutière classiquement confectionnée avec de la viande de porc assaisonnée, puis cuite et enserrée dans un boyau.

Les saucisses les plus réputées demeurent celles de Strasbourg qu'on sert avec la choucroute et celles de Toulouse qui accompagnent le cassoulet.

Les saucisses de Morteau, fumées au bois de genévrier et de sapin, sont également appelées « jésus » pour la raison qu'elles auraient eu autrefois la réputation d'être ce qu'il y a de meilleur au monde...

« Puis vint un pâté de lièvre. (...) Ce n'était pas tout; une série indéfinissable de **saucisses**, entortillant ses membres avec une ténacité surnaturelle, semblaient vouloir venger, par un étranglement nouveau, la famille entière des boudins des mépris héréditaires du gentilhomme. »

(Gérard de Nerval, « Cauchemar d'un mangeur »,
Contes et Facéties, 1831).

« Les deux panneaux latéraux de la devanture représentaient de petits Amours joufflus, jouant au milieu de hures de côtelettes de porc, de guirlandes de **saucisses** ; et ces natures mortes (...) avaient une telle tendresse d'aquarelle que les viandes crues y prenaient des tons roses de confitures. »

(Émile Zola, *Le Ventre de Paris*, 1873).

SAUCISSON

Emprunt à l'italien *salciccione,* attesté sous la forme de *saulcisson* dans *Le Tiers Livre* de Rabelais en 1546 où il désigne, conformément à l'étymologie, une « sorte de grosse saucisse ».

Indique, par extension, les préparations de viandes hachées (porc, ou mélange de porc et de bœuf) assaisonnées et enserrées dans un boyau gras, puis ficelées et séchées pendant plusieurs mois.

Les saucissons se différencient des saucisses parce qu'ils se mangent surtout froids, en hors-d'œuvre. Parmi les plus réputés, on cite ceux d'Arles et de Lyon, ville célèbre pour sa rosette pur porc et son saucisson chaud qu'on sert aujourd'hui avec des pommes à l'huile.

« Le menu fut longuement discuté pour composer en même temps un repas bourgeois et distingué. Il fut arrêté ainsi : un consommé aux œufs, des hors-d'œuvre, crevettes et **saucisson**, un homard, un beau poulet, des petits pois conservés, un pâté de foie gras, une salade, une glace, et du dessert. »

(Guy de Maupassant, *L'Héritage*, 1884).

« Les stocks restèrent donc au port d'armes. Sous l'action du temps, les **saucissons** se pétrifiaient, les jambons vieillissants acquéraient un parfum quintessencié, qui transperçait l'étamine protectrice et troublait autant que l'odeur d'une femme désirée respirée à travers la chemise. »

(Jean Dutourd, *Au Bon Beurre*, Gallimard, 1952).

SAUPIQUET

Nom d'origine incertaine, vraisemblablement dérivé du verbe *saupiquer,* « piquer de sel », de l'ancien provençal *salpicar*, d'abord enregistré sous la forme de *saulpiquet* dans *Le Mesnagier de Paris* (vers 1393), où il s'applique à une sauce piquante pour gibier.

Se dit, par métonymie, d'un ragoût épicé de lièvre ou de bœuf. Mais en Bourgogne et en Berry, il s'agit d'une spécialité de jambon chaud et de tranches de jambon braisées nappés de cette sauce.

« Un peu après, l'on vint dresser une longue table, qui fut incontinent chargée de tant diverses sortes d'animaux, qu'il sembloit que l'on eût pris tous ceux de la terre, pour les manger là en un seul jour. On amenoit les **saupiquets** et les ragoûts »

(Charles Sorel, *Histoire comique de Francion*, 1623).

SAUTÉ

Adjectif substantivé dérivé du verbe *sauter*, attesté en 1813, qui désigne primitivement l'aliment « cuit à feu vif, en remuant », puis, plus spécialement, certaines viandes (agneau et veau, surtout) et volailles (poulet, lapin) coupées en morceaux, puis cuites en sauce après avoir été rissolées.

« À la saison des truffes, on en fait toujours entrer dans les **sautés** de volaille et de gibier, et c'est alors une des plus somptueuses entrées que l'on puisse offrir à notre sensualité gourmande »

(*Les 365 Menus du baron Brisse*, 1868).

« C'est ainsi qu'elle comprit : on était samedi, le jour de la blanquette d'agneau. Une blanquette aujourd'hui ? Elle aurait préféré un **sauté.** »

(Noëlle Châtelet, *Histoires de bouches,* 1986).

SAVARIN

Se dit d'une pâtisserie primitivement dénommée « Brillat-Savarin », créée à Paris en 1845 par Auguste Jullien et dédiée à la mémoire de l'auteur de *la Physiologie du goût*, que l'usage populaire finit par abréger en « savarin » vingt ans plus tard.

Il s'agit d'un gros gâteau en forme de couronne, réalisé en pâte levée très légère, trempé dans un sirop de sucre parfumé au kirsch (ou au rhum, parfois garni de crème Chantilly, de crème pâtissière, ou de cerises cuites au sirop.

Avec la même pâte, mais un autre sirop, Auguste Jullien imagina un autre gâteau de forme hexagonale qu'il baptisa « gorenflot » en hommage au truculent moine gourmand du temps d'Henri III, héros de *La Dame de Montsoreau*, d'Alexandre Dumas père, représentée en 1846.

« Toutes les grosses pièces de pâtisserie trouveront leur place dans les soupers de bal, surtout les gros Babas et les **Savarins**, les grosses Brioches, les Meringues à la crème, les Gaufres. »

(Louis Audot, *Bréviaire du gastronome*, 1864).

SERVICE

Mot issu du latin *servitium*, « condition d'esclave », spécialisé dans le domaine de la cuisine à la fin du XIIe siècle au sens de « plats apportés sur la table », désignant, par extension, dans *Le Quart Livre* de Rabelais (1552) la « première et seconde série des plats présentés », puis, de nos jours, les repas servis à intervalles fixes.

Le « service à la française », qui se pratiqua dans les grandes maisons jusque vers 1880, représente une forme simplifiée du « grand couvert » imposé sous le règne de Louis XIV. Celui-ci se divise en trois parties, c'est-à-dire trois services distincts, dont deux appartiennent à la cuisine et le dernier à l'office. Il s'agit, en simplifiant, des potages, des entrées, des hors-d'œuvre, des rôtis et jusqu'aux entremets de douceur, les desserts constituant un troisième service indépendant des autres, comprenant les pièces montées, les pâtisseries, les glaces, les fruits, les bonbons. Le premier et le second service comportaient le même nombre de plats présentés simultanément. Leur nombre était impressionnant à juger par certains menus de Taylleyrand qui comptent jusqu'à 48 entrées... Les mets étant disposés avant le début du repas, les convives pouvaient indiquer aux valets les mets en fonction de leur goût et de la place plus ou moins privilégiée qu'on leur avait attribuée, car la table était naturellement immense...

À partir de 1810, le « service à la française » entra en concurrence avec le « service à la russe », introduit par le prince Kourakine, ambassadeur du tsar Alexandre Ier, mais seulement vulgarisé sous le Second Empire par Urbain Dubois. Plus d'ornementation inutile, mais un ordre strict fixé à l'avance : les plats chauds sont découpés et dressés à la cuisine, puis présentés aux convives qui sont assurés de déguster des mets à la température requise…

« … et il y avait, rien que pour le premier **service** : une hure d'esturgeon mouillée de champagne, un jambon d'York au tokay, des grives au gratin, des cailles rôties, un vol-au-vent Béchamel, un sauté aux perdrix rouges et, aux deux bouts de tout cela, des effilés de pommes de terre qui étaient mêlés à des truffes… »

(Gustave Flaubert, *L'Éducation sentimentale*, 1869).

SORBET

Emprunt à l'italien *sorbetto*, lui-même tiré du turc *serbet*, de l'arabe *šarba*, « boisson », attesté au milieu du XVIe siècle au sens de « boisson à base de citron, de sucre et d'eau ».

S'applique depuis 1782 à la préparation glacée faite de jus et de pulpe de fruits, de sucre et d'eau, parfois aromatisée de liqueur, distinct de la glace en ce sens qu'elle ne contient ni matière grasse ni jaune d'œuf.

« On achevait des **sorbets** aux mandarines. Le rôti chaud était un filet aux truffes, et le rôti froid, une galantine de pintade à la gelée. »

(Émile Zola, *Nana*, 1880).

« Pendant qu'on parera le troisième service, on servira les **sorbets** au marasquin, les vins de Tokay, de granache et de lacryma-christi. »

(Marcel Rouff, *La Vie et la Passion de Dodin-Bouffant*, 1924).

Voir aussi : GLACE & PARFAIT.

SOREL AGNÈS

Dénomination de différents apprêts salés raffinés (omelette, potage, et garniture pour grosses pièces de boucherie) à base de champignons, de purée de volaille, de langue écarlate, de truffes, etc., témoignant des fastes de la cuisine de l'Ancien Régime et placés sous le patronage de la favorite de Charles VII, en souvenir des festins que le roi lui offrit au château de Beauté-sur-Marne.

« Filet de bœuf Agnès **Sorel** : sur croûton garni de foie gras et champignons émincés avec une purée de champignons à côté. »

(P. Dagouret, *Petite encyclopédie du restaurateur*, s.d., vers 1910).

SOUBISE (OU À LA SOUBISE)

Nom propre devenu générique, donné par le cuisinier Constant à des apprêts à base d'oignons, dédiés par Antoine Beauvilliers au maréchal Charles de Rohan, prince de Soubise (1715-1787), gourmand célèbre qui se piquait lui-même de cuisine.

Désigne en particulier une sauce et une purée d'oignons étuvés au beurre, allongée de bouillon, de jus de viande et d'un filet de vinaigre, destinée à accompagner les canetons rôtis.

« Le déjeuner fut splendide. Et je crus avoir la berlue en voyant le nombre de pièces d'or que nécessita la carte... Six douzaines d'huîtres d'Ostende, six côtelettes **à la Soubise.** »

(Honoré de Balzac, *Les Comédiens sans le savoir*, 1846).

« Les dîneurs sont de différentes espèces. Ainsi l'on peut compter : le dîneur classique (...), le dîneur romantique (...), le dîneur indifférent pour qui le plus vulgaire miroton vaut les côtelettes **à la Soubise....** »

(Charles Monselet, *La Cuisinière poétique*, 1859).

SOUFFLÉ

Participe passé substantivé du verbe *souffler,* attesté en 1829 dans le *Dictionnaire Boiste*, où il est défini comme un « entremets qui monte à la cuisson ».

S'applique à un mets ou entremets, salé ou sucré, à base de sauce blanche mélangée à des jaunes d'œufs et des blancs d'œufs battus en neige, auquel on ajoute divers éléments finement hachés ou réduits en purée (poisson, crustacé, volaille, légumes, fromage), qu'on doit servir très chaud et gonflé, sitôt sa sortie du four.

Désigne également l'entremets chaud et sucré, parfumé à la vanille, au citron, à l'orange, au cacao, etc., ainsi que le « soufflé glacé » qui s'apparente aux préparations précédentes par le fait qu'il déborde du moule dans lequel il est présenté.

« Pourtant il y avait un de ces Cafés où il me semble qu'on savait un peu faire la cuisine. Je ne dis pas que c'était tout à fait ma gelée mais c'était fait doucement et les **soufflés** avaient bien de la crème. »

(Marcel Proust, *À l'ombre des jeunes filles en fleurs,* 1921).

« Il commanda un dîner de modiste émancipée, du poisson froid au porto, des oiseaux rôtis, un **soufflé** brûlant dont le ventre cachait une glace acide et rouge… »

(Colette, *Chéri*, 1930).

SOUPE

Mot issu du francique *suppa*, enregistré par le supplément du *Dictionnaire de l'Académie* en 1694, mais attesté dès le XIIIe siècle dans *Le Mesnagier de Paris*, où il indique la « tranche de pain sur laquelle on verse le bouillon » – sens conservé dans l'expression : « tremper la soupe ».

Se dit, par extension, au XVIIe siècle, du « mélange de bouillon et de pain ou d'autres aliments », puis du bouillon de légumes, de viandes, de poisson, etc., passé ou non, et parfois enrichi de pâtes, qu'on sert au début d'un repas et qu'on donne aujourd'hui comme synonyme de potage.

On appelle enfin « soupe de fruits » le dessert fait de fruits pochés servi avec le liquide de cuisson ou un coulis.

« Notre hôte cependant, s'adressant à la troupe,/Que vous semble, a-t-il dit, du goût de cette **soupe** ?/Sentez-vous le citron dont on a mis le jus/Avec des jaunes d'œufs mêlés dans du verjus ? »

(Nicolas Boileau, *Satires*, 1666).

« Il se retrouva rue de la Femme-sans-Tête, il y déjeuna chez Gomard, un marchand de vin. (...) Il mangea son "ordinaire" de huit sous, le bouillon dans un bol, où il trempa une **soupe**, et la tranche de bouilli, garnie de haricots. »

(Émile Zola, *L'Œuvre*, 1886).

SOUPER

Emploi substantivé du verbe *souper*, issu de *sopar*, attesté au XIIe siècle au sens de « repas ordinaire du soir ».

Désigne, sous la Renaissance, le « petit souper » ou repas entre intimes, opposé au « grand souper » ou repas d'apparat, puis, sous la Régence, les repas galants mis à la mode par Philippe d'Orléans, dont l'usage se poursuivit au temps de Louis XV et de Louis XVI.

S'applique, depuis la Restauration, aux repas ou aux collations pris tard dans la nuit, aujourd'hui entre minuit et une heure, les horaires des spectacles ayant été retardés.

Se dit enfin, par métonymie, des mets composant ce repas.

« L'ennui dépouilla les mets de leur saveur. Il en est des **soupers**

« L'ennui dépouilla les mets de leur saveur. Il en est des **soupers** comme des pièces de théâtre et des livres, ils ont leurs hasards. »

(Honoré de Balzac, *Splendeurs et Misères des courtisanes,* 1839-1847).

« Au temps où il compagnonnait avec les hobereaux, il avait participé à ces spacieux **soupers** où des femmes saoules se dégrafent au dessert et battent la table avec leur tête. »

(Joris-Karl Huysmans, *À rebours*, 1884).

SOUVAROFF OU SOUVOROV (À LA)

S'entend de différentes recettes dédiées au maréchal Alexandre Vassilievitch Souvorov (1729-1800) et imaginées par Antonin Carême, lorsqu'il était au service de l'empereur Alexandre Ier à Saint-Pétersbourg.

Désigne en particulier un mode de préparation des volailles et du gibier à plume farcis d'un salpicon de foie gras et de truffes aromatisé au cognac et cuits en cocotte, ainsi qu'un apprêt de truffes en ramequin, avec une croûte feuilletée et une sauce Périgueux, qui se déguste avec une serviette sur la tête pour concentrer et conserver l'arôme.

« Augustus offrait aux trois amis non un lunch frugal, mais un vrai balthazar. Il y avait pour plat introductif un chaud-froid d'ortolans **à la Souvaroff.** »

(Georges Perec, *La Disparition,* 1969).

STROGANOFF (OU STROGANOV)

Ellipse de « bœuf Stroganoff » appliquée à une formule d'émincé de filet ou de contre-filet de bœuf sauté, flambé, aromatisé au paprika, déglacé, additionné d'oignons étuvés au beurre, servi avec du riz pilaf, ainsi baptisée par un cuisinier français au service d'une riche famille de financiers et mécènes russes, originaire de Novgorod et émigrée au XVIIIe siècle.

« C'est admirable ! Permettez-moi d'y revenir, ajouta-t-il en faisant signe qu'il voulait encore de la gelée. Je serais curieux de juger votre Vatel maintenant sur un mets tout différent, je voudrais, par exemple, le trouver aux prises avec le bœuf **Stroganoff**... »

(Marcel Proust, *À l'ombre des jeunes filles en fleurs*, 1921).

SUPRÊME

Adjectif substantivé emprunté au latin *supremus* qui indique une idée de perfection, attesté dans le *Manuel des Amphitryons* de Grimod de La Reynière en 1808.

Désigne un velouté à la crème fraîche additionné de fond de volaille, autrement dénommé « sauce suprême ».

S'applique aussi, depuis 1813, aux « parties les plus délicates d'une volaille », en particulier les blancs préparés en chaud-froid et servis avec cette sauce raffinée.

De nos jours, indique, par extension, ce type de préparation appliqué au homard et aux filets de gibier et de poisson (sole ou barbue).

« Il vit l'Allemagne et l'Angleterre, un peu Saint-Pétersbourg, parcourant la Hollande. (...) Il trouva partout le **suprême** de volaille et les vins de France. »

(Honoré de Balzac, *La Maison Nucingen*, 1838).

« On se demandait quel serait le menu du dîner. Évoquant des sauces oubliées, le receveur particulier se perdait en conjectures. Le sous-préfet calculait et prophétisait des **suprêmes** de phénix servis sur leurs cendres. »

(Villiers de L'Isle-Adam, « Le plus beau dîner du monde »,
Contes cruels, 1883).

SURPRISE (OU EN SURPRISE)

Locution enregistrée dans *Les Soupers de la Cour* de Menon en 1755, liée à une idée de déguisement destiné à provoquer un effet de surprise à la dégustation.

S'entend des mets dont l'originalité consiste à combiner le chaud et le froid, comme les fruits déguisés, dont le modèle le plus classique demeure l'omelette norvégienne.

« L'**omelette surprise** procure la double jouissance de mordre dans une croûte brûlante et de se rafraîchir le palais au contact parfumé des glaces. »

(*Les 365 Menus du baron Brisse*, 1868).

Voir aussi : NORVÉGIENNE.

SUZETTE

Dénomination d'une crêpe parfumée au curaçao et au suc de mandarine, puis saupoudrée de sucre qui se caramélise, inventée à Monte-Carlo le 21 janvier 1896, par Auguste Escoffier, pour Edouard VII alors prince de Galles, et dédiée à l'une de ses éphémères compagnes, prénommée Suzette...

Qualifie également une préparation de pommes de terre au four tournées en forme d'œufs à la coque et farcies.

« Peut-être les **crêpes Suzette**, comme les poèmes d'Homère, sont-elles l'œuvre de plusieurs. En tout cas, elles doivent avoir un seul parfum, celui de l'orange, et elles ne sont jamais flambées. »

(Marcel Boulestin, *À Londres, naguère...*, 1946).

« Il l'emmena aux Halles, lui fit manger des tripes à la mode de Caen et des **crêpes Suzette** qu'on leur servit sur de jolis réchauds en cuivre ».

(Georges Simenon, *Mon ami Maigret*, 1949).

T

TABAC DE CUISINE

Voir : **MARINADE**.

TABLIER DE SAPEUR

Expression métaphorique dérivée de *table*, appliquée à une spécialité lyonnaise de gras-double dont la forme rappelle celle du vêtement de protection des sapeurs.

Il s'agit d'un morceau de panse taillé dans la partie appelée « nid d'abeille », qu'on fait mariner une fois cuit dans du vin blanc, du jus de citron, de l'huile, de la moutarde, qu'on pane avant de le passer à la poêle et qu'on sert avec un beurre d'escargot ou une sauce tartare.

Avant d'être baptisé, sous le Second Empire, du nom qu'il porte aujourd'hui par le maréchal de Castellane, gouverneur de la ville de Lyon, le tablier de sapeur se serait d'abord appelé « tablier de Gnafron », par référence au tablier de cuir d'un cordonnier lyonnais.

« Cadre : l'un de ces restaurants du IIe, IIIe arrondissement où, en hommage aux provinces françaises, on ne sert que du lourd, du très lourd, des confits, de l'aïoli, des mirotons, des pieds de porc, du **tablier de sapeur** (la meilleure médecine pour ce que tu as, Gabriel, gras-double, œuf battu, beurre d'escargot). »

(Erik Orsenna, *L'Exposition coloniale*, 1988).

TALLEYRAND

Dénomination appliquée à différents apprêts imaginés par Antonin Carême au début du XIXe siècle, en l'honneur de Charles Maurice de Talleyrand, prince de Bénévent (1754-1838), homme d'État et diplomate célèbre réputé pour le luxe de sa table.

Désigne notamment un apprêt de ris de veau braisé nappé de sauce Périgueux, une croustade, une sauce et une garniture de volaille.

« Mon parrain découpait lui-même les grosses pièces et servait en faisant parvenir les parts à ses invités, vieil usage, suivi autrefois dans les meilleures maisons. Le **prince de Talleyrand**, réputé pour le plus accompli des amphitryons, en usait de la sorte. »

(Anatole France, *La Vie en fleur*, 1922).

TAL (E) MOUSE

Appellation vieillie d'origine obscure, enregistrée dans *Le Mesnagier de Paris* composé vers 1393, qu'on rattache tantôt au moyen néerlandais *tarwemel,* « pain de froment », tantôt à l'ancien verbe *taler,* « meurtrir », et à *mousse,* « face », qui signale une pâtisserie dont Louis XI était très friand, mais disparue à la fin du XIXe siècle.

Confectionnée à l'origine par la corporation des « talemeliers » de Saint-Denis, elle se composait d'une abaisse feuilletée aux bords relevés en forme de tricorne, garnie de fromage blanc, dorée à l'œuf et saupoudrée de sucre et qui était si dure qu'on l'appelait aussi : « casse-museau ».

« Item, à Jean Raguier je donne/Qui est sergent, voire des Douze,/Tant qu'il vivra, ainsi l'ordonne,/Tous les jours une **talemouse,**/Prise à la table de Bailly. »

(François Villon, *Le Grand Testament*, 1462).

« Pierrotin s'arrêta devant la porte de l'aubergiste qui vend les célèbres **talmouses** et tous les voyageurs descendirent. »

(Honoré de Balzac, *Un début dans la vie*, 1842).

TAPENADE

Mot de datation inconnue, issu du provençal *tapenado*, dérivé de *tapeno,* « câpre », qui indique un condiment à base de câpres, d'anchois préalablement dessalés, d'olives noires broyées au mortier, assaisonnés à l'huile d'olive, au jus de citron, au thym et au laurier, et parfois aromatisé au marc, qu'on sert comme accompagnement des crudités, ou qu'on tartine sur du pain grillé ou des canapés.

« J'ai découvert la **tapenade** il y a maintenant de nombreuses années dans l'auberge d'un village magique du Midi, Gordes. Au grand amusement de l'hôtesse j'en mangeais tant et tant que j'étais incapable de déjeuner ou de dîner. »

(Régine Deforges, *Ma cuisine*, 1989).

TARTARE

Formule qui apparaît d'abord sous la forme de « sauce à la tartare » dans *Le Cuisinier impérial* d'Alexandre Viard en 1806, puis sous l'ellipse « tartare » en 1841, appliqué une sorte de mayonnaise relevée avec de la moutarde, des câpres, des herbes hachées, probablement ainsi nommée par allusion à la coutume des cavaliers tartares ou mongols de consommer des nourritures fortement épicées.

Désigne, par extension, depuis les années 1950, le bifteck cru de viande hachée, mêlée avec du jaune d'œuf, de l'huile, des câpres, du persil, de l'oignon haché, des aromates et des condiments divers, et, par extension, le poisson cru (daurade, saumon ou thon) préparé de façon similaire.

« La vogue du **steack tartare** est une opération d'exorcisme contre l'association romantique de la sensibilité et de la maladivité : il y a dans cette préparation tous les états germinants de la matière : la purée sanguine et le glaireux de l'œuf, tout un concert de substances molles et vives… »

(Roland Barthes, *Mythologies,* 1957).

« Lapereau "Villa d'Ouest" : tartiner généreusement 2 jeunes lapereaux de moutarde forte. Mettre à four moyen en arrosant fréquemment. À mi-cuisson ajouter 250 g de champignons de Paris. Envoyer à part une saucière de **sauce tartare.** »

(Georges Perec, *81 fiches-cuisine à l'usage des débutants*, 1980).

TARTE

Nom d'étymologie obscure, attesté au XIIIe siècle, primitivement orthographié *tarte* et *tartre*, donné par Dauzat comme un dérivé du picard *tartre*, du bas allemand *tart,* « délicat », que certains lexicographes disent issu du latin médiéval *tartarum,* « tartre », la croûte de la pâtisserie ainsi désignée pouvant être comparée au résidu formé par le calcaire. Mais on peut voir une variante de *tourte,* du latin *torta,* « sorte de gâteau rond ».

Comme en témoigne *Le Mesnagier de Paris* composé vers 1393, la tarte qualifie à l'origine la garniture crémeuse et non la pâte : « pastre pestrie ainsi comme pour le font d'une tartre » ; mais on utilisait alors déjà des fruits.

Si les tartes, salées ou sucrées, se fabriquaient dans de nombreuses régions, celles de Picardie furent particulièrement renommées jusqu'au XVIIe siècle.

« Bons vins ont, souvent embrochés,/Sauces, brouets et gros poissons,/**Tartes**, flans, œufs cuits et pochés,/Perdus et en toutes façons. »

(François Villon, *Le Grand Testament*, 1462).

« Mlle Baba revint; elle apportait sur un grand plateau les tasses, la cafetière, le pot au lait, le pot à miel, les tartines beurrées et la **tarte** aux myrtilles.

(Guillaume Apollinaire, *Le Poète assassiné*, 1916).

TARTOUILLAT

Voir : CLAFOUTIS.

TATIN (TARTE)

Pâtisserie solognote très ancienne, mise à la mode à la fin du XIXe siècle par les sœurs Tatin en leur hôtel-restaurant de Lamotte-Beuvron : Stéphanie aurait, selon la légende, malencontreusement renversé une tarte aux pommes; d'après une autre version, ayant oublié de préparer la pâte à l'avance, elle l'aurait jetée sur des pommes au beurre en train de cuire...

Quoi qu'il en soit, il s'agit d'une tarte aux pommes cuite à l'envers, la pâte au-dessus, retournée après cuisson et présentée bien dorée et caramélisée. Certains auteurs affirment qu'elle est plus savoureuse avec des poires. C'est en tout cas Curnonsky qui aurait contribué à la faire connaître lors de son tour des provinces gastronomiques en 1926.

« On entend par la bouche d'un époux quelque peu provocateur (...) lorsqu'il a fini le soufflé au piment doux et qu'il s'apprête à se vautrer dans un coquelet de grain à l'estragon : “Ah... toi, tu me tiens par la gueule!” La femme sourit mystérieuse, choisissant de ne pas se vexer. Que dira-t-il de la **tarte Tatin** ? »

(Jacques Jouet, *Les Mots du corps*, 1990).

TERRINE

Terme issu de *therine,* « récipient de terre », dérivé de l'ancien adjectif *terrin,* « de terre », enregistré au début du XIVe siècle et appliqué, par métonymie, aux différentes préparations à base de certaines viandes mélangées, de poisson, ou de légumes, cuits au four dans un récipient en terre et qu'on sert en entrée.

« Sur la table d'étalage, des pâtés d'épinards et de chicorée, dans des **terrines**, s'arrondissaient, se terminaient en pointe, coupés, derrière par de petites pelles, dont on ne voyait que le manche de métal blanc. »

(Émile Zola, *Le Ventre de Paris*, 1873).

« On avait fini le rôti. César maintenant décoiffait la **terrine** de foie gras avec des précautions délicates qui faisaient bien juger du contenu. Il dit : “Je ne sais pas si celle-là sera réussie. Mais généralement elles sont parfaites. Nous les recevons d'un cousin qui habite Strasbourg.” »

(Guy de Maupassant, *L'Héritage*, 1884).

TÊTE DE NÈGRE

Dénomination vieillie, attestée en 1836, désignant, par analogie de couleur, un petit gâteau rond composé d'une meringue fourrée de crème et enrobée de chocolat granulé.

« On appelle aussi "**tête de nègre**" un gâteau de riz moulé en dôme, et entouré de crème fouettée. »

(*Dictionnaire de cuisine et de gastronomie*,
sous la direction de Robert J. Courtine, 1986).

THERMIDOR (HOMARD)

Nom donné à un apprêt de petits homards coupés en deux, dans le sens de la longueur, servis dans leur carapace avec une sauce Mornay, créé selon les uns par le chef des cuisines du restaurant Maire, situé au 14, boulevard Saint-Denis, pour la première de la tragédie de Victorien Sardou en 1891, mais que d'autres attribuent à Léopold Mourier alors qu'il officiait au Café de Paris dont il avait pris la direction en 1897.

« Magnifique double dîner ! Qu'on en juge : hors-d'œuvre froids et chauds, **homard Thermidor**, poularde niçoise, salade d'asperges, cèpes à la bordelaise, fromages, pets-de-nonnes, fruits. »

(Simon Arbellot, *Un gastronome se penche sur son passé*, 1955).

TIAN

Régionalisme provençal emprunté à l'occitan *tion*, « écuelle », attesté en 1803, enregistré dans l'acception de « plat cuit au four » dans *Lou Tresor dou Felibrige* de Mistral en 1886.

S'applique, par métonymie, à une espèce de gratin ou de flan aux légumes très populaire dans le Midi, cuit dans un récipient en terre et servi chaud ou froid.

« Gourmand, il traita toujours ses hôtes avec la magnificence sans ostentation du connaisseur grâce au concours de sa servante Marie (...) qui avait la recette de la daube et du **tian**, plat national d'aubergines et de tomates. »

(Léon Daudet, *Quand vivait mon père*, 1940).

TIMBALE

Mot issu du croisement de *cimbale* et de *timbre*, attesté à la fin du XVe siècle, enregistré dans le vocabulaire culinaire dans *Les Dons de Comus* de François Marin en 1739, où il s'applique à un apprêt de veau.

Se dit, par métonymie, des croustades en pâte feuilletée avec une garniture de blancs de volaille, de poisson, de crustacé, de fruits de mer et de salpicons divers en sauce, préparées dans un moule, qu'on sert comme entrée chaude et qui constituaient, au XVIIIe siècle, un plat de luxe réservé aux privilégiés.

Indique, par extension, des préparations à base de pâtes, de riz ou de légumes également cuits dans ce moule, servies démoulées et nappées d'une sauce, ainsi que des croûtes garnies de fruits pochés.

« Lorsque la pâte est cuite, vous renversez la casserole pour en sortir la **timbale**, vous faites dans le milieu un trou avec précaution et de manière à pouvoir le boucher; vous coulez par ce trou un peu de jus, de coulis, de bouillon ou de quelque sauce, si vous jugez cela nécessaire, et vous servez chaud. »

(Louis Audot, *La Cuisinière de la campagne et de la ville*, 1818).

« Le second service avait pour plat du milieu une sérénissime oie pleine de marrons, une salade de mâches, ornée de ronds de betterave rouge, faisait vis-à-vis à des pots de crème et des navets au sucre regardaient une **timbale** de macaronis. »

(Honoré de Balzac, *Les Petits Bourgeois*,
Scènes de la vie parisienne, 1855).

TOAST

Dérivé de l'ancien français *tostée* ou *toustée*, « tranche de pain rôtie » (XIVe siècle), du latin *tostus*, participe passé du verbe *torrere*, « griller, rôtir », enregistré au féminin sous la forme de *toste* par *Le Dictionnaire de l'Académie* en 1762 et répandu au moment de la vague d'anglophilie qui s'empara des Parisiens à la fin du XIXe siècle.

Indique désormais une tranche de pain de mie grillée qu'on sert avec certains mets.

« Monsieur Georgey mangea une douzaine de **toasts**, c'est-à-dire des tartines de pain et de beurre grillées ; chacune d'elles était grande comme une assiette. »

(Comtesse de Ségur, *Le Mauvais Génie*, 1867).

« Des sandwiches de pain de mie. Des **toasts**. De la confiture. Des œufs à la coque. Une salade de fruits. Deux verres de jus d'orange. – Vous auriez peut-être préféré un vrai repas ? – Mais non, pas du tout. »

(Patrick Modiano, *Quartier perdu*, 1984).

Voir aussi : **RÔTIE**.

TORTUE

Nom d'une sauce consignée dans *L'Art de la cuisine française* de Carême en 1833, puis affinée par différents cuisiniers et qui doit son nom au fait qu'elle accompagnait primitivement un plat de tortue cuisinée et qu'on sert désormais avec la tête de veau.

Il s'agit d'une demi-glace à la tomate et à l'infusion d'herbes aromatiques dites « à tortue » (basilic, fenouil, marjolaine, romarin, sauge, sarriette, thym et laurier), à laquelle on ajoute un verre de madère, de l'essence de truffes et une pointe de cayenne,

« Vous aimez la tête de veau **en tortue** ? – Connais pas. – Vous aimez la tête de veau ? – Assez. – Alors vous l'aimerez **en tortue.** »

(Georges Simenon, *Le Revolver de Maigret*, 1952).

« Actuellement, la préparation de la tête de veau **en tortue** est sans doute un héritage de la "grande transformation", selon Escoffier qui, d'ingrédients simples, ici quelques abats, tête, langue et cervelle, fait, à force de travail et de temps, un plat raffiné. »

(Jean-Claude Ribaut, « Tête de veau en tortue », *Le Monde*, 14 novembre 1992).

TÔT-FAIT

Locution composée de l'adverbe « tôt », issu de *tostum,* « rapidement », et du participe passé du verbe « faire », substantivé au masculin en 1872.

Se dit d'un gâteau simple et rapide à réaliser, d'où son nom, qui s'apparente au quatre-quarts en ce sens qu'il contient le même poids de sucre, de beurre, de farine et d'œufs, et auquel on ajoute un zeste de citron râpé.

« Des rangées de bouteilles avec des capsules de plomb sur la tête et des étoiles allumées au milieu du ventre formaient le demi-cercle, enveloppaient deux étages de bonbons meurtris, des ratas figés aux navets, des **tôt-faits** avec des plaques noires de brûlé, godant sur leur bourbe jaune. »

(Joris-Karl Hysmans, *En ménage*, 1881).

Voir aussi : **MADELEINE.**

TOURIN (OU TOURAIN)

Mot béarnais diversement orthographié (tourin, touri, touril ou touring), dérivé du verbe *torrer,* « cuire », du latin *torrere,* qui indique une soupe à l'ail très ancienne, préparée à la graisse d'oie, liée aux jaunes d'œufs dans un filet de vinaigre, avec laquelle on fait « chabrot » et qu'on servait traditionnellement aux mariés périgourdins.

« Dans certaines localités, les jeunes gens du cortège se mettent la nuit venue à la recherche des mariés pour les réveiller et leur faire goûter, soit le **tourain** au poivre, soit du vin chaud très épicé. Les mariés font quelquefois plusieurs kilomètres pour aller se cacher dans une maison amie et se dérober à ces farces un peu barbares, qui tendent à disparaître. »

(La Mazille, *La Bonne Cuisine du Périgord*, 1929).

Voir aussi : **AÏGO-BOULIDO.**

TOURNEDOS

Nom composé de *tourner* et de *dos* qui désignait primitivement la place « tournant le dos » aux allées principales du pavillon de la marée des Halles de Paris, qu'on assignait aux marchands dont les denrées n'étaient pas d'une entière fraîcheur, puis appliqué, par extension, aux bouts de filets de bœuf ayant séjourné quelques jours à la resserre.

C'est donc par déviation de sens qu'il qualifie depuis le Second Empire une tranche ronde et épaisse de filet de bœuf grillée ou poêlée, servie avec un beurre fondu ou maître d'hôtel. Cet avatar s'explique par la distraction d'un restaurateur qui inscrivit ce mot sur sa carte et obtint aussitôt un succès mérité auprès d'une clientèle ignorante de la signification réelle...

La légende veut cependant que cette désignation soit due à Rossini qui aurait suggéré au maître d'hôtel du Café Anglais de « passer derrière le dos » des clients pour lui apporter discrètement son fameux médaillon de bœuf au foie gras et aux truffes, nappé de sauce Périgueux... Littré donne une version assez proche, mais tout aussi douteuse, précisant qu'à l'origine le tournedos n'était pas posé sur la table, mais qu'il circulait derrière les convives.

« CORDENBOIS, qui consulte la carte : Attendez ! Je crois que j'ai trouvé : **Tournedos** à la plénipotentiaire. – CHAMPBOURCY : Qu'est-ce que c'est que cela ? – BENJAMIN : C'est un plat nouveau... Ce sont des déchirures de chevreuil saisies dans la purée de caille et marinées avec un coulis d'anchois, d'olives, d'huîtres, de laitue, de truffes. – COLLADAN : Mâtin ! Que ça doit être bon ! »

(Eugène Labiche, *La Cagnotte*, 1864).

« Enfin, elle se décida pour un simple **tournedos**, des écrevisses, des truffes, une salade d'ananas, des sorbets à la vanille. »

(Gustave Flaubert, *L'Éducation sentimentale*, 1869).

TOURTE

Terme issu du latin *torta*, ellipse de *torta panis*, « sorte de pain rond », attesté dans *Le Mesnagier de Paris* en 1393 et enregistré dans *Le Dictionnaire de l'Académie* depuis 1694.

Se dit d'un apprêt de cuisine ou de pâtisserie composée d'une croûte de pâte brisée ou feuilletée, garnie d'une farce de viandes, de volailles, de gibier, de poisson, de légumes diversement aromatisés, ou de fruits, qui jouissait de la plus grande vogue au XIXe siècle où on la servait aux repas d'apparat ou de fêtes carillonnées.

« Je veids que les Gastrolâtres estoient suyviz d'un grand nombre de gros varletz... ils offrirent à leur Dieu, ouvrans leurs corbeilles et marmites... **tourtes** de seize façons. »

(François Rabelais, *Gargantua*, 1534).

« Un pâtissier venait d'apporter une **tourte**, car la blanchisseuse n'avait pas la tête à s'occuper de la cuisine. »

(Émile Zola, *L'Assommoir*, 1877).

TRANCHE NAPOLITAINE

Dénomination empruntée à l'italien *napoletano,* « de Naples », attestée en 1907 et appliquée à une glace diversement parfumée, parfois additionnée de fruits confits et servie en tranches.

« On sait comment, il y a quelques années, la France s'enthousiasma pour l'Italie. Tout ce qui était italien provoqua du jour au lendemain l'admiration : spaghettis, **tranches** et romances **napolitaines.** »
(Léon-Paul Fargue, *Le Piéton de Paris*, 1939).

TRIPES

Terme d'origine obscure, toujours employé au pluriel, attesté au XIIIe siècle au sens de « boyaux d'un animal », qu'on rattache tantôt au latin médiéval *tripae*, tantôt à l'italien *trippa*, voire à l'espagnol *tripa*, quand on ne le suppose pas dérivé du verbe *étriper*, altération d'*exstipare,* « extirper ».

S'applique à un plat composé de fragments des parties des quatre estomacs du bœuf, du veau ou du mouton, nettoyés, blanchis et cuits dans une sauce gélatineuse avec des aromates et des légumes.

Les tripes plus célèbres demeurent celles dites les « à la mode de Caen », relevées de cidre et de cognac ou de calvados.

Le régionalisme « tripous » (ou « tripoux ») signale une spécialité propre à l'Auvergne et aux régions avoisinantes qui se présente sous forme de petits paquets composés d'un mélange de panse et de fraise de veau, de caillette de mouton et de pieds, farcis de fines herbes et aromatisés, puis roulés dans une tranche de boyau, et qui s'apparente aux « pieds et paquets » (ou « pieds-paquets ») de Marseille.

« Les **tripes** furent copieuses, comme entendez, et tant friandes estoient que chacun en leichoit ses doigtz. »

(François Rabelais, *Gargantua*, 1534-1535).

« Le petit carreau des Halles commence à s'animer (...). On trouve là, à droite, des marchands de sangsues ; l'autre côté est occupé par les pharmacies Raspail et les débitants de cidre, – chez lesquels on peut se régaler d'huîtres et de **tripes à la mode de Caen.** »

(Gérard de Nerval, « La Halle », *Les Nuits d'octobre*, 1852).

Voir aussi : **GRAS DOUBLE & TABLIER DE SAPEUR.**

TURBAN

Mot emprunté, par l'intermédiaire de l'italien *turbante,* au turc *tülbend*, enregistré dans le vocabulaire culinaire par le *Dictionnaire Bescherelle* en 1846.

Désigne les diverses préparations de poisson, de gibier, de volaille, de crustacés, de riz, etc., dressées ou moulées en rond par analogie d'aspect avec la coiffure féminine rappelant le turban, mise à la mode sous la Restauration.

« Les auteurs culinaires sont les consciencieux, qui, avec des mots appropriés, ont décrit la poule au riz, le suprême de volaille, l'omelette à la purée de caille ou le **turban** d'ananas. »

(Laurent Tailhade, *Petit bréviaire de la gourmandise*, 1914).

U

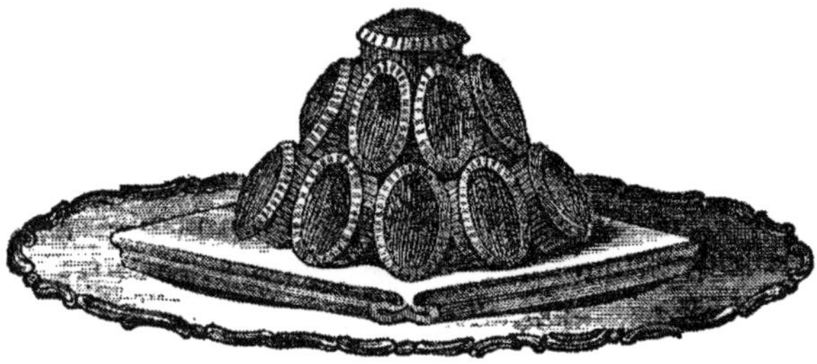

URSULINES

Dénomination attestée à la fin du XIXᵉ siècle, appliquée à d'anciennes pâtisseries faites de pâte brisée sucrée, garnies de crème pâtissière aux amandes et inspirées par une recette élaborée par les religieuses de l'ordre de Sainte-Ursule, fondé en Italie au XVIᵉ siècle, puis établi en France en 1611.

« En sortant du four les **ursulines**, les couvrir en dos d'âne avec de la meringue italienne; établir dessus un losange au cornet; poudrer de glace de sucre et sécher à l'étuvée. Aussitôt froide, couler, au milieu du losange, de la gelée de groseille. »

(Joseph Favre, *Dictionnaire universel de cuisine*, 1883-1890).

UXEL

Voir : **DUXELLES**.

V

VACHERIN

Gâteau mentionné dans *Le Cuisinier moderne* de Gustave Garlin en 1887, ainsi nommé par analogie d'aspect avec le fromage franc-comtois qui tire lui-même son nom du fait qu'il est confectionné avec du lait de vache.

Composé d'une croûte en meringue ou de pâte d'amandes garnie de glace, le vacherin est habillé de crème fraîche et généralement décoré de fruits frais ou de fruits confits.

« Mme Groichant était assise majestueuse et crémue derrière son comptoir. Elle était dans toute sa beauté, mi-religieuse (je parle de la pâtisserie, pas de l'état) mi-**vacherin** (je parle de la pâtisserie, pas de l'état) dans toute sa beauté d'entre deux petits Groichant... »

(Jacques Roubaud, *L'Enlèvement d'Hortense*, 1988).

VELOUTÉ

Adjectif substantivé enregistré comme terme culinaire dans *L'Art de la cuisine française au XIXe siècle* d'Antonin Carême en 1833, puis entériné par le *Dictionnaire Bescherelle* en 1845.

Indique une sauce blanche préparée avec un fonds blanc de veau ou de volaille qui sert surtout à confectionner d'autres sauces.

Se dit, par extension, d'un potage très onctueux, préparé avec une purée de légumes, de poissons ou de crustacés, puis lié avec des jaunes d'œufs et de la crème fraîche.

« Quelle brillante échelle à parcourir que celle qui, partant du dernier échelon, la sauce pauvre homme, va se perdre dans les nues avec le **velouté** et la grande et la petite espagnole. »

(*Dictionnaire de la conversation et de la lecture*, 1855).

« Dîner chez Zola dans la nouvelle salle à manger d'introït à l'Académie (...) Un très beau et très fin dîner, au milieu duquel est servi un plat exquis : des bécasses au vin de Champagne – un mets dont la recette a été apportée par Mme Zola, de Belgique, et dans la sauce duquel salmis, est écrasé du foie gras, ce qui fait un **velouté** sucré inénarrable. »

(Edmond de Goncourt, *Journal*, 7 mars 1894).

Voir aussi : **POTAGE.**

VERTE (SAUCE)

Appellation donnée par analogie de couleur à une sauce remontant au Moyen Âge, à base d'une purée d'herbes vertes, que Rabelais évoque dans son *Pantagruel* en 1532.

S'applique aujourd'hui à une mayonnaise additionnée de persil, de cerfeuil, d'estragon, etc., pilés au mortier, et destinée à accompagner les poissons, en particulier la truite de mer.

« Vous faut-il point de **saulce verte** ?/C'est pour manger carpe et limande,/Ça, qui en veut demande,/Tandis que mon pot est ouvert. »

(Anonyme, *Les Cris de Paris*, 1600).

« Le cœur de Cornélius confirma cette croyance en achetant de la

sauce verte à la boutique du bon faiseur qui demeurait près du "quartier aux herbes"...»

(Honoré de Balzac, *Maître Cornélius*, 1838).

VILLEROI (À LA) (OU VILLEROY)

Désignation appliquée à une sauce (allemande très réduite au fumet de jambon et à l'essence de truffes) et à diverses préparations (volaille, poisson, ris de veau, œufs, etc.) panées à l'anglaise, puis passées à la friture et servies avec une sauce tomate ou une sauce diable, dont la création et la dédicace est attribuée au chef des cuisines du maréchal-duc François de Villeroi (1644-1730), gouverneur de Louis XV.

Selon Grimod de la Reynière, les volailles «à la Villeroy» seraient dues, quant à elles, à la duchesse de ce nom qui passait pour l'une des femmes les plus gourmandes de la Cour.

«Les cailles à la Mirepoix, les chartreuses à la Mauconseil, les poulets **à la Villeroi** trahissent le goût exercé de trois grandes dames qui ne sacrifiaient pas exclusivement, celles-là, les soins de l'office à ceux du boudoir.»

(Charles Monselet, *Gastronomie, récits de table*, 1874).

VISITANDINES

Nom de différentes pâtisseries créées à l'origine par les Visitandines, ordre de religieuses fondé par François de Sales et sainte Jeanne de Chantal en 1610, consigné dans *Dictionnaire de Trévoux* en 1771, puis entériné par *Le Dictionnaire de l'Académie* en 1835.

Désigne en particulier un gâteau lorrain, rond ou en forme de barquette, confectionné avec des blancs d'œufs, de la poudre d'amandes, du beurre et du sucre.

« On désigne souvent sous le nom de **visitandines** plusieurs espèces de gâteaux et de petit fours, dont les recettes sont assez différentes selon les pâtissiers. »

(Alain Terrasson, *Atlas des desserts de France*, 1995).

VOL-AU-VENT

Dénomination invariable, composée du verbe *voler* et du nom *vent*, attestée en 1739 dans *Les Dons de Comus* de Marin sous la forme impérative de *vole-au-vent*, puis sous sa graphie actuelle en 1800.

Désigne une entrée de pâté chaud, en forme de timbale et en croûte feuilletée, garnie d'une préparation de viande ou de poisson en sauce, avec des petites quenelles et des champignons, qui doit son nom à sa légèreté.

Perfectionné par Antonin Carême, au début du XIXe siècle, le vol-au-vent s'apprête classiquement « à la financière » (garniture de champignons, de quenelles, de truffes et de rognons de coq) ou « à la marinière » (avec du poisson et des fruits de mer). En raison de la difficulté de sa réalisation, on les remplace aujourd'hui par les feuilletés qui présentent en outre l'avantage d'être plus légers.

« Petits dîners à 6 ou 7 chez M. et Mme Théodore de Banville (...) où chaque plat est un poème du goût. Cela commençait par un bouillon incomparable (...), cela continuait par un **vol-au-vent** comme on n'en mange plus dans nos provinces... »

(Léon Daudet, *Souvenirs des milieux artistiques et littéraires*, 1915).

« Une bonne façon d'échapper à la censure de ma mère, c'était de commander à l'hôtel Béchard quelque tendre aloyau aux olives, ou, chez Fabregas le pâtissier, un **vol-au-vent** de quenelles. »

(André Gide, *Si le grain ne meurt*, 1924).

W-Z

WATERZOOÏ (OU WATERZOÏ)

Régionalisme flamand composé *Water*, « eau », et de *Zooi*, dérivé de *Ziedem* signifiant « mijoter ou réduire », attesté en français à la fin du XIXe siècle.

S'applique à une sorte de matelote de poissons d'eau douce (anguille, brochet, carpe, perche, etc.) très épicée et très réduite, additionnée de crème fraîche ou de beurre, qu'on mange avec du pain noir beurré.

Se dit, par extension, d'un genre de pot-au-feu de poulet ou de poule préparé et présenté de façon comparable, originaire de Gand.

« Les vrais amateurs de **waterzooï** emploient différentes espèces de poissons de rivière et jettent le tout dans du bon bouillon de bœuf soigneusement dégraissé. »

(Joseph Favre, *Dictionnaire universel de cuisine*, 1883-1890).

WELSH RAREBIT

Dénomination empruntée à l'anglais signifiant « morceau

précieux gallois » et parfois plaisamment déformée en *Welch-rabbit* « lapin gallois », d'abord enregistrée sous la forme de *Wouelche rabette* dans *L'Art du cuisinier* de Beauvilliers en 1816, puis celle de *welsch rabbit* dans *la Physiologie du goût* de Brillat Savarin en 1826, puis sous sa graphie actuelle à la fin du XIXe siècle.

Indique un toast grillé recouvert d'un mélange de fromage de Chester (ou de Cheddar), fondu dans de la bière blonde, avec de la moutarde, parfois lié avec un jaune d'œuf, saupoudré de poivre de Cayenne, puis passé au grill et servi brûlant en entrée ou comme en-cas.

« Je les régalais d'un **welsch rabbit** que nous arrosions d'ale ou de cidre, et la soirée se passait doucement à parler de nos malheurs. »
(Brillat-Savarin, *Physiologie du goût*, 1826).

« Weber était d'une autre allure. Entre 1899 et 1904, ce café-restaurant agréable, aéré en été, bien chauffé en hiver, réunissait chaque soir, de dix heures à minuit et au-delà, une foule d'écrivains, de journalistes, d'artistes. (...) On y voyait là Paul Mariéton et son **Welsh-rarebit...** »
(Léon Daudet, *Paris vécu*, 1929).

ZABAÏONE

Voir : **SABAYON.**

ZINGARA (À LA)

Locution consignée dans *Le Cuisinier impérial* de Viard en 1806, empruntée à l'italien *zingara,* « tzigane », appliquée en particulier à une garniture de l'ancienne cuisine à base de jambon, de langue écarlate, de champignons, de truffe, liés de demi-glace à la tomate et à l'estragon, inventée à la fin du XVIIIe siècle et ainsi nommée parce qu'elle était primitivement relevée de paprika.

« La garniture **à la Zingara** est généralement réservée à de petites pièces de boucherie ou de volaille, ou encore à des œufs. »

(*Dictionnaire de l'Académie des gastronomes*, 1962).

Bibliographie sélective

I. TEXTES DÉPOUILLÉS POUR LES CITATIONS[1]

ACADÉMIE DES GASTRONOMES & ACADÉMIE CULINAIRE DE FRANCE, *Cuisine française*, Prisma, 1971.

ALEXANDRE Bernard, *Le Horsain*, Plon, 1988.

Almanach de Cocagne, calendrier nutritif par douze cuisiniers français, Éditions de La Sirène, 1921.

AMUNATÉGUI Francis, *Le Plaisir des mets*, Au fil d'Ariane, 1964.

ANONYME, *Cris de Paris (Les)* (1600), Pillet-Dumoulin, 1885.

ANONYME, *Livre fort excellent de cuisine* (1542), Lyon, Olivier Arnoult, 1555.

ANONYME, *Merveilles et les Excellences du salmigondis et de l'aloyau (Les)* (vers 1750), J. Martin, 1627.

ANONYME, *Mesnagier de Paris (Le)* (vers 1393), Librairie générale française, 1994.

ANONYME, *Petits-Paris (Les)* Firmin-Didot, 1854.

1. Le lieu d'édition n'est précisé que lorsqu'il ne s'agit pas de Paris.

ANONYME, *Roman du comte d'Anjou* (attribué à Jehan Maillart), (1316), Champion, 1931.
APOLLINAIRE, *Œuvres complètes*, Éditions André Balland et Jacques Lecat, 1966 :
– *L'Enchanteur pourrissant*, 1909.
– *L'Hérésiarque et Cie*, 1910.
– *Le poète assassiné*, 1916.
ARAGON Louis, *Les Beaux Quartiers*, Denoël & Steele, 1936.
ARBELLOT Simon, *Un gastronome se penche sur son passé*, Éditions du Vieux-Colombier, 1955.
ARNABOLDI Jean, *Guide des spécialités gastronomiques de France*, Albin Michel, 1967.
ARON Jean-Paul, *Le Mangeur du XIXe siècle*, Robert Laffont, 1973.
AUDIBERTI Jacques, *Les Femmes du bœuf*, Gallimard, 1948.
AUDIBERTI Marie-Louise, *La Dent d'Adèle*, Grasset, 1978.
AUDOT Louis :
– *La Cuisinière de la campagne et de la ville*, Audot Libraire-éditeur, 1818.
– *Bréviaire du gastronome*, Audot libraire-éditeur, 1864.
AYMÉ Marcel, *La Vouivre*, Gallimard, 1943.
BAILLEUX Louis, *Le Pâtissier moderne*, chez l'auteur, 1856.
BALZAC, *La Comédie humaine*, Bibliothèque de la Pléiade, Gallimard 1951-1959 :
– *Cabinet des antiques (Le)*, 1836.
– *César Birotteau*, 1837.
– *Cousin Pons (Le)*, 1847.
– *Comédiens sans le savoir* (*Les*), 1846.
– *Début dans la vie* (*Un*), 1842.
– *Illusions perdues (Les)*, 1837-1843.

– *Lys dans la vallée (Le)*, 1835.
– *Maison Nucingen (La)*, 1838.
– *Maître Cornélius*, 1838.
– *Peau de chagrin (La)*, 1830-1831.
– *Petits bourgeois (Les)*, 1834.
– *Rabouilleuse (La)*, 1842.
– *Splendeurs et Misères des courtisanes*, 1839-1847.
– *Vieille Fille (La)*, 1836.
– *Correspondance*, 4 vol., Éditions Garnier 1960-1966.

BANVILLE Théodore de :
– *Feuilles volantes*, 1879-1880, Charpentier, 1883.
– *Mes souvenirs*, Éditions Charpentier, 1882.

BARBEY D'AUREVILLY Jules, *Les Diaboliques*, Dentu, 1874.

BARJAVEL René, *Ravage*, Denoël, 1943.

BARRÈS Maurice, *Mes cahiers* (1913), Plon, 1993.

BARTHES Roland, *Mythologies*, Le Seuil, 1957.

BAUDELAIRE, *La Fanfarlo* (1847), Bibliothèque de la Pléiade, Gallimard, 1961.

BAZIN Hervé :
– *Cri de la chouette*, Grasset, 1972.
– *Huile sur le feu (L')*, Grasset, 1954.
– *Mme Ex*, Le Seuil, 1975.

BÉARN Pierre, *Paris-Gourmand*, Gallimard, 1929.

BEAUVOIR Simone de :
– *Force de l'âge (La)*, Gallimard, 1950.
– *Mémoires d'une jeune fille rangée*, Gallimard, 1958.

BECKETT Samuel, *Mercier et Camier* (1946), Éditions de Minuit, 1970.

BENOIT Pierre, *Le Déjeuner de Sousceyrac*, Albin Michel, 1931.

BERKENBAUM Philippe et MAHOUX Frédéric, *Biscuits*, Éditions Casterman, 1994.

BERTHOLLE Louisette, *Les Recettes secrètes des meilleurs restaurants de France*, Albin Michel, 1972.

BILLY André, *Apollinaire vivant*, Éditions de la Sirène, 1923.

BOILEAU Nicolas, *Satires*, (1666), *Œuvres complètes*, Bibliothèque de la Pléiade, Gallimard, 1979.

BOULESTIN X. M., *A Londres, naguère...*, Fayard, 1946.

BOURGET P., G. D'HOUVILLE, H. DUVERNOIS, P. BENOIT, *Le Roman des quatre*, Plon, 1923.

BRÉTÉCHER Claire, « Poèmes en prose », *Docteur Ventouse Bobologue*, Paris, 1986.

BRILLAT-SAVARIN Jean-Anthelme, *Physiologie du goût* (1826), présentée par Roland Barthes, Éditions Hermann, 1975.

BRISSE Léon, *Les 365 Menus du baron Brisse*, Éditions de La Liberté, 1868.

BRUN Maurice, *Gourmandugi*, Marseille, chez l'auteur, 1944.

CAMPAN Mme, *Mémoires* (1822), Coll. 10/18, Bourgois, 1971.

CARADEC François, *Vie de Raymond Roussel*, J.-J. Pauvert, 1972.

CARÊME Antonin :

– *L'Art de la cuisine française au XIX*e siècle, (1833), Payot, 1994.

– *Le Pâtissier royal parisien* (1815), Marseille, Laffite, 1980.

CASANOVA, *Histoire de ma vie* (avant 1798), Gallimard, 1958.

CÉLINE Louis-Ferdinand, *Mort à crédit*, Gallimard, 1936.

CHAMOISEAU Patrick, *Texaco*, Gallimard, 1992.

CHARLES-ROUX Edmonde, *Oublier Palerme*, Grasset, 1966.

CHATEAUBRIAND, *Mémoires d'outre-tombe* (1848), Éditions Garnier, 1989.

CHÂTELET Noëlle, *Histoires de bouches,* Mercure de France, 1986.

CHÉDID Andrée, « Nourritures d'enfance », *Autrement*, avril 1992.

COHEN Albert, *Les Valeureux*, Gallimard, 1969.

COLETTE, *Œuvres complètes*, Flammarion, 1948-1950 :

- *Chambre d'hôtel*, 1940.
- *Chéri*, 1930.
- *De ma fenêtre*, 1942.
- *En pays connu*, avant 1954.
- *Étoile Vesper (L')*, 1946.
- *Fanal bleu (Le)*, 1940.
- *Gigi*, 1944.
- *Journal à rebours*, 1941.
- *La Naissance du jour (La)*, 1928.
- *Lune de pluie (La)*, 1954.
- *Maison de Claudine (La)*, 1922.
- *Prison et Paradis*, 1932.
- *Six à huit des vins de France (Les)*, 1950.
- *Voyage égoïste (Le)*, 1928.

COUDERC Philippe, *Les Plats qui ont fait la France*, Julliard, 1995.

COURTINE Roger J., *Cuisine des terroirs (La)*, La Manufacture, 1989.

CROZE Austin de, *Psychologie de la table (La)*, (1928) reprints Morcrette, 1977.

Cuisine considérée comme un des beaux-arts (La), Le Tambourinaire, 1951.

Cuisine de A à Z (La), sous la dir. de Françoise Burgaud, Femmes d'Aujourd'hui-Éditions du Henin, 1968.

Cuisine utopique (La), Enclyclopédie « Miam-Miam », A Tempera Éditions, 1989.

CURNONSKY :

– *À l'infortune du pot*, Éditions de La Couronne, 1946.

– *France gastronomique (La),* (1921-1928), avec M. Rouff, Delagrave 1933.

– *Table et l'amour (La),* (1950), présentation Cl. Brécourt-Villars, Éditions de L'Arsenal, 1994.

DABIT Eugène, *L'Hôtel du Nord*, Denoël, 1929.

DAENINCKX Didier, « La Repentie », *Le Monde*, 3 août 1996.

DAGOURET P., *Petite encyclopédie du restaurateur*, Imp. des Hôtels Degouve, s.d.

DAUDET Léon :

– *À boire et à manger*, Au Pigeonnier, 1927.

– *À travers la Provence,* Flammarion, 1933.

– *Paris vécu*, (1929), Gallimard, 1930.

– *Quand vivait mon père*, Grasset 1940.

– *Souvenirs des milieux littéraires, politiques, artistiques et médicaux*, Nouvelle Librairie nationale, 1915.

DEFORGES Régine :

– *Contes pervers*, Fayard, 1980.

– *Bicyclette bleue (La)*, Ramsay, 1981.

– *101, avenue Henri-Martin*, Ramsay, 1983.

– *Ma cuisine*, Ramsay, 1989.

DELTEIL Joseph, *La Cuisine paléolithique*, (1924), Robert Morel, 1972.

DELVAU Alfred, *Les Plaisirs de Paris*, Faure, 1867.

DEMOUZON Alain, *La Petite Sauteuse*, Ramsay, 1989.

DERYS Gaston, *L'Art d'être gourmand*, Albin Michel, 1929.

DESCHAMPS Fanny, *Croque-en-bouche*, Albin Michel, 1976.

Dictionnaire de cuisine et de gastronomie, (sous la dir. de Roger J. Courtine), Larousse, 1986.

Dictionnaire de l'Académie des Gastronomes, Éditions Prisma, 1962.

Dictionnaire de la conversation et de la lecture, Firmin-Didot, 1855.

DIDEROT Denis, *Correspondance*, (1767), Éditions de Minuit, 1962.

DUBOIS Urbain, *La Cuisine d'aujourd'hui*, Flammarion, 1889.

DUBUFFET Jean :

– « Asphyxiante culture » (1968), in *Prospectus et tous écrits suivants*, III, Gallimard, 1996.

– *À Fleur de Barbe*, Paris, 1960.

DUTOURD Jean, *Au Bon Beurre*, Gallimard, 1952.

DUHAMEL Georges, *Vie et Aventures de Salavin*, Mercure de France, 1920-1932.

DUMAS père Alexandre :

– *Grand Dictionnaire de cuisine (Le)*, (1873), Tchou, 1965.

– *Trois Mousquetaires (Les)* (1844), Robert Laffont, 1982.

DUNAN Renée, *Le Prix Lacombyne*, Éditions Mornay, 1924.

DURAS Marguerite, *Moderato cantabile*, Éditions de Minuit, 1958.

DUVERNOIS Henri, *Le Veau gras*, Flammarion, 1926.

ERCKMANN-CHATRIAN, *Le Fou Yégof* (1861), Dentu, 1862.

ESCOFFIER Auguste, *Le Guide culinaire* (1903), Flammarion, 1987.

FAILLER Jean, *Boucaille sur Douarnenez*, Quimper, Éditions Alain Bargain, 1995.

FARGUE Léon-Paul :

– *Déjeuners de soleil*, Gallimard, 1942.

– *Dîners de lune*, Gallimard, 1952.

– *Piéton de Paris (Le)*, Gallimard, 1939.

FAVRE Joseph, *Dictionnaire universel de cuisine* (1883-1890), Marseille, reprints Jeanne Laffite, 1978.

FERNIOT Jean :

– *Carnet de croûte,* Robert Laffont, 1980.

– *France des terroirs gourmands gourmands (La),* La Manufacture, 1991.

FLAUBERT, *Œuvres complètes*, Bibliothèque de la Pléiade, Gallimard, 1951-1952 :

– *Bouvard et Pécuchet*, 1881.

– *Éducation sentimentale* (*L'*), 1869.

– *Madame Bovary*, 1857.

– *Correspondance,* (1830-1880), Éditions Louis Conard, 1926-1954.

FOUQUIER Marcel, *Jours heureux d'autrefois (1885-1935),* Albin Michel, 1941.

FOURIER Charles, *Le Nouveau Monde amoureux* (avant 1837), Éditions Anthropos, 1966-1968.

FRANCE Anatole, *Œuvres complètes*, Bibliothèque de La Pléiade, Gallimard, 1984-1994 :

– *Crime de Sylvestre Bonnard (Le)*, 1881.

– *Dieux ont soif (Les)*, 1912.

– *Histoire comique*, 1903.

– *Orme du mail (L')*, 1897.

– *Rôtisserie de la Reine Pédauque (La)*, 1921.

– *Vie en fleur (La)*, 1922.

FURETIÈRE Antoine, *Dictionnaire universel* (1690), Éditions Le Robert, 1978.

GARLIN Gustave, *La Pâtisserie moderne*, Garnier, 1888.

Gastronome français ou l'art de bien vivre (Le), Charles Béchet, 1828.

GAUTRON DU COUDRAY, *Un quarteron de rimes culinaires* (1938), reprint Horvath, 1985.

GENEVOIX Maurice, *Raboliot*, Grasset, 1925.

GIDE André, *Si le grain ne meurt*, Gallimard, 1924.

GIONO Jean, *Œuvres complètes*, Bibliothèque de La Pléiade, Gallimard, 1993 :

– *Hussard sur le toit (Le)*, 1951.

– *Jean Le Bleu*, 1932.

GIROUST DE MORENCY, *Suzanne, Illyrine, ou l'écueil de l'inexpérience* (1799-1800), J.-J. Pauvert-Garnier, 1982.

GLISSANT Edouard, *La Case du commandeur*, Le Seuil, 1981.

GONCOURT frères :

– *Journal* (1851-1896), Flammarion, 1959.

– *Germinie Lacerteux*, Charpentier, 1865.

GOUFFÉ Jules :

– *Le Livre de cuisine* (1867), Veyrier 1988.

– *Le Livre de la pâtisserie* (1873), Marseille, reprints Jeanne Laffite, 1981.

GRIMOD DE LA REYNIÈRE :

– *Almanach des Gourmands* (1803-1812), Valmer, 1984.

– *Journal des Gourmands et des Belles ou l'Epicurien français*, Paris, 1806-1807.

– *Manuel des Amphitryons* (1808), Éditions Métaillé, 1981.

Guide gourmand de la France, (sous la dir. de Gault & Millau), Guides bleus Hachette, 1970.

GUÉRIN Raymond, *L'Apprenti*, Gallimard, 1946.

GUILLOT André, *La Grande Cuisine bourgeoise*, Flammarion, 1976.

HAMILTON Antoine, *Mémoires du chevalier de Grammont* (1713), Firmin-Didot, 1851.

HÉLIAS Per-Jakez, *Le Cheval d'orgueil*, Plon, 1975.

HUGO Victor, *Les Misérables*, (1862), Éditions de Paris, 1858.

HUYSMANS Joris-Karl, coll. 10/18, Bourgois, 1975-1976 :

– *À rebours*, 1884.

– *À vau-l'eau*, 1882.

– *Certains*, 1889.

– *Croquis parisiens*, 1880.

– *En ménage*, 1881.

– *Là-bas*, 1891.

– *Sœurs Vatard (Les)*, 1879.

IMBERT Claude, « Le marquis sortit à cinq heures », *Haut de gamme*, 1985.

Inventaire du patrimoine culinaire de la France, Rhône-Alpes, Albin Michel, 1995.

JARRY Alfred, *Ubu roi* (1896), Librairie générale française, 1962.

JOUET Jacques, *Les Mots du corps*, Le Souffle des mots, Larousse, 1990.

Journal de l'abbé Mugnier (1879-1939), Mercure de France, 1985.

Journal des Dames et des Modes, Paris, 1827.

L'ESTOILE Pierre de, *Journal des choses mémorables adveniies durant le règne de Henry III* (1621), Cologne, P. Marteau, 1720.

L. S. R., *L'Art du bien traiter* (1674), reprints Morcrette 1978.

LA BRUYÈRE, *Les Caractères* (1688), Garnier 1962.

LA CHAPELLE Vincent de, *Le Cuisinier moderne*, 1742, reprints Morcrette, 1984.

LA MAZILLE, *La Bonne Cuisine du Périgord* (1929), Flammarion, 1991.

LA METTRIE Julien Offray de, *L'Art de jouir* (1751), présentation M. Onfray, Nantes, Le Passeur-Cecofop, 1995.

LA SALE Antoine de, *Hystoyre et plaisante cronicque du Petit Jehan de Saintré* (1486), Firmin-Didot, 1830.

LABICHE Eugène, *Théâtre complet*, Calmann-Lévy, 1925-1926 :

- *Je croque ma tante*, 1858.
- *La Cagnotte*, 1864.
- *La Marquise de la fourchette*, 1854.
- *Un garçon chez Véry*, 1850

LACAM Pierre, *Mémorial historique et géographique de la pâtisserie*, Vincennes, chez l'auteur, 1888.

LAVEDAN Henri, *Monsieur Gastère*, Plon, 1927.

Le Crapouillot, numéro spécial « Le bien manger », décembre 1925, & « Gastronomie », juillet 1932.

LEDUC Violette, *La Bâtarde*, Gallimard, 1964.

Livre de cuisine d'Alice Toklas (Le) (avant 1967), éd. de Minuit, 1981.

LORET Jean, *La Muse historique*, Chenot, 1652.

MALLARMÉ Stéphane, *La Dernière Mode* (1874), Ramsay, 1978.

MARIN François, *Les Dons de Comus ou les Délices de la table*, Prault fils, 1739.

MARIVAUX, *Le Paysan Parvenu* (1734-1735), éd. Garnier-Flammarion, 1965.

MARNI Jeanne, *Le Livre d'une amoureuse*, Ollendorff, 1904.

MARTIN DU GARD Maurice, *Les Mémorables,* Flammarion, 1957.

MAUPASSANT, *Œuvres complètes*, Bibliothèque de la Pléiade, Gallimard, 1974- 1979 :
– *Bel Ami*, 1886.
– *Berthe*, 1884.
– *Boule-de-Suif*, 1880
– *Contes du jour et de la nuit*, 1885.
– *Correspondance*, 1880.
– *Héritage (L')*, 1884.
– *Imprudence*, 1885.
– *Nos Anglais*, 1885.
– *Promenade*, 1884.
– *Sœurs Rondoli (Les)*, 1884.
– *Le Trou (Le)*, 1886.
– *Vieux (Le)*, 1885.

MAURRAS Charles, *A Martigues*, Flammarion, 1933.

MENON, *Nouveau traité de la cuisine,* M. E. David, 1739.

MERCIER Sébastien, *Tableau de Paris*, (1781-1783), François Maspero, 1979.

Mesnagier de Paris (Le) par un bourgeois parisien, (1393), texte établi par G. Breton & J.M. Ferrier, Oxford, 1981, Le Livre de Poche, « Lettres gothiques », 1994.

MIRBEAU Octave, *Le Journal d'une femme de chambre* (1900), Gallimard, 1984.

MISTRAL Frédéric, *Lou Tresor dou Felibrige* (1879-1886), Genève, Slatkine reprints, 1979.

MODIANO Patrick, *Quartier perdu*, Gallimard, 1984.

MOLIÈRE, *Œuvres complètes*, Bibliothèque de la Pléiade, Gallimard, 1991-1994 :
– *Avare (L')*, 1668.

– *Médecin volant (Le)*, 1655.
– *Tartuffe ou l'Imposteur*, 1664.
MONSELET Charles :
– *Cuisinière poétique (La)* (1859), Quai Voltaire, 1988.
– *Gastronomie, récits de table*, Éditions Charpentier, 1874.
MONTAGNÉ Prosper & Alfred GOTTSCHALK, *Larousse gastronomique*, 1938.
MONTAIGNE, *Essais*, Bibliothèque de la Pléiade, Gallimard, 1946.
MONTALBÁN Manuel Vázquez, *Les Recettes de Carvalho*, Bourgois, 1996.
NERVAL Gérard de, Bibliothèque de la Pléiade, Gallimard, 1961 & 1966 :
– *Contes et facéties*, 1831.
– *Lorely*, 1852.
– *Main enchantée (La)*, 1832.
– *Nuits d'octobre (Les)*, 1852.
NIGNON Edouard :
– *Éloge de la cuisine française*, (1926), François Bourin, 1992.
– *L'Heptaméron des gourmets*, (1919) Lille, Régis Lehoucq, 1995.
ONFRAY Michel, *La Raison gourmande, philosophie du goût*, Grasset, 1995.
ORSENNA Erik, *L'Exposition coloniale*, Gallimard, 1988.
PALAY Simin, *Dictionnaire du béarnais et du gascon modernes* (1932), Éditions du CNRS, 1991.
PENNAC Daniel, « Des chrétiens et des Maures », *Le Monde*, 13 juillet 1996.

PEREC Georges :

– *81 fiches-cuisine à l'usage des débutants* (1980) in *Penser/ Classer*, Hachette, 1985

– *Choses (Les)*, Julliard, 1965.

– *Disparition (La)*, Denoël, 1969.

– *Vie mode d'emploi (La)*, Hachette/P.O.L., 1978.

PERRAULT Charles, *Contes de ma mère l'Oye*, (1697), H. Delarue et Cie, s.d.

PESQUIDOUX Joseph de, *Livre de raison*, Plon, 1925.

POIRET Paul, *En habillant l'époque*, Grasset, 1930.

POMIANE Edouard de, *Radio cuisine*, Albin Michel, 1933.

PRESSAC Pierre de, *Considérations sur la cuisine*, Gallimard, 1931.

PRÉVERT Jacques, *Paroles*, Gallimard, 1949.

PRIVAT D'ANGLEMONT Alexandre, *Paris anecdotes*, R. Rouquette, 1885.

PROUST Marcel, *A la recherche du temps perdu*, Bibliothèque de la Pléiade, Gallimard, 1954-1959 :

– *À l'ombre des jeunes filles en fleurs*, 1921.

– *Côté de Guermantes (Le)*, 1921.

– *Du côté de chez Swann*, 1913.

– *Prisonnière (La)*, 1923.

– *Sodome et Gomorrhe*, 1921-1922.

– *Temps retrouvé (Le)*, 1928.

QUÉLIN Jean-Pierre, « Vous avez dit coquillages ? », *Le Monde*, 7 août 1996.

QUENEAU Raymond :

– *Fleurs bleues (Les)*, Gallimard, 1965.

– *Loin de Rueil*, Gallimard, 1944.
– *Temps mêlés (Les)*, Gallimard, 1941.
– *Zazie dans le métro*, Gallimard, 1959.

RABELAIS François, *Œuvres complètes*, Le Seuil, 1973 :
– *Gargantua*, 1534-1535.
– *Pantagruel*, 1532.
– *Quart Livre (Le)*, 1552.
– *Tiers Livre (Le)*.

RACHILDE, *L'Hôtel du grand veneur*, Ferenczi, 1922.

RAIMBAULT A. T., *Le Parfait Cuisinier ou le Bréviaire des Gourmands*, Delacour, 1811.

REBOUL Jean-Baptiste, *La Cuisinière provençale* (1895), Marseille, P. Tacussel, 1989.

REBOUX Paul, *Plats nouveaux*, Flammarion, 1927.

RENARD Jules, *Journal*, (1887-1910), Gallimard, 1937.

REVEL Jean-François, *Un festin en paroles*, J.J. Pauvert, 1978.

RIBAUT Jean-Claude, « Tête de veau en tortue », *Le Monde*, 14 novembre 1992.

RICHARDIN Edmond, *L'Art du bien manger*, Librairie Nilsson, 1904.

RIO Michel, *Le Principe d'incertitude*, Le Seuil, 1993.

ROBERT-ROBERT & Gaston DERYS, *Dictionnaire de gastronomie joviale*, Éditions des Portiques, 1930.

ROBBE-GRILLET Alain, *Djin*, Éditions de Minuit, 1981.

ROMAINS Jules, *Lucienne*, Gallimard, 1922.

ROSTAND Edmond, *Cyrano de Bergerac* (1897), Fasquelle, 1898.

ROUBAUD Jacques :
– *Belle Hortense (La)*, Ramsay, 1985.
– *Enlèvement d'Hortense (L')*, Ramsay, 1987.

ROUFF Marcel, *La Vie et la Passion de Dodin-Bouffant,* Stock, 1924.

ROUSSEAU Jean-Jacques, *Julie ou La Nouvelle Héloïse*, (1761), Bibliothèque de la Pléiade, Gallimard, 1959.

ROUSSEL Raymond, *Impressions d'Afrique* (1910), J.-J. Pauvert, 1963.

SABATIER Robert :

– *Canard au sang*, Albin Michel, 1958.

– *David et Olivier*, Albin Michel, 1986.

– *Enfants de l'été (Les)*, 1978.

SACHS Maurice, *Au temps du bœuf sur le toit*, La Nouvelle Revue Critique, 1939.

SADE D.A.F. de :

– *Juliette,* J.-J. Pauvert, 1796.

– *Lettres écrites à la Bastille*, J.-J. Pauvert, 1784-1789.

– *Nouvelle Justine (La)*, J.-J. Pauvert, 1797.

SAN ANTONIO [pseudonyme de Frédéric Dard] :

– *Laissez pousser les asperges*, Fleuve Noir, 1985.

– *Rate au court bouillon (La)*, Fleuve Noir, 1968.

SAND George :

– *Les Beaux Messieurs de Bois-Doré*, Albin Michel, 1857.

– *Correspondance*, (1859), Garnier, 1964.

– *Histoire de ma vie*, (1854), Stock, 1968.

SARRAUTE Nathalie, *Martereau*, Gallimard, 1953.

SARTRE Jean-Paul :

– *Être et le néant (L')*, Gallimard, 1948.

– *Nausée (La)*, Gallimard, 1938.

SÉGUR comtesse de, *Œuvres complètes*, Robert Laffont, 1990 :

– *Auberge de l'ange gardien* (*L'*) 1863.

– *Mauvais génie (Le)*, 1867.
– *Sœur de Gribouille (La)*, 1862.

SIMENON Georges :
– *Chez les Flamands*, Fayard, 1932.
– *Maigret et le client du samedi*, Presses de la Cité, 1962.
– *Maigret et le marchand de vin*, Presses de la Cité, 1970.
– *Maigret et le tueur*, Presses de la Cité, 1969.
– *Maigret et les témoins récalcitrants*, Presses de la Cité, 1959.
– *Maigret et Monsieur Charles*, Presses de la Cité, 1972.
– *Maigret s'amuse*, Presses de la Cité, 1957.
– *Maigret se défend*, Presses de la Cité, 1964.
– *Maison du juge (La)*, Gallimard, 1942.
– *Mon ami Maigret*, Presses de la Cité, 1949.
– *Nouvelles enquêtes de Maigret (Les)*, Gallimard, 1944.
– *Oncle Charles s'est enfermé*, Gallimard, 1942.
– *Revolver de Maigret (Le)*, Presses de la Cité, 1952.

SIMON Claude, *Palace*, Éditions de Minuit, 1962.

SOREL Charles, *Histoire comique de Francion*, (1623), Garnier/Flammarion, 1979.

STENDHAL, *Œuvres romanesques*, Slatkine reprints, 1986 :
– *Le Rouge et le Noir*, 1830.
– *Racine et Shakespeare*, 1823-1825.

SUE Eugène :
– « Gourmandise », *Les Sept Péchés capitaux*, (1848-1852), Flammarion, 1881.
– *Juif errant (Le)*, (1845), Robert Laffont, 1983.

TAILHADE Laurent :
– *Au pays du mufle* (1891), Éditions Bernouard, 1929.
– *Petit bréviaire de la gourmandise*, A. Messein, 1914.

TAILLEVENT (Guillaume TIREL dit, *Le Viandier*, (vers 1370-1380), Pichon-Vicaire (1892), Lille, Régis Lehoucq, 1991.

TENDRET Lucien, *La Table au pays de Brillat-Savarin*, (1892), reprint Horvath, 1986.

TERRASSON Alain, *Atlas des desserts de France*, Éditions Rustica, 1995.

TOPOR Roland, *La Cuisine cannibale*, Balland, 1970.

TOUSSAINT Jean-Philippe, *L'Appareil photo*, Éditions de Minuit, 1988.

Trois agendas d'Adrienne Monnier (avant 1955), Pour ses amis, H.C., 1960.

VAUDOYER Jean-Louis, *Éloge de la gourmandise*, Hachette, 1926.

VAUTRIN Jean, *La Vie ripolin*, Fayard, 1986.

VERCORS, *Je cuisine comme un chef*, Seghers, 1976.

VERNE Jules, *Paris au XXe siècle* (1863), Hachette/Cherche-Midi, 1994.

VIALAR Paul, *La mort est un commencement*, *Risques et périls*, (1948), Fayard, 1957.

VIAN Boris, *L'Écume des jours*, (1947), J.-J. Pauvert, 1963.

VILLIERS DE L'ISLE-ADAM, *Contes cruels*, (1883), Garnier, 1968.

VILLON François, *Le Grand Testament*, (1462) rééd. Garnier/Flammarion, 1992.

VINÇARD Pierre, *Le banquet des sept gourmands*, G. Sandré 1853.

VOLTAIRE, *Œuvres complètes*, Bibliothèque de la Pléiade, Gallimard, 1985 :

– *Correspondance*, 1765-1776.

– *Princesse de Babylone (La)*, 1768.

– *Pucelle d'Orléans (La)*, 1762.

WILLY, *Ça finit par un mariage*, Albin Michel, 1923.

YOURCENAR Marguerite, *L'Œuvre au noir*, Gallimard, 1968.

ZOLA Emile, *Œuvres complètes*, Bibliothèque de la Pléiade, Gallimard, 1960-1967 :
– *Assommoir (L')*, 1877.
– *Au Bonheur des dames*, 1883.
– *Curée (La)*, 1872.
– *Faute de l'abbé Mouret (La)*, 1875.
– *Fécondité*, 1899.
– *Messager de l'Europe (Le)*, 1875.
– *Naïs Micoulin*, 1883.
– *Nana*, 1880.
– *Nouveaux contes à Ninon*, 1874.
– *Œuvre (L')*, 1886.
– *Pot-Bouille*, 1882.
– *Terre (La)*, 1887.
– *Ventre de Paris (Le)*, 1873.

II. ÉTUDES, ESSAIS ET TRAITÉS SPÉCIALISÉS[1]

ALI-BAB, *Gastronomie pratique* (1907), Flammarion, 1993.

BEAUVILLIERS Antoine, *L'Art du cuisinier* (1814), réimpression Morcrete, 1980.

BERCHOUX Émile, *La Gastronomie ou l'homme des champs*, Giguet et Cie, 1801.

BITTING Katherine, *Gastronomic bibliography*, Ann Arbor, Gryphon books, 1971.

BLOND Georges & Germaine, *Festins de tous les temps*, Fayard, 1976.

Bon et parfait cuisinier universel (Le), Lebigre frères, 1837.

1. Les références éditoriales figurant dans la bibliographie des textes dépouillés pour les citations ne sont pas reprises dans les bibliographies qui suivent.

BONNET Jean-Claude, « Carême ou les derniers feux de la cuisine décorative », revue *Romantisme*, n° 17-18, 1977 ; présentation des *Écrits gastronomiques* de Grimod de la Reynière, coll. 10/18, Bourgois, 1978.

BOURGEAT Jacques, *Les Plaisirs de la table en France des Gaulois à nos jours*, Hachette, 1963.

BRIFFAULT Eugène, *Paris à table*, Hetzel, 1846.

CARÊME Antonin, *Le Pâtissier royal parisien*, (1815), Marseille, Laffite reprints, 1980 ; *Le Maître d'hôtel français*, Firmin-Didot, 1822.

CHÂTELET Noëlle, *Le Corps à corps culinaire*, Le Seuil, 1977.

COURCHAMPS comte de, *Dictionnaire général de la Cuisine française*, Plon, 1855.

Cuisinier Durand de Nîmes (Le) (1830), Marseille, Marseille, reprints Laffite, 1980.

DERYS Gaston, *Souvenirs de tables parisiennes*, éd. d'Art, 1933.

Cuisinier gascon (Le), Amterdam, 1747.

DES OMBIAUX Maurice, *Traité de la table*, Payot 1928.

Dictionnaire des alimens (attribué à Briand), Gissey & Bordelet, 1750.

ÉLUARD-VALETTE Cécile, *Les Grandes Heures de la cuisine française*, Les libraires de associés, 1964.

FERET Barbara L., *Gastronomical and culinary literature*, The Scarecrow Press, Inc., Metuchen, 1979.

FLANDRIN Jean-Louis, *Chronique de Platine ; pour une gastronomie historique*, Odile Jacob, 1992.

FRANKLIN Alfred, *La Vie privée d'autrefois – La Cuisine* (1889), Genève, Slatkine reprints 1980 ; *Les Repas, la civilité de la table, variétés gastronomiques*, Plon, 1898.

GILLET Philippe, *Le Goût et les mots, Littérature et gastronomie (XIVe-XXe siècle)*, Payot, 1987; *Soyons Français à table!*, Payot, 1994.

GILLIERS, *Le Cannameliste français*, Nancy, Veuve Leclerc, 1768.

GIRARD Alain, « Le triomphe de la cuisine bourgeoise », Livres culinaires, cuisine et sociétés en France au XVIIe et XVIIIe siècles, *Revue d'histoire moderne et contemporaine*, octobre-décembre 1977.

GOTTSCHALK Alfred, *Histoire de l'alimentation*, éd. Hippocrate, 1948.

GRINGOIRE Th. & L. SAULNIER, *Le Répertoire de la cuisine*, (1914), réimpression Guériny, 1985.

GUÉGAND Bertrand, *La Fleur de la cuisine française*, éd. de la Sirène, 1920.

GUILLEMARD Colette, *Les Mots d'origine gourmande, Belin, 1986; Les Mots de la cuisine et de la table*, Belin, 1990.

GUY Christian, *La Vie quotidienne de la société gourmande au XIXe siècle*, Hachette, 1971; *Almanach historique de la gastronomie française*, Hachette, 1981.

HARRUS-RÉVIDI Gisèle, *Psychanalyse de la gourmandise*, Payot, 1994.

HÉMARDINQUER J.-J., *Pour une histoire de l'alimentation*, Armand Colin, 1970.

Imaginaire des nourritures (L'), textes présentés par Simone Vierne, Presses universitaires de Grenoble, 1989.

JEANNERET Michel, *Des mets et des mots, Banquets et propos de table à la Renaissance*, José Corti, 1987.

« La cuisine et la Table, 5000 ans de gastronomie », numéro spécial de *L'Histoire*, 1° trimestre 1986.

LA VARENNE, *Le Cuisinier françois* (1651), choix de textes présentés par J.-L. Flandrin et Ph. et M. Hyman, Montalba, 1983.

LANGE Frédéric, *Manger ou les jeux et les creux du plat*, Le Seuil, 1975.

Larousse gastronomique, Librairie Larousse, 1938.

LÉVI-STAUSS Claude, *L'Origine des manières de table*, *Mythologies* III, Plon, 1968.

MASSIALOT, *Cuisinier roial et bourgeois (Le)*, chez Charles de Sercy, 1691.

MENON, *La Cuisinière bourgeoise*, (1746), fac-similé Messidor-Temps actuels, 1981 ; *La Science du maître d'hôtel cuisinier*, (1749), Gutenberg reprints, 1982 ; *Les Soupers de la Cour*, (1755), réimpression Genève, Soète, 1978.

MONTAGNÉ Prosper & SALLES, *Le Grand Livre de la cuisine française*, Flammarion, 1929.

MOULIN Léo, *L'Europe à table, Bruxelles*, Elsevier, 1975.

NICOLARDOT Louis, *Histoire de la table*, Dentu, 1868.

NOSTRADAMUS, *Traité de Fardemens et de confitures*, (1555), Gutenberg reprints, 1979.

OBERLÉ Gérard, *Les Fastes de Bacchus et de Comus*, Belfond, 1989.

Papilles, revue des Bibliothèques gourmandes, Dijon, n° 1, juillet 1992.

PARIENTÉ Henriette & Geneviève TERNANT, *La Fabuleuse Histoire de la cuisine française*, ODIL, 1981.

POULAIN Jean-Pierre & Edmond NEIRINCK, *Histoire de la cuisine et des cuisiniers*, Malakoff, J. Lanore, 1988.

Quinzaine littéraire (*La*), numéro spécial « À boire et à manger », août 1994.

REDON Odile, F. SABBAN, S. SERVENTI, *La Gastronomie au Moyen Âge*, Stock, 1991.

ROWLEY Anthony, *À Table ! La fête gastronomique*, Découvertes Gallimard, 1994.

Sociétés, Revue des sciences et de sociologie, numéro spécial « Cuisine », n° 1, novembre 1985.

SIMON André L., *Bibliotheca gastronomica, a Catalog of books and documents on gastronomy*, London, The Wine and Food Society, 1953.

TOUSSAINT-SAMAT Maguelonne, *Histoire naturelle et morale de la nourriture*, Bordas, 1987.

Versailles et les tables royales en Europe (XVIIe-XIXe siècles), Musée de Versailles et de Trianon, 3 novembre 1993-27 février 1994, Réunion des Musées nationaux, 1993.

VIARD Alexandre, *Le Cuisinier impérial* (1806), réimpression C. Lacour 1993.

VICAIRE Georges, *Bibliographie gastronomique* (1890), fac-similé, Genève, Slatkine, 1978.

WHEATON Barbara Ketcham, *L'Office de bouche, Histoire des mœurs de la table en France, 1300-1789,* Calmann-Lévy, 1984.

III. DICTIONNAIRES GÉNÉRAUX ET ENCYCLOPÉDIES[1]

BAYLE Pierre, *Dictionnaire historique et critique,* 1695-1697.

BESCHERELLE Louis-Nicolas, *Dictionnaire national,* 1845-1846.

1. Ces ouvrages étant parfaitement accessibles dans les bibliothèques, nous n'avons pas toujours jugé utile de donner les références éditoriales.

BLOCH Oscar & WARTBURG Walter von, *Dictionnaire étymologique de la langue française*, 1932.

BOISTE Pierre, *Dictionnaire universel de la langue française*, 1800-1857.

DAUZAT A., DUBOIS J., MITTERAND H., *Nouveau dictionnire étymologique et historique*, 1987.

Dictionnaire de l'Académie (Le) de la 1e édition (1694) à la 8e (1932-1935).

Dictionnaire de Trévoux, 1704-1752.

Dictionnaire historique de la langue française (sous la dir. d'Alain Rey), Éditions Le Robert, (1992).

DUNETON Claude, *Le Bouquet des expressions imagées*, Le Seuil, 1990.

Encyclopédie ou dictionnaire raionné des sciences, des arts et des métier (sous la dir. de Denis Diderot), 1751-1780.

ESTIENNE Robert, *Dictionnaire françois*, 1539.

FURETIÈRE Antoine, *Dictionnaire universel*, 1690.

Grand Dictionnaire encyclopédique Larousse, 1982-1984.

Grand dictionnaire universel Larousse, 1865-1876.

Grand Robert de la langue française (Le), 1978.

Grande Encyclopédie (La), 1885-1902.

GUIRAUD Pierre, *Dictionnaire des étymologies obscures*, Payot, 1982.

LITTRÉ Émile, *Dictionnaire de la langue française*, 1863-1877.

MISTRAL Frédéric, *Lou Tresor dou Felibrige*, 1853-1886.

Nouveau Larousse illustré, 1897-1907.

OUDIN Antoine, *Curiosités françoises*, 1640.

PALAY Simin, *Dictionnaire du béarnais et du gascon modernes*, 1932.

QUEMADA Bernard, *Matériaux pour l'histoire du vocabulaire frrançais*, Klincksieck 1959-1986.

REY-DEBOVE Josette et Gilberte GAGNON, *Dictionnaire des anglicismes*, Éditions Le Robert, 1980.

RICHELET Pierre, *Dictionnaire françois*, 1680.

Trésor de la langue française, Dictionnaire de la langue du XIXe et du XXe siècle, Éditions du CNRS & Gallimard, 1971-1994.

WALTER Henriette et Gérard, *Dictionnaire des mots d'origine étrangère*, Larousse, 1991.

Index des noms

A

B

C

D

E

F

G

H

I

J

L

M

N

O

P

Q

R

S

T

U

V

W

Y

Z

Remerciements

Je tiens à remercier ceux qui m'ont apporté leur aide pour mener à bien ce travail, en me fournissant soit de la documentation, soit des avis, soit des encouragements :

Geneviève Baudon de la *Librairie Gourmande*, Michèle Bellard, Jean-Philippe Bidault, Emmanuelle, Sophie et Zoé Bouretz, Jean-Paul Goujon et enfin Stéphane Molé qui, en qualité d'ami et de cuisinier, a bien voulu revoir avec attention les définitions culinaires.

Ma gratitude va enfin à Christiane Besse qui m'a renouvelé sa confiance et fait en sorte que ce livre soit publié.

Table des matières

Composition : In Folio, Paris

Impression réalisée sur CAMERON par
BRODARD ET TAUPIN
La Flèche

pour le compte des Éditions Stock
*23, rue du Sommerard, Paris V^e^*
en septembre 1997

Imprimé en France
Dépôt légal : septembre 1997
N° d'édition : 4741 – N° d'impression : 6660S-5
54-07-4693-02/5
ISBN : 2-234-04693-9